U0662595

禅心初 著

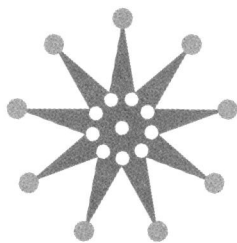

北洋觉梦录

直系军阀卷

GUANGXI NORMAL UNIVERSITY PRESS
广西师范大学出版社

·桂林·

图书在版编目（CIP）数据

北洋觉梦录. 直系军阀卷 / 禅心初著. —桂林：
广西师范大学出版社，2022.3
ISBN 978-7-5598-4701-0

Ⅰ．①北… Ⅱ．①禅… Ⅲ．①北洋军阀史－史料
②直系军阀－史料 Ⅳ．①K258.206

中国版本图书馆 CIP 数据核字（2022）第 013935 号

广西师范大学出版社出版发行

（ 广西桂林市五里店路 9 号　邮政编码：541004 ）
网址：http://www.bbtpress.com
出版人：黄轩庄
全国新华书店经销
唐山富达印务有限公司印刷
（唐山市芦台经济开发区农业总公司三社区　邮政编码：301501）
开本：880 mm × 1 240 mm　1/32
印张：9.125　　字数：250 千字
2022 年 3 月第 1 版　　2022 年 3 月第 1 次印刷
定价：49.00 元

如发现印装质量问题，影响阅读，请与出版社发行部门联系调换。

禅心初悟

笔底春秋

谨以此书献给

不应忘却的历史

值得纪念的岁月

养我爱我的亲人

帮我助我的师友

以及所有有缘的读者

内容简介

本卷主要围绕曹锟、吴佩孚展开。直系虽然执掌了中枢，但却没有袁世凯、段祺瑞的资历和声望，更难摆平局面，军事、政治、外交诸领域愈加混乱。

军事上来说，直系主政时期发生的战争就有北北战争、南南战争、北南战争和南北战争。

北北战争，指的是继直皖大战之后，北方又发生了第一、第二次直奉战争。南南战争，主要包括南方的粤桂两系之间发生的战争和湘鄂两省发生的战争。北南战争，是指北方直系曹锟、吴佩孚为了武力统一，对两湖和两广地区，包括对孙中山发动的军事进攻。南北战争，是指孙中山发动北伐。这中间，还夹杂着南北两次兵变，即南方的陈炯明炮轰总统府，北方的冯玉祥发动北京政变。最终，在冯玉祥与张作霖的联手进攻下，直系土崩瓦解。

政治上，大总统一职三度易主，徐世昌、黎元洪、曹锟"皇帝轮流做"。

外交上，除了与欧美、日本等国角逐，中国开始走近苏俄；苏联分别对吴佩孚、冯玉祥、孙中山等做了大量工作，帮助并推动中国革命的进程；孙中山经过实践，最终放弃美国模式，走向了以俄为师的道路。

局势纷乱如此，真是剪不断，理还乱。

目　录

第二十六章 ＼ 牧野鹰扬 ＼

谁执牛耳

读史阅世,必须要有大视野,方能观得大气象。

观北洋棋局,也是如此。

北洋大棋局,棋到中盘;皖直奉争雄,三方博弈。皖系提前出局,直奉继续搏杀,局势更加复杂。

要拨开罩在北洋上空的迷雾,理解此时的北洋局势,就必须打开历史的视界,从更高层次、更宽视角、更长焦距上重新思考政治上的秩序问题。

在中国古代,形容政治上的秩序问题和失序问题,经常用到的是"礼"和"争"这两个对立的字。

司马光在《资治通鉴》开篇中,以总纲的形式向后人揭示了中国历史上一个非常重要的道理和规律:

> 臣闻天子之职莫大于礼,礼莫大于分,分莫大于名。何谓礼?纪纲是也。何谓分?君、臣是也。何谓名?公、侯、卿、大夫是也。……是故天子统三公,三公率诸侯,诸侯制卿大夫,卿大夫治士庶人。贵以临贱,贱以承贵。……然后能上下相保而国家治安。故曰天子之职莫大于礼也。

司马光还以春秋时期周朝王室虽然衰微,但仍然是诸侯之共主为例:

《春秋》抑诸侯,尊周室,王人虽微,序于诸侯之上……诚以礼之大节不可乱也。故曰礼莫大于分也。

这段看起来像太极起势一样平淡无奇但舒缓厚重的话语,却是理解和把握中国历史的一把秘钥。后来王国维先生在《殷周制度论》中指出:"天下之大利莫如定,其大害莫如争。任天者定,任人者争;定之以天,争乃不生。"这几句话被视为"理解中国文化的三十字真言",与司马光《资治通鉴》的开篇有异曲同工之妙。

荀子说过:"人生不能无群,群而无分则争,争则乱,乱则离,离则弱,弱则不能胜物。"为了防止人们无序纷争,这才定了礼,"夫礼,辨贵贱,序亲疏,裁群物,制庶事"。

什么叫"礼"?

"礼"在表面上是要求人们互谅互让,互尊互敬,实质却是一种尊卑秩序。对国家来说,它强调的是稳定的政治秩序和社会秩序。

刘邦即位之初,和他一起打天下的那帮功臣没规没矩,上殿时既不磕头,也不下跪,说话还没分寸,总是拣他当年的丑事儿说;宴会时不是酗酒争功,就是狂呼乱叫,甚至拔剑击柱。刘邦很没面子。

这时,有个儒生叔孙通善于揣摩圣意,自告奋勇地帮助刘邦排忧解难。他采取的对策是制"礼",说白了,就是用文件的形式给大家定规矩。经过一段时间的讨论、修改、试行,终于准备就绪。

刘邦再一次登上天子宝座时,一眼望去:阶下跪的人,人人叩头;山呼万岁声,声声入耳。刘邦感慨万千:"我今日才知做皇帝的尊贵!"

这就是"礼"。

什么叫"分"?

《吕氏春秋·慎势》引慎子云:"今一兔走,百人逐之,非一兔足为百人分也,由未定。由未定,尧且屈力,而况众人乎?积兔满市,行者不顾,非不欲兔也,分已定矣。分已定,人虽鄙,不争。""故治天下及国,在乎定分而已矣。"

这话的意思是，一只兔子在前面跑，后面有上百个人追，并不是说这一只兔子够上百个人分，而是因为那兔子无主，所有权未定，谁先抢着就是谁的。但在另一场合，不少兔子在街上跑着，行人却不追、不抢、不管、不顾，并不是说人们不想，而是因为这兔子是有主的。面对有主的兔子，即使是很贪婪的人，也不来争抢。

前朝倾覆，群雄并起，鼎之轻重，似可问焉，何尝不是如此？

治国、平天下之道，也正是要把这个"属于谁的"确定下来。

这就是"分"。

"礼"和"分"一定，天下皆定；"礼"和"分"一乱，天下皆乱。

传统社会政治秩序的形成，是靠礼、靠纪纲、靠高下之分而定的，"天尊地卑"，"贵以临贱"，被绝大多数人认可、服从并遵守，天下便可太平一阵子。然而，人类社会也像大自然寒来暑往、日夜交替一样，总是不断地有新生事物崛起，挑战既有秩序。就像《资治通鉴》所说："君臣之礼既坏矣，则天下以智力相雄长，遂使圣贤之后为诸侯者，社稷无不泯绝，生民之类糜灭几尽。"

可是，政治秩序的形成及最终稳定，是非常艰难、非常复杂的，它既要靠资历，又要靠实力，这两点非常重要。

资历和实力在政治秩序形成的过程中有什么不同的作用呢？

资历是人们在长期的政治斗争或军事斗争中逐渐形成的、人所共知的、每个人暗自排序后才确定下来的，是人在心理上认可的一种地位、一种秩序。

政治实力也非常重要。在政治秩序形成并确定下来之前，或者说，在自认为有实力的各方没有进行真刀真枪的较量之前，人们不会向竞争对手服软，也不会服从于对手安排的秩序。特别是对一股刚崛起的新力量来说，想要打破旧秩序，在新秩序中占一席之地，甚至确立由自己主导的新秩序，不经过一番恶斗，是根本不可能实现的。

质言之，政治的核心问题是政治秩序。政治失序（礼崩乐坏）之后，特别是当一股新的势力想挑战既有秩序时，各方势力不会乖乖就范，必须要经过一番艰苦的混战和打斗，重新定下尊卑秩序，天下才能安定。

所以古人说：天下之事，只定了便无事。物无定主而争，言无定见而争，事无定体而争。

这就是旧秩序解体、新力量想建成由自己主导的新秩序时，所必须面对的形势。

北洋历史发展到直系军阀时期，便处于这样一个旧秩序完全解体、新秩序尚未形成、混战和打斗火热进行的阶段。袁世凯去世之后，北洋大乱，北洋之虎段祺瑞靠着纵横江湖二十年的威名和资历，力图以接班人的姿态维护这个秩序，却不断遭到对手的挑战。终于，后起之秀吴佩孚以迅雷不及掩耳之势打乱了段祺瑞定下的秩序。

然而，就像炸倒一栋楼只需几秒，建起一栋楼却需要几年一样，破坏一个旧秩序容易，重建一个新秩序却非常难。北洋之虎在位，虽然比不上袁世凯有威望，但毕竟虎威犹存，各方势力不敢轻举妄动。而实力派吴佩孚虽然成功挑战了老虎的地位，但他毕竟是北洋系的小字辈，没有足够的资历来震慑群雄，名声大，辈分小。比如，袁世凯活着时，东北虎张作霖乖得像只大猫，段祺瑞皖系掌控天下时，老张也还算给面子，但后起之秀吴佩孚上台时，张作霖却是一百个不服气：你凭什么那么狂啊？秀才造反，还能成事儿？因此，这段时期的变数就大了。

锣声响起，北洋政坛击鼓传花和抢椅子的游戏继续进行。

直皖战争，以曹锟吴佩孚完胜、段祺瑞完败而结束。就在直皖战争接近尾声，段祺瑞求和，吴佩孚罢手时，还有一个人想赶紧缓和局面，自己也好从中谋取渔人之利，这个人就是徐世昌。

"垂帘听政"的段祺瑞被赶走了，北洋元老徐世昌觉得自己的机会来了。徐世昌认为，成为一个真正有职权的总统，首先要在直系曹锟和奉系张作霖之间保持平衡，同时希望其他各省的军阀保持原有地位，既利用各省势力牵制直奉两系，也利用直奉的龙头地位来制衡各省军阀，以此保持"三足鼎立"，自己也能尝尝真正当老大的滋味。

然而，徐世昌虽然深谙权谋之道和平衡之术，却忘了自己缺乏政治斗争的核心要素——实力。同时他还没有意识到，虽然送走了一个颐指气使的"太上皇"，却要迎来两个"皇太后"对自己横挑鼻子竖挑眼。他的苦日子非但没有结束,反而是新一轮的开始。因为,徐世昌想干的任何事,只要没有曹锟和张作霖这"两宫太后"同时点头,就没有实施的可能。

这一时期的局势,仍然可用一个"乱"字来形容,而且是愈加混乱。

皖系溃败的消息传到北京,果然是树倒猢狲散,平日作威作福的安福系要人大多躲到东交民巷和六国饭店去了。他们一开始先跑到六国饭店,导致那里人满为患。后来,迫于英美的压力,六国饭店下了逐客令,这些人就跑到东交民巷的外国使馆,让日本人和意大利人狠狠地敲竹杠,只有肯斥巨资的人才被允许留下。

这些祸首虽然跑了,但来不及带走全部家产,所以,从不做赔本买卖、善于见缝插针的张作霖可高兴了,他眨巴着一双精明的小眼睛高喊:弟兄们,祸首家里啥都有,该出手时就出手啊!

还没等徐世昌发出惩办祸首的命令,老张就让人去抄安福系要人的家。张作霖多精啊,在这场直皖战争中,虽然派兵助直,但没使全力,让多数人马在侧翼观战。估计老张的算盘是,你们打吧,不管谁赢,自己都会站在第三者的立场上:直军赢的话,就派兵捞皖系的油水;皖军赢的话,就派兵抢直军的东西。

果然,当直军胜利、皖军溃败时,张作霖迅速命令张景惠:皖军油水可不少啊!你迅速率领咱们嫡系第二十七师急行军进京,把搬得动的物资、军火等,全都给我运回来。

张景惠得令,率领奉军最精锐的第二十七师,火速进入北京城,捞了个沟满壕平。不仅有皖系刚从日本买来的军火弹药,而且还有十二架飞机,连空军探照灯都被顺走了。

据说当时被奉军没收的有:徐树铮动产一百余万,不动产三十余万;李思浩动产八百余万,不动产二百余万;丁士源动产一百五十余万,不动产八十余万;曾毓隽动产三百余万,不动产三十万;朱深动产五百余万,不动产三十余万……胡子出身的人,到底是没改打劫的本性,而且还理直气壮。

这么多东西,怎么运回东北呢?这难不倒张作霖。他命奉军扣押了京奉铁路的全部货车,把东西全装到火车上,足足装了百多节车皮。

直军也不是没想到要抢皖系的军火物资，只是因为他们分路作战，等想抢物资时，比张作霖慢了半拍，许多好东西被奉军运走了。

按理，张作霖勉强得到三分之一的战利品就算好了，可是他抢了一半还多，把曹锟和吴佩孚气得大骂他是土匪。

捞足了油水的张作霖，根本就不在乎别人说什么，得到实惠才是真的。

此时因为刚刚结束直皖战争，北洋政府面临着一系列亟待解决的问题，如惩办战争祸首，解散安福国会，怎样成立新国会和由谁组阁，特别是直奉双方如何分配胜利成果，等等。为了使这些问题得到妥善解决，曹锟、张作霖决定在天津碰头，召开善后会议，也可以说是分赃会议。

对于惩办祸首的问题，前文提到，由于各种因素，直系没能实现惩办"安福十祸首"的想法。空有一纸惩办令，却拘不到人。

解散安福国会，本应是顺理成章的，而且依着吴佩孚的想法，本来也是想彻底解决皖系和安福国会的问题，但却遭到了大总统徐世昌的反对。因为徐世昌是由安福国会选上来的，如果它解散了，他总统地位的合法性就成问题了。但徐世昌又不能说得这么直白，因此以政策宽大的名义，认为大家都是北洋袍泽，只要对方退出政治舞台，就不要结下生死之仇。杀敌一千，自损八百，何必非得斗个你死我活呢？

对此，张作霖有自己的另一番考虑。他与皖系原也没有什么深仇大恨，还想把皖系的残余势力收归门下，使自己悄悄壮大，再与直系争夺天下。所以，张作霖也主张宽大处理，特别是对皖系元老段祺瑞仍然给予礼遇和必要的尊重。对于安福国会，不出官方命令，而任其"自行"解散，双方都有个台阶下。对于安福俱乐部成员所任官职，比如曾毓隽、李思浩、朱深的部长职位，段芝贵京畿卫戍总司令的职位，等等，均予以褫夺。

在天津碰头会上，还要解决一个重要的问题，就是由谁来当总理。按照徐世昌总统的想法，他希望是自己多年的老部下周树模。但张作霖可不傻，都换上你的人了，那还怎么保证我的利益？张作霖反对由周树模组阁，认为还不如让靳云鹏复职。靳既是张作霖的儿女亲家，又是原来皖系的人，和曹锟是结交的兄弟，与吴佩孚是山东老乡，由他出任总理,直系肯定会接受,而且还可以为奉系网罗许多皖系旧部,张作霖自己也便于控制时局。经过一番讨论,曹锟和吴佩孚最终同意由靳云鹏复任总理。

以上是双方能够达成一致的地方,还有一些很大的分歧,比如地盘分配和军费报销问题,直奉互不相让。最后决定,曹锟和张作霖进京,与徐世昌总统进行正式磋商。

《周易·序卦》中说,"家道穷必乖,故受之以《睽》"。中华民国的气运从辛亥革命开始增进,刚柔始交而难生,八年中不仅仍在盘桓,且经历了穷、乖和睽的过程。

短暂的平衡

古人说得好:天下,势而已矣;人情,利而已矣。

所以,谋天下先要谋势,动人心先要晓利。

就在曹、张两巨头进京正式磋商之前,做事总是出人意料的吴佩孚又大张旗鼓地搞了点儿动作。别人在谋"事",吴佩孚却要谋"势"。

在这场举国瞩目的直皖战争中,吴佩孚是最出风头的人,连英美等国都开始对他给予高度关注,许多人称他是当时中国的第一号人物。

但是,此时的吴佩孚资历尚浅。他再有本事,也不过是曹锟的下属,天津碰头会时,还是他的领导曹锟对话张作霖,他只是列席会议。

吴佩孚知道,跟张胡子相比,曹锟的心眼儿总是差那么一点点,会被胡子绕进去。眼见张作霖是既得到了实际利益,又步步给曹锟挖陷阱,吴佩孚很是着急。他决定发声,在政治上与奉系一比高下,从谋"势"的角度来把握制高点,提出召开国民大会解决国是。吴佩孚说:"国号共和,以民治国,欲求真正和平之解决,唯有组织国民大会,提交会议,此乃民治之真精神。"

1920年8月1日,吴佩孚提出,应该召开国民大会解决时局。为此,他设计了一套完整的方案,并抛出八条大纲:

(一)定名。为国民大会。

（二）性质。由国民自行召集，不得用官署监督，以免官僚政客操纵把持。

（三）宗旨。取国民自决主义，凡统一善后，及制定宪法，与修正选举方法及一切重大问题，均由国民解决，地方不得借口破坏。

（四）会员。由全国各县农工商会各会各举一人，为初选所举之人，不必以各本会为限。如无工商会，宁缺毋滥。再由全省合选五分之一，为复选。俟各省复选完竣，齐集天津或上海，成立开会。

（五）监督。由省县农工商学各会长，互相监督，官府不得干涉。

（六）事务所。先由各省农工商学总会公同组织，为该省总事务所，再由总事务所电知各县农工商学各会，克日成立各县事务所。办事细则，由该所自订。

（七）经费。由各省县自由经费项下开支。

（八）期限。以三个月内成立，开会限六个月，将第三条所列诸项，议决公布，即行闭会。并主张将南北新旧国会，一律取消，南北议和代表，一律裁撤。所有历年一切纠纷，均由国民公决。

吴佩孚的主张，我们今天好像也看不出它好在哪里，实际上，这是吴秀才比曹锟和张作霖高明的地方，是在政治上谋"势"的举措。

第一，政治也好，意识形态也罢，都是一场争夺人心的活动。吴佩孚的主张，肯定会得到更多民众的欢迎与拥护，将为直系执政汇聚人心。

第二，吴佩孚主张召开国民大会的同时，要求取消南北新旧国会，裁撤南北议和代表。这首先指向的是南方的国会，想通过民众的力量，让其自动取消，然后成立由自己主导的国会。

第三，召开国民大会，就是要解散皖系的安福国会，而总统徐世昌是由安福国会选上来的，这又暗中指向了徐世昌。吴佩孚想要重新考虑总统人选问题。

所以，吴佩孚这一招，可谓一举多得。

对于吴佩孚的主张，徐世昌暗自吃了一惊，看似软绵绵、轻飘飘的一招，却足以杀人于无形。他当即表示反对。他认为，吴佩孚位卑言轻，此举纯属哗众取宠。而平日一向与吴佩孚关系不错的山东老乡靳云鹏也表示反对，认为这是在革自己的命。

张作霖虽然不完全明白吴佩孚的想法，但他知道这个秀才是刺儿头，也明白吴秀才提出的东西肯定对自己不利。所以，张作霖强烈反对吴佩孚关于成立国民大会的提议。张作霖第一时间找到曹锟，气哼哼地表示，如果你不管吴秀才的胡作非为，那别怪我直接通电表示反对，后果由你负责。同时，张作霖公开对媒体说："我只知向曹使商谈大事。吴是区区师长，全国师长有好几十个，我手下也不少，倘人人预闻政治，那成什么话！"

一方面，曹锟不太明白吴佩孚的弯弯绕，另一方面，他也顶不住张作霖、徐世昌等人施加的压力，所以告诫吴佩孚少发表意见。曹锟说："我们刚打完一仗，难道你还要打第二仗？"

就这样，吴佩孚关于召开国民大会的政治主张彻底破灭。

冠盖满京华，斯人独憔悴。本来在战争中出尽风头的吴佩孚此时却高兴不起来，他为老领导曹锟不能真正理解自己、不敢给自己撑腰而黯然伤神。

8月4日，曹锟和张作霖两巨头进京，与徐世昌总统进一步磋商时局。

那个时候，最隆重的欢迎仪式是净水泼街，黄土垫道。黄者，皇也，这是皇帝出巡时才使用的规格。真是三十年河东，三十年河西，当年胡子出身的张作霖、布贩子出身的曹锟，此番进京也享受了一回帝王级待遇。就当时的中国来说，他们俩走到哪里，政局的中心就转到哪里。这种三步一岗五步一哨，社会名流夹道欢迎的场景，着实让二人有些飘飘然。

到京的第二天，曹张二人赴总统府拜谒徐世昌总统，就解决时局的办法交换意见。

徐世昌早已知道天津碰头会的结果，他的头脑也清醒了不少，不再有刚击败段祺瑞时的幻想，以为自己可以做一回真正有权的总统了。徐世昌意识到，这两位爷可能比段祺瑞还难侍候，不仅解决时局系在他二人身上，自己的总统宝座能否坐得稳、能否继续坐下去，也全在于这两位的心情。他们俩只要有一位不满意，自己就别想干了，必须得小心地陪着，谁也得罪不起。所以，与其说是曹张拜谒总统，还不如说是总统请他们俩来寻找解决办法。

张作霖见到徐世昌，首先提出让靳云鹏复任总理，组阁之后再解决其他问题。此时安福国会已经自动解散，那么无须征得国会同意，请徐总统直接任命就是了。

徐世昌知道胳膊拧不过大腿，自己只有说"不"的权力，却没有说"不"的勇气，说"不"的后果将是非常严重的。怎么办？同意吧，还得装出高兴的样子，只要翼青(靳云鹏)同意，那当然好啊！

总理问题只是引子，是虚的，直奉双方真正关心的是各自的势力范围。

天津碰头会时，张作霖就坚持把热河、察哈尔、绥远纳入奉系势力范围，同时保举张景惠为山东督军，许兰洲为陕西督军，还保举自己的儿女亲家、曾想复辟清室的张勋为安徽督军，借此实现他独霸东北、兼顾北方、问鼎中原的野心。但曹锟坚持任命安徽人冯玉祥为安徽督军。双方各持己见，各怀肚肠，最后经过协调和利益交换，安徽督军拟由直系李纯保举的张文生担任。

关于军费问题，曹与张都向徐世昌伸手要钱，徐世昌只得答应给每人拨军费一千万元，但要在他们返回自己任所时才拨款。然而这哥俩不见兔子不撒鹰，非要见到钱才撒。好说歹说，总算勉强解决。先各自给点儿意思意思，待款项凑足了，再给二位补上。

经过徐世昌斡旋，曹张二人讨价还价，最后共同协商解决时局的四项办法：

第一，为了均衡直奉间的关系，撤销粤、川、湘、赣四省经略使，任命曹锟为直鲁豫三省巡阅使，吴佩孚为巡阅副使。曹锟的职位与张作霖东三省巡阅使的地位相对等。与袁世凯时代"巡阅使"的虚职不同，此为实职，曹张二人在各自的地盘内有"自由行动"之权力，在用人行政方面"得便利行事"。而且，把曹锟摆在河北、河南和山东地区，明显是遏制张作霖前进的势头，挤压其空间。

第二,更换疆吏(如督军等人)时必须协商,"以期内外如一",即给予曹张在中央用人方面的决策权。

第三,更换内阁时,应"共相示知",内阁人选须征得曹张同意。

第四,中央如有重大事件,须共助办理。如有不遵守中央政府命令的各省,由曹张二人进行"劝告"。

尤其是第四项协议,表明徐世昌的协调结果很成功,双方都比较满意。曹张二人的意思是,你安稳地当你的大总统,谁要是不听你招呼,我们哥俩就以双打的形式揍他。"劝告"二字,用得甚是艺术。

各自的利益和要求基本得到满足后,曹张二人也投桃报李,公开通电声明:"我等决心始终拥护元首,保护真正之共和。"

这应该是徐世昌和直奉两大派系之间在权力分配上临时达成的一种协议。直奉双方在实力相近的情况下,在一段时期内实现了"和平"。

所谓"和平",就是在大家没撕破脸皮之前出现的一种状态,是酝酿打架的大好时机。

内阁的无奈

1920 年 8 月 9 日,靳云鹏第二次出任内阁总理。

和总统徐世昌一样命苦,靳云鹏虽然不需要再受制于段祺瑞和安福系势力,却要开始周旋于直奉两巨头之间。所以,在新内阁成员问题上,尽管直奉两系都支持自己,但靳云鹏为了平衡他们之间的关系,也相当不容易。

担任总理,就要组阁,研究不同职位的人选,这种人事上的问题最让人头疼。靳云鹏求东家、问西家,跑断了腿,磨破了嘴,看看某个职位到底任用谁,是不是照顾到了双方的利益,两位是不是满意。这种活,真不是人干的。

最终,新内阁成员名单确定下来,他们分别是:外交总长颜惠庆,内务总长张志潭,财政总长周自齐,陆军总长靳云鹏(兼),海军总长萨镇冰,司法总长董康,教育总长范源濂,农商总长王迺斌,交通总长叶恭绰。

从内阁组成来看,张志潭属于直系,王迺斌属于奉系。财政总长周自齐和交通总长叶恭绰是交通系的人马,为什么这两个最重要的位置仍被交通系占据呢?因为从袁世凯时代开始,交通系的首领梁士诒就号称"财神爷",借钱手段一流,理财手腕一流,财大气粗,谁也离不开他。这届内阁仍然无法撼动交通系的地位。然而,周自齐和叶恭绰早就被奉系拉拢了,他们在心理上是倾向于奉系的。内阁总理兼陆军总长靳云鹏本人也是更多地倾向奉系,这正是张作霖极力提议靳云鹏复任总理的原因。所以,张作霖在军事上没出风头,却在政治操作上占了大便宜。

此时的曹锟并没有意识到自己被张作霖耍得这么厉害,吴佩孚想说话时也多次被张作霖粗暴地打断。老张声称自己只和曹锟谈,认为小小的师长吴佩孚没有资格在他面前说话。

应该说,在这个世界上,每个人都有自己的想法,也有自己的理想和抱负。当具备一定的外在条件时,这种要实现自己理想的愿望就会更强烈。靳云鹏也是如此。

作为皖系旧将,靳云鹏是在直奉两派势均力敌的情况下上台的,这可能会出现两种结果:一种是两派相争,第三方得利;一种是两派相争,第三方受气。而靳云鹏遇到的是后者。

复任总理之初,靳云鹏以为,凭着他与直、奉以及徐世昌总统的良好关系,及时推出一些有利于国家建设的主张应该是没有问题的,所以他满怀希望地提出了四项政治主张:促进南北议和,裁兵,整饬纲纪,整理财政。

可是,靳云鹏忘了古人的告诫,智者有"四不斗",即不与命斗,不与法斗,不与理斗,不与势斗。从"命"的角度来说,面对着连旧主段祺瑞都斗不过的人,他靳云鹏更别想斗得过;从"法"的角度来说,法不是由他制订的,他斗不过;从"理"的角度来说,当时强权即是理,胳膊粗力气大就是理,他斗不过;从"势"的角度来说,形势比人强,更不是他所能斗得过的。他在这四个方面都没有任何优势可言,"势"都谋不了,却抛出四项主张来谋"事",这是根本不可能的。

但是,靳云鹏不甘成为直奉两系的傀儡,他想方设法先培植自己的势力，有了班底再慢慢强硬起来。这个思路是不错，但靳云鹏的对手比他要聪明得多。

在财政方面，靳云鹏力图打破以梁士诒为首的旧交通系长期把持财政、金融、交通等部门的局面，试图除去内阁中的交通系成员——财政总长周自齐和交通总长叶恭绰，由自己的亲信李士伟和张志潭代替他们的职位，这引起梁士诒等人的强烈不满。

靳云鹏还暗中联络王占元、田中玉、陈树藩等地方实力派，企图通过"打外线"的方式组成以自己为首的军事力量，与直奉两系抗衡。结果，这项计划不仅未能实现，反倒让曹锟和吴佩孚对靳云鹏产生了戒心。你的地位是我们给的，还想跟我们对着干？门儿都没有。

所以，靳云鹏本想维护各派利益，却一不小心把各派全惹了，这还能干好吗？

就在靳云鹏组阁之后不久，直系内部发生了一件大事。1920 年 10 月 11 日夜，长江三督之首的直系大将李纯突然死于督军署内，年仅四十六岁。

在直系内部，李纯本是仅次于冯国璋的二号人物，如果不是曹锟、吴佩孚打败了段祺瑞，抢了风头，他的名头可能会更响亮些。李纯生前是主和派的代表，还为南开大学的创办提供巨额经费，确实做过一些可圈可点的事。

关于李纯的死因，有好几种说法。官方宣布他因"忧国忧民"自杀身亡，而他去世前，据说确实出现过抑郁等症状。

坊间传言，齐燮元与李纯小妾合谋杀害李纯，并伪造自杀现场和遗嘱。书有言，"江苏督军职务，以齐帮办燮元代理"，而且，齐燮元在 14 日竟自行宣布就任江苏督军。所以许多人认为是齐燮元为求上位，不惜谋害李纯。但后人根据鉴定，认为李纯的遗嘱确系亲笔，谋害说或是以讹传讹。

但丁中江在《北洋军阀史话》里，还有另外一种说法。书里说，李纯曾收养一个叫菱子的侍婢，她天生丽质，伶俐可人，李纯夫妇视若亲女。随着菱子逐渐长大，她与李纯的贴身侍卫毕正林眉来眼去，你情我愿，很快就结婚了。变成少妇的菱子开始有了一种成熟的美,也具有了撩人的风情,还经常在李纯面前撒娇,结果,年过四十的李纯终于没有把持住,与菱子突破了防线。

就这样过了一年,侍卫毕正林有所察觉。但考虑到自己的功名,他只能忍气吞声。

事也凑巧,毕正林在一次出差后,兴冲冲地提前回来,结果在敲开紧闭的房门时,李纯狼狈地从菱子房里出来,三个人都非常尴尬。

晚上,毕正林向李纯汇报工作时,李纯的态度非常冷淡。毕正林想:"若不设法化除督军心中块垒,则自己随时都有生命之虑。"正在他胡思乱想之际,李纯写了张字条吩咐他:"到军法处去把杨处长叫来,就说我有急事待办,要他快来。"

毕正林大字不识几个,一看李纯板着脸,还让军法处长快来,难道说他奸情被撞破,要趁夜黑风高把自己做掉?

疑心生暗鬼,毕正林捏着纸条,在去找军法处长的路上,越想越不对劲,越想越害怕,这分明是要趁着黑夜置自己于死地。既然你不仁,休怪我不义,莫不如先下手为强。毕正林咬咬牙,推开李纯办公室的门,在李纯毫无防备的情况下,对准他的胸口连开三枪……

事情发生后,明眼人一看就知道是怎么回事,但李太太与军务会办齐燮元商量后,觉得以这种方式公布的话,有损李督军一世声誉,最后让毕正林带菱子远走高飞,不许透露此案半个字,然后一起伪造了几份遗嘱。就这样把事情解决了。

世间事就是这样,有人欢喜有人忧。李纯一死,长江三督最富庶的苏督位置空缺,许多人都想谋求这个职位。陈光远希望由长江三督之一的王占元自鄂调苏,自己由赣调鄂,以齐燮元或新崛起的吴佩孚督赣。奉系张作霖则见缝插针,极力保举张勋出任苏督兼巡阅使。

张作霖保举张勋为巡阅使,一方面因为张勋是自己的儿女亲家,另一方面,是想把自己的势力扩大到长江流域。

徐世昌和靳云鹏既不敢得罪张作霖,也不敢得罪曹锟和吴佩孚,所以,既不能起用张勋,又不能完全不用。怎么办呢?思来想去,最后擢用张勋旧部张文生为安徽督军,而特派张勋为热河林垦督办。

张勋非常生气,我只会带兵打仗,不会种树,你们咋不展开更充分的想象,让我去绣花?亏你们想得出来。

徐世昌和靳云鹏一再向张作霖解释:"绍轩(张勋)犯过推翻民国政权的大罪,我们一口气起用他是说不过去的,先让他做林垦督办为过渡,将来再转任其他要职就不怕别人说闲话了。"

可是徐、靳又怕直系生气,所以赶紧向曹、吴赔不是:"我们用张勋为林垦督办只是碍雨亭(张作霖)的面子,是不得已的,请别误会。"

直系怕夜长梦多,匆忙让齐燮元署理江苏督军,何丰林为淞沪护军使。

张作霖也清楚,江苏本来就属于直系,而且是最富庶的地带,不会轻易交出来,所以他默认了这个安排,没有继续争下去。

虎踞洛阳

直皖战争后,各派势力进行了一次新的分化组合。

直系与奉系联手,击败了实力雄厚的皖系,中央的权柄被直奉两系平分。

直系虽然在政治和军事上占优,却没能一家独大;奉系趁着战争的胜利强势崛起,把触角伸向了关内。

政治上的事,向来是天无二日,民无二主。直奉并立的局面,根本不会持续多久。

为了获取更大的权力、利益,甚至压倒对方,张作霖多方奔走,联络敌视直系的各派力量;直系吴佩孚心明如镜,也在积聚力量,想把张胡子打回原形,毁掉他多年的"道行"。彼此心照不宣,暗中较劲。

所以,历史表面上进入了一个"共和"的时代,实际上却仍是暗流涌动,风雨欲来。

这便有了接下来的事:吴佩孚虎踞中原,张作霖经营满蒙。

这里先表吴佩孚。

在召开国民大会的主张遭拒后，吴佩孚意识到自己左右政局的能力还不够，支配时局的条件也远未成熟，因此必须扩充自己的力量。于是，1920年9月2日，吴佩孚以直鲁豫巡阅副使的名义，把自己统率的北洋第三师全部带到洛阳，决定在此招贤纳士，筹饷练兵，壮大实力。此时吴佩孚麾下共有约五万人，分别由阎相文的第二十师、王承斌的第二十三师、张福来的第二十四师和萧耀南的第二十五师组成（五四运动吴佩孚通电全国时，他手下的这几位还只是旅长，此次直皖战争后，全部晋升为师长）。

洛阳位于河南西部、黄河中游，有着五千多年文明史、四千年建城史和一千五百多年建都史。自第一个王朝夏朝开始，洛阳共经历二十二个建都朝代，是中国建都最早、朝代最多、历史最长的都城，影响力极大，先后有一百零五位帝王在此定鼎九州。

洛阳的地理位置十分重要，四通八达，十省通衢，易守难攻，自古为兵家必争之地。吴佩孚在此练兵，虎视中原，傲视群雄，其问鼎天下之心溢于言表。

从1920年9月驻军洛阳，到1924年直系战败离开洛阳，然后从1926年3月重新占领洛阳，再到1927年兵败离开，吴佩孚在洛阳一共驻扎了六年。久负盛名的洛阳城，因吴佩孚而风云再起。

吴佩孚最盛时在这里统兵数十万，直接控制着直隶、陕西、山东、河南、湖北等省。一时之间，洛阳城成为各方瞩目的中心，当时全国有十八个省的督军、总督的代表机构设在洛阳，洛阳被时人称为"西宫"，还有无数人等来洛阳"拜码头"、问计策、行游说，康有为、张謇、李大钊等人都在这里出现过。

也就是说，在吴佩孚得势的时代，洛阳已然成为北方的政治、军事中心。

吴佩孚选在这里驻兵，有三大好处：一是交通便利；二是军费来源充足；三是控制附近的兵工厂，确保武器弹药的供应源源不断。

从交通上说，除了前面提到的自古以来的地理优势，洛阳还是当时京汉铁路南段的必经之地，又有津浦、陇海铁路之便，朝发夕至。京汉铁路北接保定,也就是曹锟驻兵的地方,二人互相呼应,互为掎角之势。

从军费上说,吴佩孚在洛阳附近驻了五个正规师,两个非正规师。一个正规师的月费是白银十四万两,一个非正规师的月费是白银四万两,每个月合计花费白银七十八万两。当时中央穷得叮当响,吴的军费多是靠自筹,此时京汉铁路南段的客货运费就成了他经费的主要来源之一。

从武器弹药上说,距洛阳仅七十多公里处,有著名的河南巩县(今巩义市)兵工厂。而京汉、津浦、陇海铁路的便利交通,可以把南京、武汉的兵工厂的武器弹药输运过来。

我们今天已经很少有人知道巩县兵工厂的大名了,但在 20 世纪初,它是中国四大兵工厂之一,与上海、金陵、汉阳兵工厂齐名。巩县兵工厂是袁世凯任总统时期亲自督建的,兵工厂制造的拨福斯钢炮弹,在当时南京举行的全国武器比赛中名列第一。所制七九式步枪,在 1931 年国际射击比赛中,比德国步枪多打五百发,使用性能居世界之首,后又被改造为著名的中正式步枪。更让人惊讶的是,在那个飞机尚属稀缺的年代,巩县兵工厂居然修筑了长达十余公里的防空洞,而这个防空洞,直到本世纪初才被人们发现。

吴佩孚控制了这个兵工厂,其好处不言自明。

吴佩孚的洛阳练兵,不仅在北洋军阀中享有盛名,在当时还引起了世界的瞩目。

应该说,在北洋历史上,这是继袁世凯小站练兵后,又一次让西方刮目相看的军事行为。

所以,我们不妨领略一下吴秀才在治军方面的才能,看看他到底有哪些过人之处,并深入挖掘其"常胜将军"名号的由来。

我们知道,关注军事,就要关注三个方面:一是人,二是武器装备,三是编制体制。而在这几个方面,吴佩孚都有他独到的地方。

在用人方面,吴佩孚非常重视兵员素质及其军事训练。

吴佩孚深知兵在精而不在多,他决定训练出一支小而精的队伍,然后以此为样板,扩展到其他军队。

首先进入吴佩孚法眼的,当然是他的嫡系部队,也就是在袁世凯时代已闻名于世的北洋第三师。

吴佩孚深谙治军之道,他明白,时间久了,一支部队自然会滋生暮气,所谓骄兵悍将,就是由此而来的。

尽管第三师的战斗力首屈一指,但吴佩孚还是以壮士断腕的精神,从第三师入手,裁汰老弱,募兵补缺,全力保证整体质量。

吴佩孚素有不爱财、不怕死、愿与士兵同甘共苦的美誉,敬仰关羽、岳飞和戚继光,而他在五四运动中通电全国,高调支持学生运动,更赢得了百姓和读书人的普遍好感,所以,当吴佩孚竖起招军大旗时,一时间来洛阳参军者甚众,其中不少是学生,还一度造成某些学校的"办学危机"。《晨报》曾报道说"一时开封各校学生,纷纷投效",且"武昌大学生投笔来洛者亦不少"。

报名参军的学生实在太多,远远超出了吴秀才的意料,而既有的编制又容纳不下这么多人,怎么办?

这批参军的人,不论数量还是质量,都让异常挑剔的吴佩孚感到满意。这么好的兵源,可遇不可求啊!不要忘了,吴佩孚此时选人的目的可是要训练出雄师劲旅的。吴佩孚当然舍不得把这批高素质的兵源拒之门外,又怕被别人招去,想了又想,决定扩充编制,团升旅,旅改师,各级军官就地提升一级,便把兵源问题解决了。

吴佩孚本人是从保定军校出来的,深知教育对于官兵的重要性。为了提高手下军官的素质,他成立军官教导团,让军官轮流参加培训,训练期满后要进行考核,成绩优秀者升级,不及格者撤职。这个末位淘汰法很是厉害,让人在心理上时刻充满危机感。官位没了,那还怎么混?所以,大家培训的时候都特别认真。

对于这些热血青年,吴佩孚十分关心和爱护。他还曾招收十二岁到十六岁的学生,加上第三师的军官子弟,成立"幼年兵团"。他曾经自豪地说,我要在这群孩子中,培养出一千名师长。收复被外国人侵占的失地,统一全国,就靠这些孩子了。

在武器装备方面,吴佩孚部用的主要武器是毛瑟枪,这是当时世界各国普遍使用的德国造枪支,性能不错。一千名士兵里大概配有八百支步枪、五挺机关枪,同时还配有山炮等重武器,另有铁甲车队和炸弹队。

吴佩孚的思路比较超前,他注意到了作为新面孔出现的飞机的重要性。北洋政府当时也曾从法国购买飞机,还派人到法国学习航空技术,但学员学成回国后,却弃之不用。吴佩孚听说后,连人带机,连买带要,全弄到自己麾下,并在自己治下的每个师里都配置了航空队。看着大铁鸟飞来飞去,整个洛阳城都轰动了。

上面主要讲了吴佩孚军队的人与武器装备,下面再介绍编制和训练方法,这正是他练兵的精华所在。

吴佩孚练兵,有他自己的一套秘诀,不管是编制体制,还是人员、纪律、方法等,都与别的军队不一样。

在机关建设方面,吴佩孚在洛阳挂牌成立直鲁豫巡阅副使署,副使之下设秘书长,另设东、西两厢房,作为各高等顾问治公之所。然后就是设立他治下闻名遐迩的“八大处”,即参谋、军需、执法、军械、政务、教育、交承、副官(又称承启处)。参谋处下设五科:海军、交通、印刷、铁道、河川。政务处下也设五科:机要、外交、财政、法律、通信。八大处之外尤有三场(试农、养鸡、制冰)、两局(植林、蚕农)、两所(航空、无线电)、小两处(花卉、电气)、两院(医院、兽医)、一楼(继光楼,招待宾客之所)、一房(汽车)。此外又有咨议厅,设有顾问、咨议、随办营务、副官、差遣等各级人员。

在司令部的南面,吴佩孚特意修了一栋楼用来接待中外宾客,取名继光楼,既纪念明代抗倭英雄戚继光,也以此激励将士,并亲题一副对联:

得志当为天下雨,
论交须有古人风!

非常大气,风骨凛然,显示出乱世英雄吴佩孚在精神上的傲然。

机关建设完备,囊括了作战、后勤、教育、联络等各方面,连农场、鸡场等方面都考虑到了,这是把驻军和屯田结合起来,作长期治理的打算。

吴佩孚军队的编制与训练,最让人称奇的不在机关,而是他的作战部队。

吴秀才没少读书,他遍研古今中外的兵书战策、战法战例,对蒙古人当年席卷天下的兵锋最为佩服,于是潜心研究蒙古兵的编制和战术,并有了自己的心得。

吴佩孚发现,成吉思汗之所以纵横天下无敌手,就是因为他治下的部队非常精锐,在其鼎盛时期,人数也不过十三万八千名。而其精锐部队中的“最精锐”,只有一万八千人,号称“怯薛”(轮流守卫),其成员称作“怯薛歹”(护卫死士)。“怯薛歹”日夜跟随成吉思汗,他们都是骑兵,随身配备一刀一伞一锅一碗,为了减轻负担,采取因粮于敌的原则,每到一处,就地征粮。他们勇敢剽悍,纪律严格,行动迅速,战斗力强悍之极,且长期跟在主帅身边,与其心意相通,如臂使指。

吴佩孚决定把“怯薛”兵制运用到自己的部队中,训练出自己的“怯薛”。

吴佩孚先从手下的步兵第十二团开始,将其扩为一个师,采用“三三制”的编制,一师三旅,一旅三团,由此延伸到班,每班十二人,再配备骑兵、炮兵、工兵、辎重兵、电信、铁道和航空各队,全师编制是一万二千名,再召募精挑细选出来的新兵六千人,正好凑足一万八千人的“怯薛”之数。

而这支部队的训练,是在极其保密的状态下进行的。外界只知道吴秀才打仗厉害,练兵也是一绝,经常有人来洛阳参观,但看到的是其他部队的训练,这支“怯薛”军始终秘不示人。

也正是靠着这支部队,吴佩孚才在北洋系中牢牢地确立了他“常胜将军”的大名。

吴佩孚在洛阳练兵,引起了国内外各势力的广泛关注。前来拜访吴佩孚的各国使节络绎不绝。

1922年5月,苏联驻北京外交使团顾问维金斯基(吴廷康)到洛阳访问,与吴佩孚会面;同年8月,该使团又派顾问伊万诺夫及苏联驻北京通讯社负责人霍多罗夫来洛阳访问，找吴佩孚"拜码头"……

对这些来访的客人，吴佩孚虽一一接待，却有一个规矩不能破。据《北洋军阀吴佩孚》：对于这些使节，吴佩孚大多以礼相待，唯独对日本人，吴大帅相当不给面子，搞得日本人敢怒不敢言。

1922年12月，日本参谋本部第二部长陆军少将伊丹松雄来到洛阳，跟吴佩孚说，"咱哥儿俩一起练兵吧"，结果失败而回。不过，老吴身边却有一位日本顾问，名叫冈野增次郎，是日俄战争时的旧友，吴佩孚视其为心腹与知己。

1923年夏，上海大陆电影公司派人到洛阳拍摄了八部练兵的新闻纪录片，总题为《吴佩孚洛阳练兵实况》，在国内和欧美各国播放，一时轰动海内外。

国内各派势力也高度关注吴佩孚，后面会一一叙述，这里仅围绕练兵影响举一例。

据说，吴军严明的纪律是其他军队所不能及的。在洛阳练兵前的政治动员中，吴佩孚就对大家提出要求：我们当学习岳家军"冻死不拆屋，饿死不掳掠"的严格纪律，学习岳家军以寡敌众、以少胜多，"运用之妙，存乎一心"的灵活战术。说得大家热血沸腾。有一次，吴佩孚派学兵团去郑州车站，欢迎两湖巡阅使王占元。时逢大雨，学兵团的士兵直立于雨中，阵式整齐。王占元看后大发感慨："说起来真惭愧，看看人家是什么军队，咱们是什么军队。"

应该说，自从击败了皖系段祺瑞，吴佩孚就奠定了他在北洋系中的实力派地位。而洛阳练兵更是引发中外关注，一颗政治新星冉冉升起，吴佩孚有了笑傲江湖的资本。

经略蒙疆

撂下风头正盛的吴佩孚，再说回张作霖。

吴佩孚躲在洛阳埋头苦练，钻研武功秘籍，别人可能看不透，张作霖可非常明白，这是要对付他啊！

不过，张作霖心中也暗喜。你吴子玉跑到洛阳抢占中原，这正合我意。我老张趁你不在眼前晃时，先巩固东三省，染指京津城，坐收内外蒙，瞄准西北疆。

咱们骑驴看唱本，走着瞧。

在直皖战争中，虽然直系成了最大赢家，吴佩孚成为权倾朝野的人物，但一直不怎么显山露水的奉系张作霖也结结实实地捞取了实惠。除了先下手抢到不少战利品，张作霖的势力范围也迅速扩大，成功地翻越了山海关。

张作霖进关的第一个目标，就是京畿。

老张声称，为了维护总统的尊严，保卫京师治安，我关外子弟愿意远离家乡为国分忧。除了派张景惠的暂编第一师常驻京津一带，他又调了一个混成旅驻在廊坊和南北两苑，并在山海关与京奉沿线配置了兵力。这样一来，只要关内有事，他的几万大军便可在第一时间到达指定地点。

张作霖进关的第二个目标是热河。

热河是 1914 年袁世凯时代划分的行政区域，其首府在承德，包括现河北的承德地区、内蒙古的赤峰地区和通辽部分地区、辽宁的朝阳和阜新地区，与东北三省一起，称为东北四省。

正因为热河与奉天接壤，所以张作霖要想统一满蒙，就必然要把热河收入囊中。

当时的热河都统姜桂题已经近八十岁了。他最初为捻军的一员，后投靠清廷，作战勇猛，曾与日军血战且打出了威风。后来加入袁世凯的北洋集团。多年来他一直驻守热河，根基稳固，实力雄厚。

张作霖想把姜桂题挤走，给个闲职，弄去北京养老，然后把自己的亲信张景惠调为热河都统。

可是，一来因为姜桂题宝刀不老，硬气得很，二来因为其他人不满张作霖的野心，大家一起抵制，结果热河都统一事居然没弄成。

就在老张有些懊恼的时候，又一个好机会出现在他面前。这个机会来自与热河相邻的察哈尔。

察哈尔特别行政区位于外蒙以南，与热河、绥远二特区相毗邻。其首府是张家口,可以说扼外蒙之咽喉,是著名的边关重镇。

徐树铮把外蒙收复回来没多久,因为直皖战争,皖系落败,小徐逃跑,所以外蒙独立势力蠢蠢欲动。1921 年 2 月 4 日,外蒙再次宣布独立,并在外国势力的支撑下向中国驻军进攻。就在中国军队节节败退时,察哈尔都统王廷桢对于是否出兵外蒙犹豫不决。

张作霖眼珠一转,计上心来。他向中央慷慨陈词,胸脯拍得山响,当此外蒙危亡之际,王都统不出兵,我出。

接着,张作霖说动了自己的亲家兼总理靳云鹏:我们应对外蒙采取强硬政策,若此,就应该换掉缺乏魄力的王廷桢,换上一位有魄力、能作战的将领。换上谁呢? 你看,我的部下张景惠在与皖系作战的过程中,表现英勇,功劳不小,由他担任察哈尔都统,率奉军出征外蒙,于国于民都有利。

靳云鹏一看,值此国家衰危之际,有人勇挑重担,那好,让景惠去吧!

就这样,张作霖的亲信张景惠担任了察哈尔都统,老张统一满蒙的计划又前进了一步。

将察哈尔都统收入囊中之后,老张不再急着向中央表态出兵了,他开始哭穷,讲条件。外蒙那么远,钱、粮、弹药、汽车等,怎么也得保证充足吧? 要不然一旦打不好,丢面子的可是整个国家呢! 徐树铮以前进军外蒙时,还有好几十辆汽车,我们总不能光着大脚丫子走过去吧? 所以,为了国家的领土完整,请务必给我们多拨军费。

也不知道张作霖是怎么动用他那三寸不烂之舌,或者靳云鹏从内心就偏袒张作霖,反正,张作霖开出收复外蒙的空头支票后,硬是从靳云鹏内阁那里提取了二百万元,而直系经略陕西只得到五十万,这引起了直系的极大不满。

名有了,利也有了,老张该出兵了吧?

不,老张让自己手下的兵进一步、退两步地转来转去,就是不出兵。因为,他心里还有没解开的疙瘩!

凭着多年在蒙疆打交道的经验,老张算得上知己知彼,根本没把闹独立的匪徒放在眼里。他最担心的是,靳云鹏给自己二百万元,到底是向着自己,还是直系故意把自己支走呢? 如果是直系要借此机会把他支得远远的,让他在边疆玩个不亦乐乎,一旦与直系在兵力上失去平衡,不仅能让直系牢牢地控制中原,而且中原以南也会成为直系的天下,那自己就得不偿失了。

老张不停地转着他那双精明的眼睛,盘算着自己的下一步棋该怎么走。

张家口方向告急的电报像雪片般传来,形势越来越不容乐观。张家口如果不保,就会危及北京的安全。1921 年 4 月,总理靳云鹏把大家召集到天津开会,商讨该怎么办。同时来参加会议的,还有湖北督军王占元。江苏督军李纯去世后,王占元就是长江三督中资格最老的,自然成为三督之首。

这次天津会议,名义上是商量外蒙事宜,实际上是要解决征外蒙之前的势力划分和利益纠葛问题。

可是,还没有到谈论实质问题的时候,会议就差点因为意气用事而中断。

事情是这样的,大家在讨论财政问题时,列席会议的直隶省长曹锐(曹锟的四弟)埋怨靳云鹏在军费分配上不公平。直军已经欠饷半年了,而奉军欠饷不到两个月,却借口出征外蒙领到了军饷二百万元和开拔费一百万元,这比直军领到的可怜的五十万元要多出数倍。

靳云鹏说,四哥,不当家不知柴米贵,你真不知政府的困难。现在各省不仅扣留了应缴的税款,还伸手向中央要钱,中央已经无米下锅了。

不料,曹锐的话比较尖酸,你当不了家就别当。

靳云鹏本来就焦头烂额,里外不讨好,当时一下子火了,我根本不想干这破事,但你没资格跟我说这句话。

曹锐骂道,你滚蛋。

靳云鹏被气得脸红脖子粗,同时打电话给北京,让内阁给他预备辞呈。

大家赶紧来劝靳云鹏总理,再由曹锟、张作霖、王占元三人联名发布拥护内阁的通电,给足了靳云鹏面子,他总算不辞职了。

大家继续商量正事。

对于外蒙独立问题，直奉两系都高喊着要打仗，但落实到具体行动上，却都提出种种"困难"推托，谁也不愿意解私囊办公事。

张作霖明明占到了大便宜，却还在哭穷，想继续占更多便宜；曹锟说政府已经提供了军费，你要不去的话，就把这笔军费给我，我派兵前去。

到口的肥肉，张作霖怎肯吐出来？他反唇相讥，开始时你不出兵，见到军费了想出兵，我看你是看中了这笔军费吧？

其实大家都看中了这笔军费，只不过张作霖先捅破，他就占据主动权，把曹锟说得脸上非常挂不住。

其实张作霖心里已经决定出兵了，关于蒙疆，他既不许别的势力插手，更不会眼看着这里成为外国人的盘中菜，这点儿民族觉悟他还是有的。老张迟迟不出兵，是因为心里还有一个结，那就是让他很没面子的热河问题。

热河就在奉系的眼皮子底下，自己却吃不到，老张无论如何都咽不下这口气。

怎么把热河弄到手呢？

老张眼珠一转，又想出了一个主意。

这个主意很巧妙，但又很简单，在企业管理和行政管理中，大家经常用到——"利益补偿"。只不过，老张比普通的管理者多要了一套政治小把戏。

皖系战败后，直奉分赃时，张作霖曾经把自己的老亲家张勋作为一枚棋子抛出来，推举他为安徽督军，遭到拒绝后，只捞到热河林垦督办。

张作霖此次要的小把戏，仍然是把张勋当作自己的棋子。他提出了一个"知其不可为而为之"的要求，希望张勋担任热、察、绥三特区的巡阅使。

这一招，可不是张作霖糊涂，而是精明之至也。张作霖知道，自己提出的这个要求，中央政府不会同意，别人也不会同意。但是，国家现在正需要自己出力出兵，张口三分利，你不答应我这个条件，但肯定会给我别的优惠，那样的话，自己就有回旋的余地了。

果然，张作霖提出的关于张勋的要求没有被同意，但为了安抚老张受挫的心，作为交换，政府同意把蒙古地区的一切问题交由他全权处理，别人不得插手。而老张趁机说，为了自己后方的巩固、作战的需要和调度的统一，热、察、绥三特区的控制权暂由奉系节制，即具有了对这三个特区的发号施令权。

这个要求既冠冕堂皇，又切合实际，政府无法回绝，只得接受老张的意见。张作霖基本上由"东北王"变成了"满蒙之王"，就差一个名分了。

曹锟和吴佩孚此时比较矛盾。他们不希望张作霖独霸蒙疆，本想插手，却被张作霖一通迷踪拳绕晕了，同时又希望张作霖远赴边疆，这样直系便可在中原地区大显身手。

张作霖本来还想把手伸到西北，把自己的手下许兰洲任命为陕西督军，但见曹锟说不插手蒙疆，便也大度了一下，表态绝不侵犯直系利益，并承诺把陕西、甘肃两省划给曹锟。

5月25日，曹锟部下第二十师师长阎相文被任命为陕西督军，撤换了原督军陈树藩，给陈一个祥威将军的虚职。

6月13日，张作霖主持召开东三省征蒙会议，确定了征蒙的作战计划、后勤补给和出发日期等一系列问题。

6月25日，张作霖正式就任蒙疆经略使一职。随即，兵分三路，正式出兵外蒙。

战事都在张作霖的意料之中。

征蒙军并没费多大力气，奉军接连告捷。

以曾经当过土匪的军队，来攻打现在的土匪，装备、训练、技战术水平都不是一个档次的，那还不是轻车熟路、小菜一碟吗？

正当张作霖摩拳擦掌之际，中原政局和南方局势却再度混乱。直系军队打破平衡局势，进驻湖北，这让张作霖大为恼火，大骂直军在自己远赴边疆时趁火打劫。

张作霖决定停止征蒙，调军回转，争夺中原。

竞兮存兮

谈起中原局势的混乱，还要稍微回溯一下，从广东的局势说起。

当时的中国，有南北两个政权并存。北方军阀分成皖、直、奉三系，依次控制着北京政府；南方军阀则分成桂、粤两系。桂系是纯广西籍的地方军阀和政客。桂系又分老、新两个桂系，老桂系以陆荣廷为代表，后来崛起的新桂系以李宗仁、白崇禧为代表。粤系则以陈炯明为代表，他们中一多半是支持孙中山的国民党党员。这两系先后霸占广州，掌握着南方的军政府。

历史学家唐德刚总结道："南北军阀既已自行分裂，则全国性的护法战争反而停战了。其后南北两地军阀分别搞其窝里反，一南一北却打起两造'区域内战'（regional civil wars）来。"（[美]唐德刚：《段祺瑞政权》，广西师范大学出版社，2015年，第68页。）

而"后"段祺瑞时期的北洋政坛，捉对厮杀的远不止此。

大概描述一下，当时的战争应该有北北战争、南南战争、北南战争、南北战争。

北北和南南的战争，指的是，几乎在北方直皖交火的同时，南方的粤桂两系之间也发生了战争，这是第一波次；北北战争，还包括第一次、第二次直奉战争，而南南战争，包括南方的湘鄂两省发生的战争，以及国民党内部孙中山和陈炯明之间兵戎相见，这算是第二波次。

北南战争，是北方直系曹锟、吴佩孚为了武力统一，对两湖战场发动攻势，对两广战场特别是孙中山发动攻势。

南北战争，是孙中山发动北伐。

粤桂之战，先从孙中山护法运动说起。

护法军政府内部问题多多，矛盾重重，其勾心斗角的程度，与北方军阀相比，一点儿也不逊色。

1917年底，孙中山反对段祺瑞，率支持自己的力量南下广州，举旗护法，成立护法军政府。

在广东，孙中山其实并没有自己的根基与核心力量，富庶的广东被周边的桂系、滇系乃至福建的李厚基所环伺，而尤其以桂系实力最为雄厚。

广东被桂系控制，强龙压了地头蛇，广东人心里总不是个滋味，辛亥革命时期在解放广东时立下功勋的陈炯明（其势力主要蜗居潮汕一隅）一直盘算着把广东重新夺回来。

陈炯明（1878—1933），广东省惠州府海丰县白町乡人，中国致公党首任总理。1898年考中秀才（二十多年后，在中国政坛上，陈炯明和吴佩孚并称"南北两秀才"），1906年考入广东法政学堂。省城的新思想对陈炯明触动很大，他在《天演论》"物竞天择，适者生存"里各取一字，为自己取字"竞存"。从法政学堂毕业后，陈炯明加入了同盟会，并当选为广东谘议局议员。陈炯明还积极参与策划了1910年广州新军起义和1911年广州黄花岗起义，不过都因起义日期问题而没有亲自参加起事。

辛亥革命爆发后，陈炯明和亲密战友邓铿在惠州响应武昌起义，发动了淡水起义，不断扩大队伍，光复了惠州，编成一支拥有七个旅的"循军"，后为广东革命陆军第一军。这成为陈炯明起家的最初班底。广东独立后，陈炯明成为广东副都督，胡汉民为都督。

二次革命失败后，孙中山东渡日本，陈炯明出走南洋。

经此一变，孙、陈二人的思想都发生了大转变。孙中山在日本改组中华革命党，重拾宣誓效忠按手印的那一套；而陈炯明的思想在无政府主义、社会主义与俄国共产主义之间兜了一圈，最终仍回到民国初基于地方自治的共和理想。孙中山决心实行武力统一，陈炯明力主联省自治。

陈炯明倡导的联省自治，不是希望军阀割据，而是希望民主联邦。比如，1916年1月6日，陈炯明率"讨逆共和军"在惠州淡水誓师讨袁，就宣称"事定之日，与我国民人共同建设联邦政府，公选元首，代表国家，巩固共和之基础，发扬民国之光辉"。

讨袁结束后，陈炯明把队伍交给了广东省长朱庆澜，自己飘然北上，被授"定威将军"。

近代史研究专家叶曙明认为，在民国初年，有两个杰出的政治人物，一个是宋教仁,另一个就是陈炯明。因为"当时大家都把共和宪政挂在嘴边,但真懂得怎么去干的人并不多,宋教仁和陈炯明是属于少数真心想践行共和宪政的人。宋教仁的主要贡献在于搭建国家政体框架、建立议会政党和议会政府方面。而陈炯明的主要贡献,在于推行地方自治、兴学、筑路、禁赌、吏治、法治等"。(卜松竹:《陈炯明:推动广州由"府"变"市"》,《广州日报》2011 年 4 月 15 日。)

而研究陈炯明的专家段云章、倪俊明说,陈炯明是民主联邦制的真正信奉者、联省自治运动最积极的倡导者之一,"初步统计,他所撰和授意、赞同有关联省自治的论著、指令、告示、函电等,达数十万字,这在当时是罕与其匹的"。(段云章、倪俊明:《陈炯明的理想和道路——以民主联邦制为考察中心》,《中山大学学报(社科版)》2008 年第 5 期,第 67 页。)

比如,1921 年 2 月,陈炯明在《建设方略》一文中,详细解释了自己的政治见解:

近世以来,国家与人民之关系愈密,则政事愈繁,非如古之循吏,可以宽简为治,一切政事,皆于人民有直接之利害,不可不使人民自为谋之。若事事受承于中央,与中央愈近,则与人民愈远,不但使人民永处于被动之地位,民治莫由养成,中央即有为人民谋幸福之诚意,亦未易实现也。

深受美国民主思想影响的陈炯明还说过:"我们建立民国,主权在民,这四万万人民就是我们的皇帝。"

陈炯明在个人道德方面也非常值得称赞,孙中山曾赞扬他"不好女色,不要舒服,吃苦俭朴,我也不如"。当时许多当事人的评价和相关事例都说陈炯明"私人道德,可为南北权要之模范"。同盟会元老莫纪彭回忆说,陈炯明自命不知钱和女色是何物,曾让莫纪彭找人刻了两枚图章,分别镌刻"不二色""不蓄私财"。另一位同盟会元老白逾桓说,二次革命失败后,陈炯明携百万巨款出走南洋,但"每日只粗食三餐,或香蕉数只,卧则行军床一具,床上臭虫如黑蚁,而陈君不顾也"。

陈炯明与孙中山之间的是非功过,不在于私人恩怨,主要在于政见和理想的不同。

段祺瑞担任总理时,孙中山南下护法,陈炯明紧随其后。

但广东比较复杂,桂系不好明着对孙中山下手,便在暗中排斥、拆台。与孙中山亲近的广东省长朱庆澜被桂系挤走后,孙中山在广东唯一可以借重的力量,就剩下陈炯明部了。

陈炯明在潮汕施展不开手脚,一直想走出去,打开属于自己的一片新天地。恰好朱庆澜辞职时,为避免军队完全落入桂系手中,便把一部分移交给了陈炯明。于是,陈炯明带着这原省署亲军廿营共四五千人,向福建发展,并把闽南、闽西揽入自己麾下。

可是,陈炯明的思想发生了变化,与孙中山并不完全合拍。孙中山落难思良将,几经考虑之后,终于想到了当年效忠自己、刺杀光复会陶成章、从日本士官学校毕业的蒋介石。

1918 年 3 月,孙中山电召蒋介石从上海来广东,恳切地希望蒋介石留在广东,帮助他整理粤军。11 日,蒋介石面晤陈炯明、邓铿,随后就任粤军总司令部作战科主任。孙中山开始往粤军中安插真正忠于自己的人。

1918 年夏,孙中山被南方军政府中的桂系排挤,离开广东,赶赴上海,蒋介石也请假回了上海,第一次护法运动失败。

这一段时间,陈炯明却在福建做得有声有色,这就和孙中山的理想主义形成鲜明对比。尤其陈炯明在 1918 年 12 月至 1920 年 8 月实行的漳州新政,更是他"地方自治"思想付诸实践的典范。当时漳州弥漫着一股思想自由的空气,陈炯明倡导开办了销售《新青年》等新文化刊物的"新闽学书局",还创办了《闽星》半周刊和《闽星日刊》,提倡改造思想,打破旧生活、旧组织,创造新生活、新组织。

陈炯明的漳州新政,取得了非常明显的效果,引起国内外的关注。1919 年 11 月,美国公使到漳州访问陈炯明,陈强调还政于民,恢复宪法。

德不孤,必有邻。就在南北战争和直皖战争前后,久经战乱的湖南为了生存,提出了"联省自治"的口号,呼吁大家为了国内的和平,保持现状,不要再打仗了。具备了地方自治经验和相当实力的陈炯明眼前一亮,这正是他的主张和想法。他决定回师家乡广东,把广东建设成为自治的模范省,并向全国呼吁"联省自治"。

1920 年 4 月,苏俄代表访问漳州,表示愿意资助陈氏完成统一中国的"大事业"。据说苏俄当时的条件,是助陈氏统一中国,但中国要放弃外蒙古。陈炯明决定不引外力,免得受人挟制,还招致骂名。

1920 年夏天,陈炯明率领粤军自龙溪返回广东。鸠占鹊巢的桂系在广东盘踞多年,搜括自肥,军纪废弛,在以光复故乡为目的的粤军的凌厉攻势面前节节败退。退居上海的孙中山听说这一胜利消息,敦促留在上海的蒋中正赶赴粤境,共同收复广州、惠州。

10 月 24 日被困广州的桂系宣布取消军政府,岑春煊、陆荣廷、林葆怿、温宗尧等通电解除政务总裁职务。桂系统治广东的局面到此结束,第一次粤桂战争的结果是粤系大胜,陈炯明控制了广东全境。

10 月 29 日,孙中山在电报中对陈炯明寄予厚望。"竞兄此番回粤,实举全身气力,以为党为国。吾人亦不惜全力以为竞兄之助,同德同心,岂复寻常可拟。我望竞兄为民国元年前之克强(黄兴),为民国二年后之英士(陈其美)。"希望陈炯明忠心支持自己实现国家统一的大业。

其实,平心而论,这段夸奖的话,前半句是真,此次光复广东,确实是陈炯明出了全力。而孙中山所说的"吾人亦不惜全力以为竞兄之助"一句,就有点水分了,因为当时由孙中山派来帮助陈炯明的蒋介石其实没出多大力。据李敖考证:

　　孙中山 1918 年 7 月 13 日写信来,形容陈炯明的处境是"兄身当敌冲,后援难恃,强敌在前,所部又饷械俱乏"。虽然如此,陈炯明还是苦撑下来。相对的,许崇智、蒋介石、邓铿等人,在苦撑待变之际,反倒不无动摇。孙中山 1918 年 12 月 13 日写信给许崇智、蒋介石,勉以"不可遽怀退志";同一天写信给邓铿,认为"闻兄颇有离去之意,文意以为不然。……若兄行,则竞兄(陈炯明字竞存)失有力之臂助,将来愈形困难",就是证明——今天国民党口口声声"让史料自己说话",史料所说,真相就是如此！（李敖：《新版李敖大全集》卷七《孙中山研究》，第 63—64 页。）

而此时，蒋介石在干什么呢？

国民党这唯一的主力进军广州之际，蒋介石本人并不在军中。8 月 16 日，陈炯明在漳州誓师之日，蒋介石本人正在家乡游山玩水；8 月 18 日，陈炯明在大埔、潮州、梅县作战下汕头前，蒋介石本人仍在家乡游山玩水！蒋介石游山玩水，直到 8 月 29 日才回家。8 月的作战他都没参加，9 月的作战也没参加，直到 10 月 11 日，他才到了老隆前线总部，距离攻下广州（10 月 29 日），只差 18 天耳！换句话说，蒋介石在这次两个半月的战役中，他只参加了最后的 18 天，如让"史料自己说话"，则今天十分之九的《蒋总统传》，都要改写矣！并且，最后 18 天中，他在最后 13 天（10 月 16 日）才赶上本军，最后 9 天（10 月 20 日），因许崇智"病假"，才"以个人关系代许军长率领第二军作战"，过了 1 天多（10 月 22 日），就拿下了惠州。（李敖：《新版李敖大全集》卷七《孙中山研究》，第 64 页。）

11 月 29 日，孙中山率一班民国初年的旧国会议员南下广州，重开国会，重建护法军政府，陈炯明出任陆军部长兼广东省长，陈炯明的战友邓铿仍任参谋长。

主政广东的陈炯明，坚决要把广东建成全国模范省，他禁烟禁赌禁娼，修马路，建公园，改革教育，发展经济，政绩斐然。当时有一赞颂陈炯明的对联：

竞得山河归粤治，
存其模范作人师。

这是一副藏头联，把上下联的头一字合起来，就是陈炯明的字——竞存。

可见陈炯明在当时的广东很得人心。

这里要说明的是，粤桂战争发起之时，是在皖系段祺瑞执掌大权的末期，为了叙述方便，以及与后面一系列事件，尤其是北伐相衔接，所以放在了直系军阀时期来介绍。

政见分歧

革命派历经波折，终于迎来了重开国会。本是皆大欢喜的时刻，却也到了陈炯明和孙中山的政见分歧比较严重的时候。

孙中山认为成功的果实是革命势力得的，拥护陈炯明的人则认为孙中山是坐享其成。国民党元老莫纪彭曾回忆道："竞存（陈炯明）逐桂军于广东省外，中山先生得享其成，赤手空拳赶返广州，招徕残余国会议员，选其为'非常大总统'，南北和平统一之希望遂绝，竞存表面上不得不对中山之返粤表示欢迎，其内心自难悦服。"

孙中山一心以广东为根据地和大本营，完成北伐，实现统一；陈炯明一心联省自治，尽量不再战争，不仅要在广东实现粤人治粤，还要把漳州交还闽督李厚基接管，达成闽人治闽的理想。

在军事力量方面，陈炯明的基本武力是粤军。孙中山认为，陈炯明起家的原广东省长公署警卫军二十营部队，正是自己当初与桂系全力争取来的，这算是革命的武装，不是你陈炯明一个人的；陈炯明却不这样认为，自己的就是自己的，自己辛辛苦苦一手带出的这五万人马，是实行联省自治的资本和后盾，别人不能染指。

关于这支军队的归属问题，实际情况应该是这样的：袁世凯去世后，陈炯明把手底下的讨袁部队交给了广东省长朱庆澜，自己北上。但孙中山南下护法时，陈炯明建议，革命党人要有自己的武装才行。孙中山心思一动，想起了陈炯明移给朱庆澜的这支武装力量，于是就向朱庆澜要人。朱庆澜说，如果陈炯明以前省长之尊，肯屈就省长公署亲军司令，那他移给我的那支部队，完全可以交给孙中山。陈炯明为了让国民党有点力量，就不计名义地接受了，所以孙、陈都说这支部队是"自己的"。

孙中山认为革命事业不能偏安一隅，应该集中一切人力、财力和物力,从事北伐;陈炯明认为广东和国家都不能再这样折腾下去了,只有实行联省自治,彼此不再纷争,人民才能过上安心日子。

应该说,陈炯明的联省自治想法,出发点是好的,但在中国没有实现的可能性。中国人的大一统观念是深入骨髓的,不接受联省自治,这在前文有过专门论述,所以毋庸赘述。

新加坡内阁资政李光耀先生对中国人的大一统观念曾有精辟的分析,他在《李光耀观天下》一书中开篇就说:"五千年来,中国人一直认为,只要中央政权是强大的,这个国家就安全。如果中央虚弱了,国家就会紊乱。一个强大的中央会带来一个和平繁荣的中国。每个中国人都这样认为,这是他们从根深蒂固的历史教训中吸取的基本原则。……西方一些人希望看到中国实现西方传统的民主,这是不可能的事。美国人认为,如果不实现一人一票的选举制度,以及每隔数年更换总统和改选议会,就不可能成为一个成功的国家。这是他们对世界先入为主的看法。中国人从来没有这样的传统。"([新]李光耀:《李光耀观天下》,北京大学出版社,2015年,第3页。)

从李光耀先生的这段分析中,我们可以看出,民国初年盲目照抄美国制度,在中国是根本行不通的,而陈炯明一心实现联省自治,也是一厢情愿的想法。

此时孙中山先生的思想也不再是民国初年理想主义者的想法了。他经历了二次革命,目睹缺乏严密组织、一盘散沙式的革命党人在袁世凯北洋军面前不堪一击;经历了护国战争和护法运动,知道了美国民主共和制在中国缺乏培育的土壤和生长的根基。如果不实现中国的统一,断无走向民主之可能,这是孙中山先生历经常人难以想象的种种波折之后得出的结论。所以,孙中山无论如何都要先以实现国家统一为目标。要实现国家统一,就要动用武力,以武止戈。

但是,孙中山先生虽然找到了革命的方向,却严重地忽视了人性,在自己尚无根基、没有实际地盘的广东一再要求北伐,只会惹得地方实力派强烈不满。在没有听命于自己的子弟兵支持的情况下,孙中山所构建的护法军政府只是个虚幻的政治组织,既没有本省地方实力派的支持,也没有向全国发号施令的权力，更没有外国承认（国际上仍然承认北洋政府）。

所以，孙陈二人之间，不能简单地断定谁对谁错。2013年9月，《南都周刊》登载文章《重估陈炯明》，文中说："几十年后回望这些往事，我们可以清晰感到他们都是为了国家好，只是选择的路径不一样，假如他们都能平心静气有话好好说，坐下来谈谈，至少1922年6月16日的'炮轰总统府'不会发生，历史肯定改写。"

1920年末，孙中山重新南下广州，陈炯明虽然在政见上与孙中山不合，但还是勉强就职，并终于有了可以实现理想的"试验田"。

1920年12月，陈炯明上任后发布的第一个命令，是禁绝烟赌。虽然这一命令将使他每年失去二百万元的收入，但正如美国武官在向本国国务院提交的报告中所说，"他（指陈炯明）的目标不在压榨人民，而在为人民提供一个有效率及诚实的政府"。

随后，陈炯明请新文化运动的主帅陈独秀南下主持广东省教育委员会，大力加强广东的教育。（中共一大召开时，陈独秀没有出席会议，因为他正在陈炯明主政下的广东省教育委员会任职。）

1921年2月，陈炯明下令地方自治，实行县长民选，让广东九十三个县的人民选出自己的议员，开始大张旗鼓地实践他的自治理想，此实开中国政治之创举。

孙中山和陈炯明之间的政见分歧既然越来越大，广东的军政势力也逐渐分为两派。正当陈炯明轰轰烈烈地在广东搞自治时，孙中山也在加紧为革命大业谋篇布局。

粤军共有两军，陈炯明以广东总司令兼任第一军军长，许崇智为第二军军长。为了削减陈炯明的实权，扩充革命武装实力，孙中山在广东各地设立了不少招兵机构，并改任许崇智为国防第一军军长，另派黄大伟为国防第二军军长，这两军由军政府直辖，不受广东总司令节制。

1920年9月，孙中山的得力助手和智囊朱执信在虎门炮台策动桂军归降时，不幸遇难，军队中支持孙中山的人更少了。在这种情况下，孙中山任命蒋介石为粤军第二军参谋长。这使得蒋在粤军中的地位大大提高,仅次于陈炯明、邓铿和许崇智。

陈、邓、许都是粤军的绝对实力派,孙中山作为海归人士,蒋介石作为江浙帮的人,本来在广东粤军中没有根基,这次强势授予蒋介石以实际的军权,在粤方实力派看来,不能不说有夺权的嫌疑。

孙中山又划广州为特别市,任命孙科为广州特别市长,不受省长管辖。

孙中山还想把财权从陈炯明手中夺过来(因为当时财权在财政厅,受省长管辖,财政总长有职而无权),或者干脆解除陈炯明的陆军总长兼职而以唐继尧继任,可是汪兆铭等劝孙中山投鼠忌器,不要操之过急,以免双方撕破脸皮。

孙中山在这一时期还打算修改政府组织,正式选举总统,成立一个名正言顺的政府,因为他无法忍受徐世昌执掌下的北京政府比他的广州政府在国际上叫得响。可是这个计划遭到许多人反对,怕把狼招来,万一曹锟、吴佩孚再来个大军压境怎么办?

孙中山与蒋介石商量,要北伐,就要先实现两广安定。目前桂系势力虽然退出了广东,但仍盘踞在广西,必须把桂系打垮,才能安心北伐。孙中山想让陈炯明在革命势力正旺的时候进攻广西,但陈炯明一则反对武力统一,二则怕自己万一出师广西,广东会被别有用心的人给端了,所以,他对孙中山的主张根本没有兴趣。

孙中山非常无奈,只得退而求其次,既然劝不动陈炯明向广西的桂系进攻,那么我本人带兵攻打广西,总可以吧?

陈炯明仍然不同意,因为他视广东为自己的势力范围。一旦孙中山强行出兵,必然带走部分粤军,军费、军火、后勤补给也必然由广东承担,这不还是花广东人的钱来为他人作嫁衣裳吗?人财两空的事,坚决不干。

在陈炯明看来,孙中山的"护法"是虚幻的,而政治靠的是实力。在实力不够的情况下强行出头,只会招来祸端。长久之计,还是要巩固广东自治,再联合西南各省,共同对抗直系。舍此,没有别的生存之道。

据当年美国武官所写的报告说,虽然陈炯明没有明讲,但人们相信,陈炯明希望孙中山及其同党能离开粤境。

孙、陈二人越是分歧严重，孙中山越是感觉到另立政府的必要。

墨守成规是不行的，该出手时就出手。

1921 年 1 月 12 日，非常国会在广州复会。孙中山宣称："北京政府实在不是民国政府。我等要造成真正民国。"他要再一次发动全国革命，推翻北洋政府。

陈炯明不以为然。他认为，如果按照《大总统选举法》的规定，总统要由两院选出，出席议员至少要占全部议员的三分之二，即五百八十人才能举行总统选举会，现在广州的旧国会议员才二百多人，还不够原众议院人数的一半。强行选举的话，程序本身就不合法，这不是自毁法律，授人以柄吗？这样的行为，和北方毁法造法有什么不同？

而且，陈炯明忧心忡忡，如果广东军政府成立，公开与北洋系对抗，结局只有一个：没事找事，烧香引鬼，南北之间必将再动兵戈，自己辛苦经营的自治理想将付之东流。

陈炯明非常不希望孙中山在这个时候成立军政府，当大总统。李敖在《孙中山研究》中写道：

他（孙中山）这次回广州后，一心想先干个总统。这个念头，引起同志们的不以为然。据当时粤军总司令部军务处长并一度代理参谋长的张醽村，在《陈炯明与孙中山的矛盾及其分裂》中回忆：陈炯明认为孙暂不就职，即使就职，也尽可以大总统名义赴欧美各国做政治活动。在就职问题还没有解决的时候，有一天，陈炯明正在省长公署午餐，忽报中山先生来了，陈忙着出来迎接。坐下时，中山先生笑说："竞存！你回粤来做了很多事情，同时大家都有了差事；不过独我一人还在向隅，望你委任委任吧。"这些辛辣的讽刺说话，使陈哑口无言，只得殷勤敷衍一番，从而决定了 5 月 5 日为大总统就职日期。（李敖：《新版李敖大全集》卷七《孙中山研究》，第 65 页。）

就连与孙中山紧紧站在同一阵线的蒋介石也写信劝孙中山不要当

大总统：

然目前为中正之所切忧，有一不忍言而又不能不言者，厥为选举总统问题是也。上次因此意见纷歧，致滋误会，嗣经商榷一再，始行解决。唯现在为期伊迩，根基尚虚，桂逆既未铲除，西南难望统一，议员又未足数，国会尚非正式，则选举总统一节，鄙见以俯顺各方舆论，从缓进行为是。（李敖：《新版李敖大全集》卷七《孙中山研究》，第 65 页。）

而且，纵观历史，不管哪一支力量，在没有震慑群雄的实力的时候，不能轻易履尊称帝，否则是会挨打的，连曹操那样有实力的人都不敢轻易踏出这一步。正如毛宗岗在《三国演义》评价袁术称帝时所说："泽麇虎皮，便为众射之的。袁术一僭帝号，天下共起而攻之。曹操所以迟迟而未发者，非薄天子而不为，正畏天下而不敢耳。……其为正统混一之帝，必待海内削平，四方宾服；又必有群臣劝进，诸侯推戴，然后让再让三，辞之不得，而乃视南郊、改正朔焉。则受之也愈迟，而得之也愈固。即为闰统偏安之帝，亦必待小邦俱已兼并，大国仅存一二，外而邻境息烽，内而人民乐附，然而自侯而王，自王而帝，次第而升之。斯能传之后人，以为再世不拔之业。"

但是，孙中山一旦认定目标，就不会再变了。他当非常大总统的时机到底合不合适，自是见仁见智。

1921 年 4 月，广州二百多名议员召开非常国会，选举孙中山为非常大总统。之所以叫"非常"，是因为国会人数距选举总统的法定人数相差甚远。中国人讲究事急从权，不拘泥于定法，注重灵活性，这便是在非常时期、非常地点，由非常人数选举出来的非常大总统。

非常国会在两个小时内，还匆匆通过了《中华民国政府组织大纲》。在这个大纲中，只规定了大总统的产生和权限，却没有任期，也没有规定政府的组织架构。一切政务、军务、内阁任免，均由大总统一个人说了算。

1921 年 5 月 5 日，孙中山在广州就任非常大总统，南北政权再度并立,南北各局再现紧张。

饱经战乱的广东人非常无奈。"功过陈炯明:重估孙中山和他的百年恩怨"专栏下的文章中说,此时"粤中报纸三十余家,主和者十居其八,人民赞成议和者既居多数",孙中山迫于压力,承诺只要徐世昌下台,他亦将同时下野。

孙中山成立护法军政府,极力主张北伐。要北伐,就要先打广西,以稳定后方。

此时,桂系也在酝酿着进攻广东的计划,因为广西资源不足。以前桂系许多兵马都寄在广东吃喝,第一次粤桂战争被陈炯明击溃后退回广西,这带来了非常严重的问题:一是严重缺乏军饷,二是大家挤在一起,权力不够分。陆荣廷、陈炳焜、莫荣新、谭浩明等人以前都当过督军,如今被挤在这个地方窝着,非常郁闷,都琢磨着要打回广东。

广东这里,陈炯明和孙中山意见并不一致。孙中山要打广西,陈炯明却要联省自治,保持现状,并悄悄地和广西督军谭浩明往来。

但广西的矛盾实在太多,权力和利益没法协调,最终桂系几个实力派还是决定进攻广东,夺回地盘和金钱。

1921年6月13日,桂军沈鸿英部出兵攻入广东,第二次粤桂战争打响。陈炯明虽然不想打仗,可也不想让外人欺负,所以,他担任粤军总司令,迎战桂军,同时派人赶往湖南,请赵恒惕出兵助战。而桂系陆荣廷也派人到湖南求援,弄得赵恒惕左右为难,只得安排一个川、湘、滇、桂四省共同调停事宜,但却不了了之。

战局对桂军越来越不利。沈鸿英看到形势不妙,审时度势,于7月9日摇身一变宣布广西自治,脱离了与陆荣廷的关系,并与粤军接洽合作。各地桂军纷纷自保,旧桂系彻底破裂。

1921年7月17日,陆荣廷通电下野,退往龙州。8月5日,粤军占领南宁,攻占龙州,陆荣廷取道越南,逃到上海。

经此两次粤桂战争,旧桂系彻底失败,陆荣廷一蹶不振。旧桂系其他实力派多选择了与粤军合作,并没有受到很大损失,这也为日后广西陷入割据混战埋下伏笔。

湘鄂相争，佩孚得利

"后"袁世凯时代和"后"段祺瑞时代，可统称为"后"强人时代。此时的北洋局势更加混乱，大家并不接受后起之秀吴佩孚所安排的政治秩序，所以战争可算是一波未平，一波又起。在南南战争中，与粤桂战争同时进行的，还有湘鄂战争。

湖南首倡联省自治，广东陈炯明身体力行，引起了连锁反应。这一时期发生的湘军回湘、粤军回粤、川军治川之行动，对于从来不甘落后的湖北人来说，是一次巨大的鼓舞。

湖北人也希望鄂人治鄂，把山东籍的王占元赶走。但自从当年段祺瑞把黎元洪的部队强行拆分后，湖北这里就没有自己的军队，所以湖北人要想实现鄂人治鄂，首先想到求助邻省湖南。

1921年春天，长沙城来了一批湖北客人，为首的是蒋作宾、李书城等。这些人是来做说客的，对湖南的主政者晓之以理，动之以利，希望他们出兵援鄂。理由包括：

其一，湖南首倡联省自治，现在太孤立，必须联合更多的省才能形成气候，而湖北将是最佳伙伴。

其二，王占元在湖北其实不堪一击。湖北人大多不喜欢他，特别是王占元在湖北拖欠了许多士兵的军饷，上下矛盾非常尖锐。如果出兵攻打王占元，直系吴佩孚不会救他，因为他们的关系已经不亲密了，而他经常与奉系张作霖眉来眼去。

其三，一旦把王占元赶走，湖北现在又没有自己的军队，就可让湖南派两师协助防务，由湖北出军费，双方共赢。

其四，赶走王占元之后，还有一个大好处，就是武器。湖南没有兵工厂，所需武器都是向湖北的汉阳兵工厂购买。现在卖不卖你们，是王占元说了算。一旦把王占元赶走，汉阳兵工厂就成为我们湘鄂两家共用的了。

这一席话，引起了湖南军人的极大兴趣。湖南本身问题不少，需要做些新的动作和调整，此时突然掉下名利双收的大豆包，谁不想要啊？

但这时湖南督军赵恒惕却持审慎的态度,本着多一事不如少一事的原则。他最怕的还是万一出兵时,吴佩孚再次攻打湖南怎么办?而且,动用武力也与自己标榜的自治精神不符。

就在赵恒惕犹豫不决、持观望态度时,1921年4月,天津会议召开,王占元以长江三督之首的身份参加了会议。能够跻身高层会议,且分得二百万元军饷,这让王占元心里感觉非常爽。

会后,王占元从北方转道郑州回武汉。在郑州车站,他见到了吴佩孚训练的第三师学兵队在雨中列队迎接的雄壮气势,惊叹不已。

受了吴佩孚练兵的刺激,回到湖北的王占元,决心照葫芦画瓢,裁撤老弱,整顿军队。

可是,王占元根本没想到,他不切实际的举动,不仅捅了马蜂窝,引起湖北、湖南的大变动,更引发了北洋政坛的一系列洗牌。

本来,王占元在湖北就不得人心,还欠了士兵许多薪饷。从1920年3月到1921年6月,他治下的湖北发生了二十多起小规模兵变。

此次王占元在天津分得二百万军饷的消息早就传开了,大家眼巴巴盼着能发点儿工资应急,如大旱之望云霓,可是利欲熏心的王占元却把这二百万元中的七成抽出来,当成自己的横财,分别存到上海、大连等地的外国银行。在这个时候,王占元还要强行裁撤军队,士兵的不满情绪就更强烈了。

"财聚则民散",《大学》中的这句话果然没错。当领导者把钱看得过重,当成自己私有的宝贝疙瘩时,人心涣散就是必然的了。大家不妨思考一下,为什么当初袁世凯小站练兵能网罗那么多人才,取得那么大的成效?因为袁世凯舍得花钱,对部下慷慨大方,"财散则民聚"啊!而王占元恰是走了相反的路。

1921年6月3日,驻宜昌第二十一混成旅孙建屏一团哗变,不仅对本国人民烧杀抢掠,还侵犯外国商店,惹得英、法、美三国向北京政府提出严厉质问。

此波还未平息,6月8日,驻武昌的陆军第二师又因欠饷而哗变,官兵在武昌烧杀抢掠。王占元的直辖军队做出如此举动,让他既无地自容，又恼羞成怒，决定下狠手处理兵变，以此立威。

第二天，王占元下了一道命令，准许发动此次兵变的第二师第七团全体官兵共一千八百三十二人退伍，一次性把所欠薪饷发齐，并用火车免费遣送返乡。全团官兵兴高采烈地在黑夜中登上火车，他们不知道，此行却是踏上了不归路，因为王占元早就密令驻孝感第四混成旅旅长刘佐龙中途拦截，要将兵变分子悉数正法。

车行孝感站，停车加水，突然枪声大作，预先埋伏在车站周围的湖北第四混成旅兵士一拥而上。枪炮齐射，炸弹纷飞，除了数十人在黑暗中逃脱，其余被歼灭。

王占元自己无能，激起兵变，却用如此卑劣的手段进行处理，不仅激起人们的愤慨，也让自己的部下更加离心离德。人人兔死狐悲，更坚定了湖北人"驱王""自治"的信念，再一次向湖南发出请求援助的呼声。

此时，因为粤军大举入桂，孙中山北伐之风甚紧，毗邻两广的湖南省将成为北伐的要冲，湖南赵恒惕感觉到危险在逼近。为了壮大己方力量，赵恒惕不再犹豫，于7月20日在湖南召开军事会议，会上一致同意出兵援鄂。由赵恒惕亲任援鄂军总司令，同时派宋鹤庚为援鄂军总指挥兼第一军总司令，鲁涤平为第二军总司令。同时作出承诺：援鄂的目的在于驱逐王占元，驱王之后，湖北之事就交给湖北人自决。

湖北自治政府方面同样承诺，驱逐王占元之后，将以湖南为样板，制定省宪，促进湘鄂联省自治。

得到湖南的出兵消息，王占元大吃一惊，他紧急任命孙传芳为中路前敌总司令，刘跃龙为左翼司令，王都庆为右翼司令，同时急电北京及曹、吴，请求支援。

孙传芳（1885—1935），字馨远，山东泰安人，幼年丧父，家境贫寒。1902年夏，袁世凯创练常备军，孙传芳经王英楷荐入练官营当学兵。孙传芳天资聪敏，又肯下苦功，所以各科成绩都名列前茅，经冯国璋准予免考保送陆军速成学堂。1904年，选派赴日本留学，先入东京振武学校，后入日本陆军士官学校，为第六期生，步兵中尉冈村宁次任中国留学生的区队长。1909年回国后，在北洋第二镇（第二师）服役。1912年，跟着王占元到河南参加"追剿"白朗起义军。1913年，袁世凯派段祺瑞代湖北都督时，孙传芳随王占元的部队跟着段祺瑞进驻湖北，开始时任王占元的参谋，后来很快就当上了团长。

谁也没想到，1921年7月发生的湘鄂之战，却成了孙传芳的成名战。

7月28日，湘鄂战争爆发。

湘军接到湖北人的线报，都认为王占元不得人心，肯定会一触即溃，没想到，兴冲冲开出来的三路湘军遇到了孙传芳这个硬汉。

7月29日至8月5日，孙传芳带领部队与湘军血战八昼夜，羊楼司、赵李桥数度易手，打得湘军心惊胆寒，死伤两千多。孙传芳虽然由于后继无援，最终败退，但打出了自己的威名。湘军最能打仗的将领鲁涤平惊呼，王占元手下还有这样的将领，这个姓孙的简直是孙猴子转世，日后必成大事。

湘鄂双方打了这么多天，打成这个惨样，王占元天天盼的吴佩孚援军哪里去了？

以打闪电战和严明治军著称的吴佩孚其实早就行动了。

湘鄂开战前，王占元的电报发出后，曹锟和吴佩孚决定出兵，但出兵的方针却是"援鄂不援王"。说白了，就是要湖北这个地盘，却不要你王占元。谁让你跟张作霖眉来眼去，想改换门庭！而且，你王占元还与靳云鹏有诸多往来，妄图在朝内外形成"第三势力"，我吴佩孚早就看你不顺眼了。

所以，就在湘军下达总进攻令时，吴佩孚派直军第二十五师师长萧耀南为援鄂总司令，率领靳云鹗的第八旅、豫军赵杰之第一混成旅、鲁军张克瑶之第二混成旅开往孝感、汉口，名为援助，实为借机捅刀。

湘鄂喋血鏖战的时候，急红眼的王占元一日数次请求支援，但萧耀南却不紧不慢地在汉口品着茶。王占元终于明白了什么叫坐山观虎斗，终于明白了到底哪个敌人最可怕。

王占元长叹一声，罢，罢，罢，三个月前还以四巨头的身份去开会，现在自己成了大头，被涮惨了。

萧耀南品茶品够了，终于率队加入战团，不过，此时生龙活虎的直军人马,却是来下山摘桃的。萧耀南不仅打湖南的湘军,而且连王占元的人马一起攻击,孙传芳腹背受敌,退走武汉。王占元知道大势已去,8月5日通电辞职。花甲之年的王占元老泪纵横:"我六十多岁的老翁,想不到今天还上人家的当!"

虽然孙传芳战败,但不轻易赞许人的吴佩孚对这位山东老乡有了深刻的印象。为了把孙传芳收入自己帐下,如日中天的吴佩孚亲自约见孙传芳,不仅送给他三十万大洋作军饷,还保荐他当第二师师长、长江上游总司令。孙传芳早就对吴佩孚有很深的敬意,如今见吴佩孚如此抬举自己、器重自己,非常乐意投到吴佩孚帐下效命。

8月9日,北京政府任命吴佩孚为两湖巡阅使,并以王占元不能维护地方治安为由,改任萧耀南为湖北督军。萧耀南出生于湖北黄冈,任命他为湖北督军,在形式上也算是符合鄂人治鄂的心理。

吴佩孚一招卞庄子刺虎,就把湖北轻松收入囊中。但他可能没想到,此举却把远在东北的虎给招来了。

小菜一碟

吴佩孚官升一级,由巡阅副使晋升为两湖巡阅使,同时又实实在在地得到了湖北地盘,可把张作霖气坏了。

张作霖原本看不起的小小师长吴佩孚,居然摇身一变,跟自己平起平坐,这太让人难受了。这还不算,吴佩孚居然趁着俺老张出兵外蒙时,暗地里捅刀子,把湖北收入囊中。是可忍,孰不可忍!

张作霖决定停止征蒙,调军回转,向关内集中。

张作霖一怒之下辞去蒙疆经略使,声称不再负责"援库"问题,谁让你们做人那样不地道!又把曹锟和吴佩孚一顿痛骂,多贪多占,小人行径,湖北就这样归你们所有了?

曹锟和吴佩孚认为,湖北本来就是我们直系的地盘,王占元不会管理,我们把王占元撤了,换上更能干的湖北人萧耀南,不过是把钱从左口袋移到右口袋,关你什么事?

张作霖可不这样认为。他知道，王占元与曹吴貌合神离，且早就和自己暗中往来了，如今把他赶走，无论如何都感觉像是巴掌拍到了自己脸上。而且，直系硬生生地接收湖北地盘，占了大便宜，那为了平衡，我也得取一个省。你们看，湖南这么嚣张，擅自进攻湖北，如果不教训一下，以后还得了？中央的威信何在？为了重新树立中央的威信，我张作霖愿意率关东健儿南下，援助湖北，收拾湖南。

不只是直系的曹锟、吴佩孚，地球人都知道张作霖的小心眼儿。张作霖南下，是想取湖南或江西。这两处还没被直系控制，可一旦与安徽张文生和浙江卢永祥连成一片，形成反直联盟，就能把直系对长江势力的控制全部推翻，所以无论如何都要阻止奉军南下。

其实张作霖最初与王占元暗中往来，或者想形成反直联盟，不就是要在长江沿线布下棋子，一旦直奉之间发生冲突，就可以威逼直系后方吗？

在这种情况下，直系一面竭力阻止奉军援鄂，一面让江西陈光远出兵湘东。吴佩孚自己也调动兵马，威逼湖南，拉开教训湖南的架势，先把奉军南下的借口堵住再说。

布好这些局之后，还得给张作霖尝到甜头，他可不是省油的灯。经过商量，曹锟和吴佩孚最终决定，按照张作霖出兵外蒙之前的要求，把姜桂题调离热河，进北京任陆军检阅使，让奉军第二十八师师长汲金纯当上热河都统，东北四省完全归张作霖管辖，张作霖这才勉强咽下这口气。

那好，我倒要看看你怎么教训湖南人，你要是没有这个本事，我张作霖就替你出手了。

吴佩孚说，不劳您大驾，我作为两湖巡阅使，维护两湖秩序是我的分内职责。您老哥先陪曹老帅喝喝酒，听听戏，我去去便来。

8月12日，吴佩孚亲自莅临汉口，要以狮子搏兔、君临天下的气势，快刀斩乱麻，否则一旦控制不住乱局，将很难收场。

吴佩孚首先让人找来鄂军中一个叫寇英杰的人。此人原是鄂军旅长，吴佩孚当年驻军衡阳时，寇英杰因与吴佩孚走得比较近，遭到撤职，所以吴佩孚此次来先恢复寇英杰的旅长职务。然后，吴佩孚又把孙传芳揽入自己帐下。寇英杰和孙传芳都是吴佩孚的山东老乡,这也是壮大直系实力的大好机会。

吴佩孚手下的师长萧耀南担任湖北督军后,本想任命自己的湖北老乡、二十五师参谋长余鹏举兼任湖北督军公署的参谋长,任命湖北老乡成宪为秘书长,可是吴佩孚不想完全失去对萧耀南的控制,所以他没有同意,而是改派张联棻为参谋长,孙尔康为秘书长。

吴佩孚此时权势正盛,谁也不敢反对,但他这样强势的人事安排,也埋下了自己与萧耀南不和的种子,当然这是后话了。

吴佩孚抵达汉口之前,就已经开始调兵遣将。他命令第二十四师张福来部、鲁军张克瑶部开到汉口,河南赵杰率部开抵武汉纸坊,第八混成旅靳云鹗部开抵汀泗桥,第二十五师第四十九旅陈嘉谟部开抵贺胜桥。

从容布置完毕,吴佩孚开始强硬地向湖南发号施令。他命令湖南督军赵恒惕速速将军队退出湖北,并惩办擅自出兵的湘军师长宋鹤庚、鲁涤平。

湘军本来是被湖北官绅请来的,这回被吴佩孚硬说是擅自出兵,双方代表在谈判桌上争得面红耳赤,结果吴佩孚不耐烦了,直接宣布:湘借自治之名,行侵略之实……唯有武力制止之一法。

吴佩孚为什么要这样对待湘军?因为吴佩孚也要实行武力统一,不想让联省自治形成潮流。枪打出头鸟,你湖南敢抢先自治,那就是与中央政府闹独立,企图分庭抗礼,所以,必须揍你。

吴佩孚下令直军以第二十四师师长张福来为前线总指挥,调五万大军兵分三路向湘军展开攻势。

这样,湘鄂战争演变成了湘直战争。

长话短说,湘直两军在汀泗桥、咸宁等地展开激战,湘军很不含糊,战斗力非常强悍,但兵锋正盛的吴佩孚到底还是技高一筹。激战之余,他仿效《三国演义》中关云长水淹七军的办法,密令各军将金口上游小沙湖之磁矶堤决开,湘军的右翼被强行撕开了大口子,死伤惨重,导致中路和左翼全线溃退。直军又派海军第二舰队司令杜锡珪率七艘军舰由螺山向岳州上驶,通过洞庭湖抵达岳阳楼,用海军重炮猛轰岳阳城。8月28

日,湖南重镇岳阳陷落,湘军一片混乱,长沙岌岌可危。

向湘军展示了直系的肌肉块儿之后,吴佩孚收手了。

一方面,是因为当初出兵驱赶王占元的除了湘军,还有川军,而今川军不知死活,居然开到了湖北宜昌城下,与直军发生冲突,宜昌城岌岌可危。这不是赤裸裸地挑战直军,挑战自己这个新任两湖巡阅使的权威吗?非得把川军也揍一顿不可。

另一方面,吴佩孚不想把湖南直接收入囊中,是怕严重刺激张作霖。湖北被直军占领,张作霖已经按捺不住,要是把湖南也完全占领的话,那张作霖非疯了不可。为了不让张作霖疯掉,吴佩孚不能占领长沙城,派支军队驻在湖南扼南北交通之要冲就可以了。但对于湘军和川军,必须速战速决,以免夜长梦多,因为不止张作霖要来搅水,广东方面,陈炯明也是湖南联省自治的支持者。

基于这些考虑,吴佩孚便请中间人出面调停湘军和直军。谁当中间人呢?汉口英租界的英国人!

9月1日,由英国领事出面,将赵恒惕用军舰接到岳阳,湘、直双方进行接洽。同时还请来两位社会名流作证,张绍曾代表直方,蒋百里代表湘方(蒋百里也倡导联省自治,并参与浙江、湖南省宪起草工作),双方签订了停战协约九款,湘直战争告一段落。吴佩孚令张福来镇守岳阳,自己挥师直奔宜昌。

川军作战虽然英勇,但在吴佩孚面前也是小巫见大巫。吴佩孚不仅带来了他的嫡系第三师,而且仍然有海军兵舰助阵。陆海联合,一顿炮轰,不仅把川军赶出宜昌,连秭归、巴东地区也尽被直军占领。

和处理湖南事宜一样,吴佩孚与川军司令刘湘签订了川直和约,吴佩孚派孙传芳率领直军第二师驻扎宜昌,川直战争告一段落。

吴佩孚东征西讨,扬威两湖;川湘鄂联省自治,走向低潮。

在两湖纷乱的局势中,吴佩孚亲自出马,扭转乾坤,干净利索地收拾了鄂、湘、川军,让远在保定寝食难安的曹锟大呼痛快,关公温酒斩华雄也不过如此。

吴佩孚的优秀表现,也让躲在东北窥探时局的张作霖倒吸了一口凉气,暗赞吴子玉果然有两把刷子,对方势头正盛,真是"狮儿难与争锋"呀!

　　虽然奉军要南下教训湖南的借口没了,但张作霖那颗雄心仍然存在,吴佩孚的表现更加提醒他,要想与直系争夺中原,还真不能马虎,必须作好最充分的准备。

第二十七章　＼　华山论剑　＼

风乍起

粤桂战争和湘鄂战争,只是"后"段祺瑞时代一场更大型战争的"引子"。在这之后,占主要地位的直奉战争终于拉开了序幕。

吴佩孚和张作霖到底有哪些过节,必须以武力相向呢?

溪云初起日沉阁,山雨欲来风满楼。我们慢慢梳理此中来龙去脉,看看这"风"是从哪里吹来的。

直奉之战,既有远因,又有近因。

论年龄,吴佩孚比张作霖大一岁,吴佩孚是 1874 年出生,张作霖是 1875 年出生;论出身,二人家庭都比较贫穷;论学历,吴佩孚是秀才出身,且在保定的测绘学堂以第一名毕业,而张作霖毕业于"绿林大学";论"进步的速度",张作霖比吴佩孚略快,张作霖成为东北王时,吴佩孚只是一个师长;论经历,张作霖是在刀尖上滚过来的,吴佩孚是捧着兵书战策,并用理论加实践拼出来的;论心机,张作霖像雪地之狐一样机警狡猾,吴佩孚谋略过人,智勇深沉……

最开始,两人有点儿互相瞧不起。张作霖认为吴佩孚是个读书人,满嘴仁义道德,没什么实际本领,或者说与自己闯荡江湖的经验比起来,还差得远;吴佩孚认为张作霖没读几天书,土匪一个,再有本事,还能怎么折腾?

可是,通过几次暗中交手,二人都对对方有些刮目相看。张作霖与曹锟交往时,经常是多占便宜,戏耍曹锟,其手腕可谓高超;吴佩孚看出了张胡子果然非等闲之辈,便处处维护曹锟的利益,提出的问题经常直戳张作霖痛处。直皖战争后,张作霖抢先下手,运走大部分战利品,回过头来还嬉皮笑脸的,跟没事儿人一样,让吴佩孚既恨之,又不得不暗自佩服。张作霖也发现这个吴秀才一肚子弯弯绕,容易一不小心就被他绊倒。特别是直皖战争,让张作霖重新认识了吴佩孚,后者果然厉害。

直皖战争之后,曹锟和张作霖开会分赃时,吴佩孚本想插嘴,张作霖知道他的厉害,因此故意贬低他,声称只和曹三哥说话,不让他进言。而且吴佩孚在会议室隔壁听到张作霖说:"就让那小子继张敬尧之后,当个湖南督军得了。"张作霖的意思是,吴佩孚既然在战争中立了首功,那就给个官,打发到湖南去。

如果说直皖没闹翻前,吴佩孚还真有想法去当个湖南督军的话,那么现在他发现,自己不能离开了。张作霖明摆着要把自己和曹锟隔开,然后就少一个劲敌,老实的曹锟会被张耍得晕头转向,不出两年,张就能把势力遍布北方,到时候,曹锟根本不是张的对手。

所以,吴佩孚又一次发现,张作霖根本不是表面上那个目空四海的赳赳武夫,其心思之机敏、手腕之灵活、眼光之独到,远远超出其他人,来日必是一个劲敌。

只有真正的对手才会明白对手的厉害。

吴佩孚和张作霖,虽然分属不同阵线,但彼此还真有《三国演义》中"天下英雄,唯使君与操"那既相惜又相忌的感觉。

能有一个真正的劲敌与自己较量,未尝不是人生中的幸事。所以二人都在积攒力量,准备把对方击倒。吴佩孚低头在洛阳练兵的同时,时刻不忘张胡子对中原的觊觎;张作霖也知道,要想入主中原,必须把吴秀才打趴。

以上把张作霖、吴佩孚二人暗中结下疙瘩的过程梳理一遍,算是总结直奉战争的"远因"。

下面再谈直奉战争的"近因"。

直奉战争爆发的近因比较复杂,主要由前后相连的三件事引起:靳云鹏内阁倒台,张作霖支持梁士诒组阁,直系拱倒梁士诒内阁。

前文讲过,靳云鹏第一次组阁时,处处受段祺瑞的气;第二次组阁时,夹在直系和奉系中间两头受气。这位靳总理不甘心这样下去,想突破困境,于是,一方面与地方实力派王占元等勾连,妄图形成第三股势力与直奉相抗衡,另一方面要控制财政经济大权,力图打破以梁士诒为首的旧交通系长期把持财政、金融、交通等部门的局面,除去内阁中的交通系成员——财政总长周自齐和交通总长叶恭绰,换上自己的亲信。

在天津会议上,靳云鹏、王占元、曹锟、张作霖这四巨头碰面,靳云鹏提出要改组内阁,以利于更好地为直奉"服务"。但是,从法律上来说,总理无权罢免各部总长的职务,这就让靳云鹏陷于比较尴尬的境地。

而且,我们都知道,人事问题非常复杂,一个人能走到前台,绝不是孤军奋战的结果,而是有着一股或几股势力的支持。所以,想要撼动台上的人,其实是要与他背后更庞大的集团势力作战。

周自齐和叶恭绰就是如此。没有强大势力的支持,他们俩绝不会占着那么好的职位。

周自齐和叶恭绰,隶属于旧交通系,其总舵主是袁世凯时代的"二总统""财神爷"梁士诒。除此之外,周自齐和叶恭绰还得到了奉系张作霖的力挺。

比如,叶恭绰入阁担任交通总长,本身就是张作霖推荐的。张作霖从中得到的好处是掌握了京奉铁路的实权,每月都可从京奉铁路的收入中提取大笔款项作为军费,捞取实实在在的利益。

天津会议前,叶恭绰与张作霖达成秘密协定,让张支持自己留任,后让旧交通系筹措一大笔经费拨给张。但是,在天津会议上,靳云鹏为了让大家围着自己转,借着与曹锐的口角之争而发飙,又躲到了天津,拉开了坚决辞职的架势。

鉴于靳云鹏与各方面的密切关系,直奉双方赶紧回来安抚他,尽量满足他的要求,请他不要辞职。经过协商与考虑,大家决定让叶恭绰辞职,推选张志潭为其继任者。

可是叶恭绰不肯乖乖就范。他再次跑到曹锟和张作霖面前,痛哭陈词,游说诉苦,把两巨头说动心了,准备再和靳云鹏商量此事。

靳云鹏的倔劲也上来了,无论如何,非要把叶恭绰赶走不可。于是,他想出了一个"同归于尽"的致命打法：因财政问题解决不好，令阁员集体辞职，然后再重新组阁，由徐世昌总统重新任命阁员。这样大费周折，终于把他最讨厌的周自齐和叶恭绰挤掉了。

1921 年 5 月 14 日，靳云鹏第三次组阁。

第三次组阁的靳云鹏，任命张志潭为交通总长，李士伟为财政总长（李士伟不愿就任财长，所以财长一职长期由财政次长潘复代理）。张志潭是靳云鹏自己的人，李士伟却亲近直系。奉系的齐耀珊担任内务总长。这样，从总体上看，各方面利益似乎得到了兼顾与平衡。

然而，天下事就是这么奇妙，有时看似成功了，却是失败的开始；有时看似失败了，却是成功的先兆。靳云鹏为了布自己的局，用尽手段，挤走旧交通系的人马，终于如愿以偿的时候，却损害了奉系张作霖的利益，更深深得罪了财大气粗的旧交通系。

北洋时期财政总长一职，是一个没人愿干的苦差。财政总长就是个借钱总长，逢人装笑脸，见人就低头，东拆西借，南求北补，个中滋味，真可以说是挨累不讨好啊！

可是，也不知靳云鹏是怎么想的，都两次组阁的人了，难道看不清财政总长一职是最难干的？非要换上自己的人，挤走旧交通系，这可真是自找麻烦。

不管怎么说，以梁士诒为代表的旧交通系的人，理财能力是一流的，借钱能力也是一流的，别人弄不来的钱，他们都能顺利弄到，连袁世凯也离不开梁士诒，靳云鹏还偏偏不信这个邪。

结果可倒好，靳云鹏任命李士伟为财政总长，李士伟却根本不想干，不是躲藏，就是装病，所以才一直由财政次长代理。

靳云鹏的人本来就干不了财政总长一职，而他惹恼了的旧交通系又趁机从中作梗，他第三次辛辛苦苦组成的内阁很快就出现危机，走向了崩溃。

吹皱"靳"门春水

旧交通系被排挤出内阁后，叶恭绰非常生气，他采取了一招掐脖子政策，以交通系控制下的中国银行、交通银行准备金不足为由，要求政府下令停止兑换纸币和银圆。

就这么一下子，让靳云鹏内阁摇摇欲坠。金融命脉被控制后，不用旧交通系刻意宣传鼓动，全国讨债风潮就开始了。政府本来就经常拖欠各部门各单位的工资，在财政更加窘迫后，各省索饷的，各部索薪的，列强讨债的，教育部员工因欠薪开始罢工的……靳云鹏陷入了绝望。

旧交通系除了使出釜底抽薪的锁喉招，还使出了一记更致命的杀手锏——游说张作霖，煽风点火之后再火上浇油，最终要实现旧交通系重回内阁，杀他个回马枪。

旧交通系首领梁士诒是个绝顶聪明的人，他非常善于把握火候，当看到靳云鹏内阁快完蛋时，决定再添一把油。1921 年 12 月初，梁士诒派叶恭绰赶到沈阳，面见张作霖。

叶恭绰对张作霖说："总统本有去靳之意，因靳召集新国会，实为曹锟的计划，如果您能入京去靳，以梁士诒组阁，则国会召开，您自然被当选为总统。"

这番话，可真让张作霖怦然心动了。

如果说前几年张作霖还想舒舒服服地做个东北王的话，现在他的目标可不只是当个东北土财主了，他已经具备问鼎中原的实力。

本来，张作霖非常支持靳云鹏内阁，因为对于直奉两家来说，没有比靳云鹏更能接受的人选了。但是，通过靳云鹏前两次组阁的表现来看，张作霖越来越不满意这位亲家。靳云鹏开始时想两家讨好，后来又想自己形成第三股势力，再后来又悄悄地向着直系——至少张作霖是这样认为的。

张作霖对靳云鹏的不满，主要缘于两件事：其一，张作霖多次保荐自己的亲家张勋为江苏督军，意图很明显，就是要在长江流域安插自己的势力以制约直系,但靳云鹏慑于直系的淫威,不敢按张作霖的意思办,而是安排了曹锟推荐的齐燮元为江苏督军;其二,张作霖最不满意的,就是靳云鹏内阁竟然任命吴佩孚为两湖巡阅使,这不仅让吴佩孚官升一级,与自己平起平坐,更大大地扩充了直系的力量,特别是长江流域完全为直系所控制。眼看直系大口吃肉,奉系却连口汤都没喝到,张作霖岂能不气?

如今旧交通系主动靠拢,最让张作霖心动的,不是叶恭绰的话,而是旧交通系的势力。旧交通系掌控着金融实权,如果让梁士诒组阁,对自己就大大地有利。至于叶恭绰劝说自己当总统,这话虽然有拍马的成分,但也不是不可能,而且可能性非常大。皇帝轮流做,明年到我家。我老张一旦当上了总统,有足够的兵马,梁士诒又能为我筹钱,岂不是比别人更稳坐这个位子?既然靳云鹏是扶不起的阿斗,那放弃他,转而扶持梁士诒,应该是上策了。

打定主意后,1921年12月12日,张作霖赶到天津,邀请曹锟前来共商大计。当天晚上,绝境中的靳云鹏也匆忙赶到天津,希望靠着张与曹来解决内阁困境,但他发现,张作霖对他的态度非常冷淡,这让他像掉入冰窖一样,周身充满寒意。

吴佩孚怕曹锟被张胡子算计,便劝告曹锟,此时应多扩张军事实力,少过问政府之事。曹锟听从了吴佩孚的建议,对张作霖称最近身体有恙,来不了天津。

张作霖心想,你不来天津,那正好,我给你来一出自编自演的大闹天宫。14日,张作霖一个人来到北京,直接去找徐世昌总统。

张作霖聪明得很,他在媒体前声称,自己既不会干预政治,也不会过问内阁问题,此来是要讨论征蒙问题。可是他见到徐世昌总统之后,便开始大骂靳云鹏内阁无能,大骂直系推荐的李士伟没有资格担任财政总长,大骂靳云鹏任命的交通总长张志潭占着茅坑不拉屎……其结论便是:内阁必须改组,才能有所作为。

张作霖表面上很粗俗,但实际上,他是以这种形式达到自己的真正目的。他要以一种让别人难以忍受的形式表现出来,从而激怒对方,让对方在失去理智的情况下出错牌,然后从中找到进攻的最佳机会。而他自己的心,是非常冷静的。

张作霖的许多话,与徐世昌不谋而合。

前面说过,叶恭绰到沈阳劝说张作霖时曾说"总统本有去靳之意",这话信息量很大,为张作霖寻找同盟军提供了重要线索。

我们知道,民国的大事小情、诸种纷争,其核心都离不开总统府与国务院的权力之争。这个体制架构,本来就是让人不停打架的错误设计,徐世昌与靳云鹏之间也不例外,此时总统与内阁的关系,更因为两件事而恶化。

第一件事,发生在靳云鹏内阁财政陷入严重困境的时候,外国债主又毫不留情地催讨到期的欠债。内部欠薪欠饷,外部欠债还不上,怎么办呢?这时日本首先想出了"借新债还旧债"的办法,引得各国纷纷效仿。

什么叫"借新债还旧债"?打个比方,当时中国欠美国的烟酒借款一千一百万美元已经到期,可是中国没钱还债,这时美国人提出"借新还旧",我们再借给你一千六百万美元,你们要偿还的是:一千一百万美元的本金,六十六万美元的利息,并须扣取赎回美国人所持有的湖广铁路债券一百三十万美元及其利息一百零八万,再以烟酒税为担保品,还得设立一个以美国为稽核员的烟酒税稽核所主持其事。

说白了,就是用几重枷锁把中国套牢。可是为了内阁的生存,加上个人得利,当时的政府只能接受。明知是饮鸩止渴,却还要拼命抢来毒酒,高高兴兴地一饮而尽,同时高喊过瘾。

有利益的地方就有纷争。新借款尚未到来,还停留在"画饼充饥"的阶段,总统府和国务院就为了这笔即将到来的利益发生冲突。

当时的盐务署长兼财政次长潘复是国务总理靳云鹏的人,而烟酒公署督办张寿龄则是总统徐世昌的人。如果这一千六百万美元借款顺利实现的话,虽然七截八扣,政府所得甚微,但经办机关烟酒公署仍可以取得一百多万元回扣。既然烟酒公署被徐世昌的人控制,那么内阁忙乎半天是捞不到一毛钱好处费的,靳云鹏和潘复当然不会就范。

　　这时,潘复想出了一个"移花接木"之法,他向美国人点破此中要诀:烟酒税并不可靠,经常被各省军阀截留,必须加入盐税为其副担保才能保证借款安全。美国人当然同意。潘复这样做,是想让自己控制的盐务署与张寿龄控制的烟酒公署平分秋色,那样一来,自己胳膊一伸,就可以从一百多万美元佣金中扒拉一半。

　　盐务署与烟酒公署之间互相拆台,真正反映了府院之间的矛盾冲突。结果由于各方面反对,这笔钱最终没有借成。双方心里都恨恨地记下了此事,关系更加恶化。

　　第二件事,源于外国人对中国的指责。此时已经召开华盛顿会议,中国人窝里斗的情形让列强非常鄙视,英国人质问中国派去参加华盛顿会议的代表顾维钧:"中国究竟是怎样一个国家?"

　　徐世昌总统看到这个报告后,讥讽地说,现在我们是责任内阁制,当然由内阁负全责。

　　靳云鹏自然没有好话回应,愤怒地说,这哪里是责任内阁制?我做这个国务总理,用人、行政哪一样不受总统干涉?

　　靳云鹏更把话题引向南北法律之争,他说,法律有问题,选出的总统也自然是非法的。

　　听到部下转过来的这些话后,本来喜怒不形于色的水晶狐狸徐世昌总统也不禁勃然大怒,认为国家之所以不顺,全是这个内阁在捣鬼。

　　这样,徐世昌产生了推倒靳云鹏内阁的想法。

　　府院之间的矛盾和冲突,自然瞒不过世人的眼睛,更瞒不住精明的张作霖。其实张作霖早知道徐世昌总统很不喜欢靳云鹏,他之所以来北京发飙,实质上是为了寻找同盟军。徐世昌同意重新组阁,这就对曹锟形成二比一的局面。

　　直系即使再想支持靳云鹏也不可能了。更何况,在张作霖出兵外蒙时,直系还很不满意靳云鹏给张作霖那么多军费呢!

　　到了这个时候,靳云鹏终于明白,自己已经受到旧交通系、奉系以及大总统三方夹攻,直系又根本指望不上,原来自己被大家利用完就抛弃了。

靳云鹏万念俱灰，再也不留恋这个位子了。他要离开京城这个是非之地，一心做个闲云野鹤。12月18日，靳云鹏的第三任内阁宣布辞职。内阁总理由外交总长颜惠庆暂代。

梁士诒组阁

局势变化如此之快，躲在保定的曹锟终于按捺不住了，自己再不露面，麻烦更大。要是让张胡子一个人可着劲儿撒欢，还不知会出什么乱子呢，于是曹锟赶紧来到北京与张作霖会晤。

可是，曹锟还是来晚了。关于新内阁之事，张作霖和徐世昌已经达成默契，他们俩同时相中了旧交通系的梁士诒。

梁士诒一直躲在香港，静观时局。徐世昌刚当总统时，大喊和平口号，这与梁士诒的意见相同。徐世昌感觉，旧交通系不仅实力雄厚，还与自己的思路合拍，如果启用旧交通系来代替处处与自己意见相左的靳云鹏，局面一定大有好转，更能大大解决财政问题。徐世昌认为，要想摆平财政问题，没有比梁士诒更适合的人选了。于是，徐世昌屡次征求梁士诒出山的意见。

自从袁世凯帝制失败，旧交通系随之失势，梁士诒痛定思痛，总结经验，他知道一个没有实权的徐世昌总统，在当时的中国根本起不了作用。当徐世昌请他时，他认为"在北方则两大军阀对峙，中部则长江各督不一致，西南又另立总统，此时出而问政，殊非易易也"，所以他婉言谢绝了。

当靳云鹏排挤旧交通系，第三次组阁时，旧交通系的人马生气了，不给点儿颜色看看，你还把自己当成个人物了。旧交通系不仅要重新杀入内阁，而且要拿到内阁总理一职。他们一面在金融上动手脚，一面开始回应徐世昌，同时更去探听张作霖的动静。当得到张作霖的支持后，旧交通系的人知道，离组阁成功只差一步之遥了。

为什么说离组阁差一步之遥？这是因为，要想组阁，张作霖和曹锟中任何一个反对，这事儿都办不成。而远在洛阳练兵的直系吴佩孚已经发觉梁士诒要与张作霖结盟，并非常清楚这一结合会对直系造成诸多不利,所以他加紧联络各方势力,企图阻止梁士诒的钱与奉张的枪结合起来,阻止梁士诒组阁。

比如吴佩孚密电卢永祥时说:"前此梁士诒赴粤,与陈炯明接洽,亦与孙文有所晤结。此次拟出组阁,将合粤皖奉为一炉,垄断铁路,合并中央,危及国家,殊堪懔懔。第恐奉张不察,深受其愚,则梁阁实现之日,即大局翻腾之时。"也就是说,吴佩孚没敢直接批评奉张,只说梁士诒的不好,怕张作霖被梁给愚弄了。

其实,吴佩孚最怕自己的老领导曹锟被愚弄了。他赶紧给曹锟拍了一封电报,声称"燕孙(梁士诒)组阁,长江各督,均不赞成,并望聘老担任,如不就,则以颜久代"。吴佩孚希望把北洋之龙王士珍重新请出来,如果不来,就让颜惠庆代理,反正不能让梁士诒组阁,因为他与张作霖走得近。

可是,一是因为曹锟没有充分重视吴佩孚的电报;二是因为形势发展过于迅速,等曹锟来到北京时,徐世昌和张作霖已经策划得差不多了,除非曹锟撕破脸皮硬性反对,否则已经阻止不了;三是因为梁士诒工作做得好,麻痹了曹锟。梁士诒知道,如果打不通直系这一关,自己不可能上台,因此他四处放风,声称自己组阁后,将运用自己的理财专长,迅速发放直军的军饷。加之张作霖对曹三哥花言巧语,说他们两人应该合力筹款维护中央财政。曹锟对此信以为真,而又没有吴佩孚在身边提醒,所以答应了张作霖,暂时先让梁士诒试试。梁士诒的理财能力在民国时期堪称一流,否则不会有"财神爷"之美誉。万一他能解决财政问题,那何乐而不为呢?

1921 年 12 月 24 日,梁士诒出任内阁总理,开始组阁。

我们先看一下梁士诒内阁的成员名单:

外交总长颜惠庆,内务总长高凌霨,财政总长张弧,陆军总长鲍贵卿,海军总长李鼎新,司法总长王宠惠,教育总长黄炎培,农商总长齐耀珊,交通总长叶恭绰。

我们再对这份名单进行简要分析。

在梁内阁中,奉系入阁的有鲍贵卿和齐耀珊,特别是鲍贵卿当上陆军总长，确为破天荒之举。因为历来执掌陆军部的，均为北洋正统派，奉系并非北洋正统，不是袁世凯小站练兵起家的，而是地方保安队。谁都知道枪杆子的重要性，而陆军总长是最重要的一职，当年段祺瑞担任内阁总理时，陆军总长一职多由自己兼任，不会交给别人。所以鲍贵卿能当上陆军总长，可以说是张作霖的最大胜利。

直系入阁的有高凌霨、张弧。内务总长一职虽然很重要，但不如陆军总长显赫。而张弧严格说来属于准交通系，或者说是新交通系人马（旧交通系以梁士诒为首，新交通系以曹汝霖为首）。虽说颜惠庆、王宠惠属于亲英美派而接近直系，但直系明显吃了大亏，没捞到实权。

旧交通系的首领梁士诒当上总理，本系干将叶恭绰当上交通总长，加上张弧属于准交通系，交通系人马彻底控制了内阁中的财政金融大权。

梁士诒就职当天，各省纷纷发来贺电，把他当成了解决当时财政问题的最大希望。梁士诒虽然有些飘飘然，但还没到头脑完全不冷静的程度。到了晚上，他静下心来时，翻遍所有贺电，唯独没见到洛阳吴佩孚的，这让他如坐针毡。此事非同小可，他赶紧派人去疏通，但吴佩孚根本不理他。梁士诒无奈，只得去找张作霖。张作霖虽然知道吴佩孚厉害，但也并没把他放在眼里。老张把胸脯一拍，你放手干吧，本大帅完全支持你。

梁士诒这才放下心来。

梁士诒上任后做的第一件事，就是调整人员，安插亲信。1921年12月31日，国务院秘书厅按照梁士诒的意思，以裁撤冗员为名，裁了一百八十余人，随即把交通系的人安插进来。梁士诒重新起用了新交通系的曹汝霖、陆宗舆。他们虽然在五四运动期间被骂个狗血喷头，但梁士诒组阁后，此二人一个做了实业专使，一个做了北京市政督办。然而，这二人在1919年时名声实在是太臭了，被许多人强烈反对复出，曹汝霖只好以老父病重为由躲开了，不敢上任。

梁士诒上任后做的第二件事，是大赦安福系战犯。1922年元旦伊始，梁士诒与徐世昌上演双簧戏。先由总参谋长张怀芝呈报大总统，称被查办的各员多自北洋小站练兵出身,或劳勤卓著,或治军有声,他们曾经为国家立下许多功劳,虽然做错了事,但一年多来,他们能闭门思过,所以应该给他们一个改过自新的机会。徐世昌立即予以批复。就这样,段芝贵、曲同丰、陈文运等数名战犯得到特赦。

也不知梁士诒到底是怎么想的,吴佩孚打败了安福系,并把其要员关押起来,而他却大张旗鼓地给释放出来,这不明摆着与吴佩孚对着干吗? 得罪了政治新星吴佩孚,即使有张作霖全力支持,还能坐得稳吗?

梁士诒上任后做的第三件事,是大举借债。能不能筹到款子度过时艰,是北洋历届政府能否得到各省支持的关键。梁内阁上任伊始,全国各地仍是一片索薪要饷之声。据1921年12月20日《民国日报》刊载,教育部已罢工月余仍未领到欠薪,甚至北京公立小学因经费无着而一律停课。梁士诒上任后,开始施展他的特长,筹集款项。

刚上任的财政总长张弧四处奔走借钱,可是,北京银行公会说北洋政府根本没有整理财政之计划,只有四处借钱之能事,因此宣布政府不得再以盐余向中外各银行号及无论何处抵借款项,或充作担保。他们还把中国银行、金城银行、劝业银行等三十一家银行联合起来,共同签名。这实际上就阻断了梁内阁向国内举债的道路。

这个时候,中国人最隆重的传统节日春节已经临近,如果不能筹措到足够经费,让大家过不好年的话,梁内阁的信誉度自会大打折扣。

怎么办? 只有借外债一途了。

九六公债

梁内阁任上最大的财政举措就是"九六公债"。

财政部向总统报告,近年来政府以盐余作抵,向国内外各银行订借短期借款,数目累积起来已经非常庞大,仅利息一项,每月就要付一百七十八万元,加上各省一边截留本省财税,一边天天向中央伸手要钱,这些支出让政府根本偿还不了借款的本金。为此,现在先要整理内债,与各国银行团签字,由银行承购,政府发行债券。

梁士诒不愧是大手笔。此债券涉及金额达九千六百万元之巨,利率周年八厘,称为"偿还内外短期债八厘债券"。每年两次付息、两次还本,由盐余作抵。

北洋政府时期,财政经济状况非常困难,庚子赔款还没还完,北洋政府要想运转,没有足够的资金是不行的,所以多数时候只能借债。

靳云鹏内阁弄不来钱,弄得上上下下不是罢工,就是罢课,大家都不满意。梁士诒上来后,想办法要给大家开工资,就得借钱。然而,借钱是那么好借的吗?如果都好借钱的话,北洋历届内阁为什么还垮台?即使你同意借高利贷,人家就会借给你吗?你得有信誉、有担保,能还得起。

所以,当梁士诒用发行"九六公债"的方式弄来钱后,各部门暂时得以正常运转。经济学家马寅初就认为:"目下九六公债为唯一救济","政府欠银行债不能不还,如还现金,不免多动用盐余,而公债基金益不固。如不讨债,银行不能周转。故以债还债,以长期债还短期债,乃唯一办法","九六公债照学理上说,完全合宜,应予发行。外间不名真相,未加科学地研究,率尔反对,故不得不将真相一披露之"。

然而,马寅初是从技术操作角度来看待问题,梁士诒的借款却掺杂了政治因素,尤其是有日本背景搅在其中。更有甚者,梁士诒采取亲奉抑直的方针。据说,他听从张作霖的损话,使出阴招,暗中克扣吴佩孚的军饷,欲使吴佩孚洛阳的十万军队不战自溃。而吴佩孚恰恰发现了其中的弯弯绕,于是,梁士诒的屁股还没坐热,一场针对他的倒阁运动就开始了。

吴佩孚攻击梁内阁的第一个大问题,是山东胶济铁路问题。这件事说来话长。

1919 年巴黎和会所建立的凡尔赛体系,暂时确定了各战胜国在西方的关系,但在远东和太平洋地区,他们的矛盾仍然十分尖锐。眼看着日本势力在这一地区急剧扩张,美国急欲拆散英日同盟。列强的争夺也导致了各国海军军备竞赛的加剧。为了协调这些关系,美国牵头在华盛顿召开会议,其实质是 1919 年巴黎和会的继续,焦点是列强争夺远东霸权。

华盛顿会议的召开时间是 1921 年 11 月 12 日,大概在梁内阁上台前的一个月,参加国有美国、英国、日本、法国、意大利、比利时、荷兰、葡萄牙和中国。

在这次会议上,中国向列强提出在巴黎和会上没有解决的山东问题、废除二十一条、撤销领事裁判权问题等。特别是在山东问题上,山东人民不仅要求日本彻底交还山东,更以山东省议会的名义,通电反对日本提出的关于胶济路撤兵后合办路警的要求。

通过当年强逼袁世凯政府签订二十一条的经验,日本得出结论,强行压制中国,在实际执行中得到的利益甚少,于是此后改变策略,采用怀柔手法,用软刀子杀人,诱惑中国人甘心上当。日本以向中国贷款赎路为钓饵,以中日合办铁路为名,行控制中国铁路之实,但被中国的谈判代表拒绝。一时间,谈判陷入僵局。

然而,就在此时,梁士诒内阁成立了,并开始大举借债,其中就有与日本达成"贷款赎路"这一举措。华盛顿会议的中方代表施肇基、顾维钧等把梁士诒与日本人交涉的消息传回了国内,被善于打电报战的吴佩孚知道,于是,吴佩孚开始大做文章。

吴佩孚具有非常强的政治敏锐性,并会巧妙运用这种力量为己所用。当年直皖战争前,北洋之虎段祺瑞在舆论方面就栽在了这个秀才手里。

凤凰卫视的纪录片《北洋往事:东北恩仇录》第六集的解说词中,有这样一句话:"舆论和民心可以为政治服务,吴佩孚深知其中的奥妙,在直奉大战前,历史给了吴佩孚再一次表演的机会。"这句话玄远又微妙,如何理解呢?吴佩孚所知的奥妙,到底妙在哪里呢?

我们不妨翻开《明史》,引用另一段话作为佐证。《明史》卷一四五列传第三十三中,有这样一段关于姚广孝(法名道衍)与明成祖朱棣的对话:

> 及太祖崩,惠帝立,以次削夺诸王,周、湘、代、齐、岷相继得罪,道衍遂密劝成祖举兵。成祖曰:"民心向彼,奈何?"道衍曰:"臣知天道,何论民心。"

明太祖朱元璋驾崩后,惠帝继位,开始实行削藩之策。周王朱橚、湘王朱柏、代王朱桂、齐王朱榑、岷王朱楩相继获罪,被废除藩国。道衍密劝朱棣起兵,朱棣此时仍在犹豫,思维还局限在书本上。朱棣说,民心都支持惠帝,这种情况起兵不是必败吗? 这位道衍和尚深谙帝王之术,奸雄本色此时毕露,他三角眼一瞪,凶狠而又坚定地说了一句话:"臣只知道天道,不管民心。"

这实际上是直接告诉朱棣,民心是可以改造的。只要你胜利了,民心就归你。你失败的话,哪个民心会向你?

吴佩孚所知的奥妙,大概也蕴藏于此,应该包括:在特定时间内,民心可以改造;舆论为特定的政治目的服务。关于这两点,吴佩孚在巴黎和会与五四运动期间被誉为爱国将军时感悟应该最深。

所以,梁士诒内阁在中日关于胶济铁路的利益交换问题,给了直系发动舆论攻势的最佳借口。

而吴佩孚发动的舆论攻势表面上是倒梁内阁,实际上是通过倒梁来打击奉系,因为这个梁内阁是奉系一手扶持起来的。

1922年1月5日,热切期望见到吴佩孚贺电的梁士诒,终于收到了吴佩孚发来的电报。梁总理满心喜悦,打开电报……

原来,吴佩孚发来的不是贺电,而是痛击梁内阁的战斗檄文。

吴秀才学问做得好,文字功夫一流,将这一流的文字应用于吵架方面,其风格是既辛辣又犀利,像利箭一样毫不留情地射向了梁内阁和奉系。

吴佩孚在电文中骂道:"毒莫大于卖国,奸莫甚于媚外","以数千万债权,举历任内阁所不忍为、不敢为者,今梁士诒乃悍然为之。举曩昔经年累月,人民所呼号,代表之所争持者,咸视为儿戏。牺牲国脉,断送路权,何厚于外人,何仇于祖国"。吴佩孚的电文,读起来非常有气势,他把"卖国""亲日"的帽子给梁内阁戴上后,自己就站在了道德的制高点,这场舆论战的主动权便牢牢地控制在直系手中了。

紧接着,直系将领齐燮元、萧耀南、冯玉祥、陈光远等的电报雪片般地飞来,梁士诒一下子就被打蒙了。这是他就任总理时完全没有想到的。

梁士诒是理财专家,外交本事也不错,但在舆论战方面与吴佩孚比起来,却不在同一档次。面对掌兵大员、报界及人民的指责,他辩解也不是,不吱声也不行。1月7日,梁士诒选择了辩解,他要把自己的初衷、苦衷向外界宣示。理不理解,是你们的事,但自己要做到问心无愧。

可是,舆论这个东西非常奇怪,它有两个非常重要的特点:其一,先入为主;其二,越描越黑。当外界认定了梁士诒勾结日本、出卖利益时,不管怎么解释,别人已经听不进去了。梁士诒那微弱的声音被唾沫星子淹没了。

特别是千不该万不该,梁士诒在7日为自己辩解时,不该发出一通颠倒日期的"微"电(即5日电)为自己表白,这根本瞒不过精明的吴佩孚,真可谓"倒持干戈,授人以柄,功必不成,只为乱阶"。

口水大战

1月8日,吴佩孚再次通电,痛骂梁士诒这种颠倒日期的做法是"做贼心虚","掩人耳目","殊不知欲盖弥彰,无异自供其作伪。电首既标明七日一点五十五分发电,而电末则注微日,以堂堂国务院而作此鬼蜮伎俩,思以一手掩尽天下人耳目,稍有阅电常识者,当早见其肺肝"。

吴佩孚得理不饶人,痛打落水狗。1月10日,他再次发电,慷慨陈词:"如有敢以梁士诒借日款及共管铁路为是者,则其人既甘为梁氏之谋主,即属全国之公敌,凡我国人当共弃之。为民请命,敢效前驱。"

这封电报,既是把梁内阁的靠山奉系张作霖给拎出来,也是对尚未表态的张作霖提出警告,如果你胆敢为梁氏做主,无异于全民公敌。

梁士诒太委屈了,是国家缺钱,各单位天天嚷着索饷要薪,我辛辛苦苦地为大家筹款,还惹来一身不是。他再次通电为自己申辩,并说明事情原委。梁士诒说,胶济铁路一事,为国民所最注目之一事,身为总理,不会不懂其中利害。

(一)士诒向未主张及允许何人借日本款以赎回胶济铁路。

（二）士诒及国务院，未因胶济路事发过何项训电与三代表。

（三）士诒向未主张及允许何人将鲁案移至北京交涉。

（四）胶济路事始终仍系三代表照原议在华盛顿商议，并无在北京直接谈判之事。

外间流传之事，多为别有用心之人对我梁士诒的诬蔑，你们完全可以去查，你们可以电询华盛顿会议的三个代表，"曾否接到国务总理，或外交部，或梁某个人之电，嘱其借用日款及改在北京交涉。如有此事，则士诒受责何辞。否则，以感情之冲动，供他人之利用，为事实之牺牲，牵动政潮，贻误大局，徒为忌我者所笑，爱我者所悲。逮真相判明，业已噬脐无及"。

可是，政治舆论战的可怕之处就在于此，即使你是对的，一经指责，便百口莫辩。袁世凯、段祺瑞等都在这方面栽过跟头。吴佩孚确实深知其中奥妙，先放出狠话，谁替卖国贼说话，谁就是卖国贼，就是全民公敌。在这种情况下，梁士诒已经陷入泥潭了。

吴佩孚的电文越来越尖刻，语气越来越凶，大家读着越来越过瘾，时人甚至把吴佩孚的电文当作"新《古文观止》"。

12日，看准火候的吴佩孚在电报中再一次对梁士诒发出最猛烈的攻击："综观其登台十日，卖国成绩已如斯卓著，设令其长此尸位，吾国尚有寸土乎，吾民尚有噍类乎。燕啄皇孙，汉祚将尽，斯人不去，国不得安。倘再恋栈贻羞，可谓颜之孔厚，请问今日之国民孰认卖国之内阁。"

眼看着吴佩孚招招攻向梁士诒的要害，而且明显在指桑骂槐，远在沈阳的张作霖坐不住了。他虽然不擅长口水战，但也不能让自己人这样受欺负而不还手。他先给徐世昌打电报，请其"下令宣布梁士诒组阁经过，及外交现状，免军人造谣"，然后决定亲自出面调停。

张作霖发表通电，为梁士诒辩护，称："微日通电，亦不过陈述进行实况，而吴使竟不加谅解，肆意讥弹，歌日通电，其措词是否失当，姑不具论，毋亦因爱国热忱迫而出此。"

可是，张作霖很快发现，自己引火烧身了。

直奉之争的棋局上，吴佩孚出"车"，逼出了对方的"帅"露面应战，这也促使吴佩孚把倒梁运动推向第二个高潮。15 日，吴佩孚发表"删"日电，直接要求梁士诒下野："世界各国通例，凡内阁为人民不信任者，即自请辞职，以谢国人。"

梁士诒，北洋时代的"财神爷"，袁世凯手底下的"二总统"，晚清时期的状元公，在宣传战方面却败给了小秀才。他彻底没脾气了，可怜巴巴地望着张作霖，希望老张给他撑腰。张作霖也苦无良策，只能以私人名义给梁财神鼓劲，你安心就职，我推荐的人绝不能被斥去位。

人就是这样，当困难积累过多，没法解决时，有时反倒能一下子平静下来。反正也如此了，虱子多了不怕咬，死猪不怕开水烫，你还能怎么着？此时的梁士诒表现出了"总理风度"，他来了个"笑骂由他笑骂，好官我自为之"的态度，反正就是不辞职。

然而，这种鸵鸟般的沉默与逃避，让吴佩孚更加进入追击状态。

吴佩孚一看，你装鸵鸟也不行，顾头不顾腚也休想躲开。除了让手下萧耀南、张福来等师长通电威胁，19 日，吴佩孚还亲自领衔，江苏、江西、湖北、山东、河南、陕西六省督军省长列名，电请免梁士诒内阁总理，否则，这六省将与梁内阁脱离关系。

面对如此猛烈的攻势，徐世昌的态度也发生了微妙的变化，不敢蹚这浑水了。吴佩孚领衔的通电呈到总统案上时，徐世昌本应该把这份攻击总理的电报存档，但他却批了"交院"二字，转给梁士诒本人。这意味着，他不想支持梁内阁了。

梁士诒见到徐世昌的批示，大失所望，愤然离开总统府。当初你请我来解决财政困难，现在你却撒手不管，太不厚道了。

1 月 25 日，梁士诒托病告假，避往天津。颜惠庆暂代内阁。

丁中江在《北洋军阀史话》中说了这样一句话："梁士诒究竟有没有面允日使直接谈判和允借日款，现在来追述，真是历史上的一大谜底，如果根本没有这件事，则梁士诒蒙不白之冤，成为政治斗争的牺牲品了。"如此看来，虽然梁士诒有借款之实，但其中内情颇为复杂，可能也并不是传说中的卖国那么简单，而是直奉政治斗争的牺牲品。

虽然梁士诒告病，但"九六公债"仍然有效，并于 1922 年 1 月 26 日公布。吴佩孚以此为题又掀起倒梁的第三次高潮。

张作霖被激怒了。

奉系把梁士诒推上来，目的是多为自己服务，但后者刚一上任就遭到吴佩孚劈头盖脸暴风骤雨般的攻击。打狗还得看主人呢！吴子玉不仅铁了心地要倒梁内阁，更是话里有话，话中带刺，这分明就是项庄舞剑，意在沛公啊！

不就是要打架吗？别以为你把段祺瑞打败了，我张作霖就怕你。老虎不发威，你当我是病猫啊？

30日，张作霖致电徐世昌，对吴佩孚攻梁一事极为不满。"事必察其有无，情必审其虚实。如果实有其事，即加以严谴，梁阁尚有何辞。倘事属子虚或涉误会，则锻练周纳，以入人罪，不特有伤钧座之威信，其何以服天下之人心。况国务之有总理，为全国政令所从出……进退之间，同于传舍……则国事前途何堪设想。……以爱国之热诚，转而为祸国之导移，以演出亡国之惨剧，试问与卖国之结果，其相去有何差别也。作霖……伏愿钧座饬纪整纲，渊衷独断，使天下有真公理，然后国家有真人才。……作霖疾恶素严，当仁不让，亦必随贤哲之后，而为吾民请命也。"

久不发声的张作霖偶尔喊这么一嗓子，还真像那么回事，也是慷慨激昂，批评某些人"以爱国之热诚，转而为祸国之导移，以演出亡国之惨剧"，无异于卖国。而且名目想得不错，像春秋时期尊王攘夷一样，以拥护总统为名，制止武人干政。

张作霖拉开不惜一战的架势，气氛顿时紧张起来。

作霖很生气，后果很严重。

2月4日，颜惠庆说啥也不再代理内阁了，坚决辞去。而梁士诒既不上班，也不辞职，一再续假。徐世昌虽竭力调停，但无法控制事态的发展。事情已经到了红色预警阶段。

八仙过海，各显神通

张作霖虽然在口水战方面处于下风，但在政治外交战方面，还真不含糊。在外线方面,他积极组成与孙中山、段祺瑞的反直三角联盟;在内线方面,他力图分化曹锟与吴佩孚。

让我们细细欣赏一下张胡子的手段。

在直奉之间的这场口水战中,张作霖注意到,直系主帅曹锟一直没有发声。也不知是顾及亲家张作霖的面子呢,还是他不赞同吴佩孚的做法,张作霖推测,应该是曹吴之间有矛盾。这就有必要利用一下。

张作霖不喜欢吴佩孚,是因为吴秀才不该和他平起平坐,风头太盛,抢了风头。吴佩孚太会作秀,其发言可以动天下之视听,这让老张非常反感。尤其是攻击梁内阁,这明摆着是和自己过不去。

在直系内部,曹锟性格宽和,对吴佩孚非常信任,但架不住他身边聚集着的一批小人。俗话说,不怕没好事,就怕没好人,这些人看到吴佩孚的风头盖过了老帅曹锟,觉得脸上无光,就经常把吴佩孚态度蛮横一类的话吹向曹锟,希望曹锟压一压吴佩孚的气焰。而曹锟的两个弟弟曹锐和曹锳也不满吴佩孚过于强势,把吴佩孚看作眼中钉。

曹锟目前还不想与张作霖闹僵,他除了派曹锐积极表示和解的愿望,还派了直系大将、奉天兴城人王承斌三次到沈阳进行调和。这些情况都表明,直系内部没有统一思想,将领之间并不一心,曹锟还摇摆不定。

直系内部存在嫌隙,张作霖都一一看在眼里。他拼命在曹锟身上下功夫,不断强调直奉之间的矛盾完全是吴佩孚一手造成的。如果不压制吴佩孚,不仅直奉之间会发生战争,而且曹锟将来也会被吴佩孚取代。

好在曹锟比较忠厚,虽然诸多小人说得他耳根子有些软,但他仍然相信吴佩孚。这一点就很了不起。所以民国时期的官场不倒翁顾维钧就曾说曹锟非常有领袖风范。

顾维钧在回忆录里是这样记述的:"在我的政治经历中,我曾亲自接触过中国的几乎每一个重要的政治和军事领袖,我认为曹锟总统确实是个有意思的人。我觉得他一定具有某些不寻常的品质,使他能从一个普通士兵登上中国政权的顶峰。为此我对他很感兴趣,注意对他进行观察和研究。我发现他有几件事给了我的探索以答案,表明他虽然几乎从未受过学校教育,却是个天生的领袖。举个例子,曹锟不仅能得到他的政治追随者的忠心拥戴,还能使他的军事将领们如吴佩孚大帅之流感到心悦诚服。吴大帅是个性情刚愎、相当专断独行的人,但每逢紧急时刻,他就毫不犹豫地执行曹锟将军的命令并尊重他的权威。"(天津编译中心编《顾维钧回忆录(缩编)》上册,中华书局,1997年,第97页。)

内线战方面,虽然张作霖没能分化曹锟和吴佩孚,但他的这个手法却很得军事政治斗争的动作要领。而在外线战方面,张作霖组成的反直三角联盟也非常成功。

奉系张作霖在崛起过程中,最初依附袁世凯,后来跟随段祺瑞,只是因为小扇子徐树铮胆大妄为,暗中挪用本应支付给奉军的军饷,惹得他大怒,而徐树铮派人在东北搞破坏又被他抓现形,他这才和皖系闹翻,与直系站在一起。

但是政治有时就像小孩儿过家家一样,今天一言不合或因利益关系而闹崩,明天可能又因共同的利益关系,或对付共同的对手而走到一起,这再正常不过了。

张作霖和皖系段祺瑞也是这样。虽然直皖双方打过仗,但为了对付新的共同敌人,张作霖开始与皖系秘密联络。而段祺瑞不甘失去昔日的权力和荣耀,也想借张作霖的力量雪耻。

其实皖系失败后,张作霖就暗中拉拢了许多皖系旧部,希望为自己所用,壮大自己的力量,张敬尧、吴光新等也一直没中断与张作霖的往来。皖系尚存的实力派人物如浙江督军卢永祥、上海护军使何丰林等,张作霖的信使也总往他们那里跑。他早就希望在长江沿线布下棋子,抄直系后路。

张作霖更派人远赴广东与孙中山联系。孙中山因为在广东受到西南军阀的阻挠,也需要联合其他力量,正如《孙中山与张作霖联合反直纪要》中记述孙中山的话所说:"我们要分化北方军阀,利用直系与皖系的利害冲突,联络段祺瑞,特别是关外实力派张作霖,三方合作声讨曹(锟)、吴(佩孚)。"所以,1922年3月上旬,孙中山派伍朝枢等人到奉天面见张作霖,双方会谈融洽。

此时段祺瑞也派人与孙中山联络，其代表就是他最喜欢的小扇子徐树铮上将。而奉孙之命沿途作陪负责招待徐氏的便是蒋介石中校（蒋氏时任粤军第二军参谋长）。唐德刚说："中山对徐推崇备至，而期望尤殷。徐对蒋也印象极好。因此在孙公面前，也称许蒋中校为难得的人才，卒使孙公对蒋也另眼相看，始有蒋公后来在国民党阵营中之飞黄腾达。因此蒋对徐氏知遇之恩，念念不忘。蒋公最重江湖义气。对徐氏后人亦视同子侄，着意提携。徐氏长子道邻后竟为蒋公延为家庭教师，教经国汉文。"（[美]唐德刚：《段祺瑞政权》，第40页。）

除了和孙中山、段祺瑞组成的反直三角联盟，张作霖还积极寻访下台的军阀或对吴佩孚不满的人，如王占元、张勋等。同时，又因为吴佩孚占据洛阳，与河南实力派有隙，张作霖就积极拉拢河南的赵倜、赵杰两兄弟，希望他们反吴。

张作霖希望直奉开战时，孙中山从南往北打，直接进攻两湖，皖系在中间接应，安徽督军张文生在直系周围搞小动作，陈树藩进攻陕西，赵倜、赵杰进攻洛阳，自己从东北倾巢出动，一定会把直系杀个人仰马翻。

磨砺以须，问天下头颅几许；及锋而试，看老夫手段如何？

张作霖决心饮马黄河了。

介绍完奉系的布局，再来看直系吴佩孚是如何准备的。

吴佩孚是嘴上骂着，脚下也在动着，两不耽误。

吴佩孚把梁士诒骂得装病不敢出来之后，又瞄准了财政总长张弧。

"九六公债"政策开始实施后，财政部声称借款各项非常透明，绝无弊端。吴佩孚不信，继续通电抨击。2月17日，大总统徐世昌为表公正，下令成立监察性质的偿还内外短债委员会，以董康为会长，审核有关债券各项内容。

结果可倒好，董康发现里面债务纷杂，黑幕重重，数字都对不上。

徐世昌本想在这把火上浇点儿水，没想到这是红孩儿的三昧真火，即使请来四海龙王，也不过是"火上浇油，越泼越灼"，反倒揭出更多的问题。

吴佩孚更来劲了。

2月25日，吴佩孚通电全国，历数财政总长张弧存在的问题，提出将其"立即罢黜，交诸法庭"，把财政当局的黑幕彻底审出，并大白于天下。

3月7日，张弧实在受不了舆论压力和可能面临的法律制裁，逃往天津。财政部完全陷于瘫痪。

然而，人跑账不跑。吴佩孚抓住露出的狐狸尾巴，穷追猛打，要求董康继续查账，结果，问题越来越多。4月5日，偿还内外短债委员会报告，仅审查结束的（还有许多未审），就发现作弊之处达四十一案之多。这种情况下，证据确凿，不要说张作霖的支持，就是大罗神仙出来，也挽救不了梁士诒内阁垮台的命运了。

4月8日，徐世昌命周自齐署理内阁总理，梁士诒内阁在一片骂声中谢幕。

在吴佩孚的领衔叫骂之下，全国各界都随着这个舆论之风一边倒。辽宁省社会科学院的张志强在《北洋往事：东北恩仇录》的第六集中说，在当时，"陈独秀发表过文章，李大钊发表过文章，专门评论过奉系、直系，中共的观点是骂奉系、土匪、军阀、没有军纪、烧杀劫掠、必败、日本的走狗"。

吴佩孚不仅自己骂，发动舆论界骂，而且还出钱雇人骂。张志强说："当时全国有一个反奉的小高潮，就是在直系电报战的同时，吴佩孚雇记者写文章，找枪手。只要你声讨奉系的文章发表了，我就给你点银圆，那么小报记者乐得很，这也是一个生活的活路。"

张作霖哪会这些啊，你让他打架可能还可以，骂人也会，但却骂不出艺术、骂不出水平来，所以在与吴佩孚的舆论战中，他很快就发不出声了。

单单会骂人，而不具备打人的实力，自己反倒会没事找抽，正所谓"有文事者，必有武备"。但好在吴佩孚文武双全。他在进行舆论战的同时，也没有放松军事部署。

1922年1月初，平定湖北战事之后，吴佩孚立即调兵沿京汉路北上，在各战略要地部署。河南、河北两省的重要车站也都派部队扼守，整条京汉铁路沿线都被吴佩孚的军队牢牢控制。到 1 月底，吴佩孚对直鲁豫各处要区均已布置完毕。

2 月下旬，吴佩孚在洛阳召开军事会议，与甘、陕、鄂、赣、苏、鲁、豫、直八省督军代表取得一致意见，"对奉坚持到底"。

为了防御孙中山，吴佩孚采用了文武两手策略。文的一手是，吴佩孚为了击破反直三角联盟，直接联系陈炯明，因为孙中山没有嫡系兵马，全靠着陈炯明，而陈炯明与孙中山在政治理念上存在严重分歧，尤其陈炯明是绝对不主张北伐的，吴佩孚可以分化利用这一点。吴佩孚这一手文的策略，后来发挥了意想不到的作用。武的一手是，吴佩孚把驻武汉的第二十五师炮队调往湖南岳阳，把张福来下属的一部分移驻湘阴。

直系又在英国购买四万五千支步枪，从美国购买六架"柯蒂斯"式飞机。另据 1922 年 2 月 21 日的《民国日报》透露，直系与驻在山海关的意军正在订结密约，以商品交易为名，将意军在山海关库存枪弹十五万发、炮弹二万发，在天津的来福枪一万五千支、大炮和机关炮约三十一尊供直军使用。

直奉之间的纷争，已经进入到白热化阶段。

秀才遇见兵

吴佩孚除了骂倒梁内阁和张财长，还把目标对准了奉系，要在舆论上把对手搞臭。怎么做呢？一方面骂奉系与皖系的残余势力相勾结。皖系与日本有合作和勾结，只要把奉系、皖系与勾结日本联系起来，就能占据舆论的制高点。另一方面，揭露奉系与日本人眉来眼去的事实，说这是出卖利益，是卖国，以此大肆声讨奉系。

吴佩孚因为有五四运动时期获得的爱国将军光环罩着，特别是他在五四之后提出"不做督军，不住租界，不结交外人，不举外债"的"四不主义"口号，在时人心中树立了高大光辉的形象。所以他振臂一呼，众人纷纷响应。

此外，吴佩孚还花钱雇人写文章骂张作霖。张作霖立刻被埋汰得不成人形,简直成了汉奸,没法活了。

这样,全国舆论界掀起了铺天盖地的骂奉高潮,吴佩孚在后边遥控指挥,然后再跟政府说,你看,这是民意吧?

论嘴皮子,张作霖真不是吴佩孚的对手,他只对骂了半个月,就再也骂不动了,因为自己的话显得那么苍白无力。对于张作霖这个东北汉子来说,如果吵架不行,那就只能撸胳膊卷袖子,用拳头来较量了。

2月上旬,张作霖召开高级军官会议,令驻扎在关外的第二十七师第五十二旅、卫队混成旅、第二混成旅、第八混成旅、第一骑兵旅、第六旅等整理军备,进行野战操练,并随时待命,一旦收到命令,即刻发兵。

紧接着,张作霖令关内奉军军官的眷属收拾行李,发给交通免票,一律返回奉天,不要在开战时成为累赘。

张作霖还四处招兵买马,除了动员奉天青年参军,还到华北地区招兵,他准备使自己的兵马达到三十万人,然后十万留守,二十万进关争夺天下。

从各种迹象来看,奉军已经决心动武了。

然而,当直奉双方进行舆论大战时,曹锟一直没吱声。一方面,曹锟不希望双方兵戎相见,想以和为贵。另一方面,曹锟也觉得,刚和皖系打完仗,如果马上和直系开战,恐怕兵马还没恢复过来,没有必胜的把握。而且,从直奉开战前的军备数量来看,直系的实力确实不如奉系。所以曹锟并不急于和奉系闹翻,准备让部队养精蓄锐之后再做计较。

就在吴佩孚和张作霖打口水仗时,曹锟多次派第二十三师师长王承斌到奉天与张作霖联系,表达善意。王承斌是奉天兴城人,老乡之间好对话。

1922年3月19日,阴历二月十二,是张作霖四十七岁生日,曹锟派弟弟曹锐以祝寿为名,亲赴沈阳,谦恭地表现出和解的姿态。张作霖谈笑风生,顾左右而言他,曹锐没办法,只好向孙烈臣打听消息。

孙烈臣的反馈是:"咱们大帅想请教四爷,究竟是部下亲呢,还是亲戚亲?"部下是指吴佩孚,亲戚自然是指张作霖。曹锐对灯发誓,说曹家兄弟绝不会纵容部下做出对不起亲戚的事情来。

张作霖看曹锐态度不错，这才坐下来，对曹锐提出了四项条件：

第一，梁士诒销假复职，复职后再自动下台；第二，吴佩孚不得兼任直鲁豫巡阅副使，专任两湖巡阅使；第三，段芝贵督直；第四，直军退出京汉线北段，京津完全划归奉军屯驻。

这四项条件非常苛刻，不仅不给对方留后路，而且摆明了要激怒对方，不惜开战。张作霖的意思已经很明显了，我们也别谈了，打完再说吧！

从这四项条件中可以看出，不管曹锟多么想调和，都已经无济于事。没等打，就想要这么多好处，分割曹锟和吴佩孚，把吴佩孚撵往南方，那曹锟在北方哪能斗得过张作霖？京汉铁路是直军的命脉，既是军费的主要来源，也是运兵的大动脉，怎么可能交给奉军？这几项条件都无法谈。

张作霖在舆论战中输了，自己推荐的梁士诒被吴佩孚折腾成这样，他必须要找回自己的面子和尊严，出了这口气，同时也确实摆出一山不容二虎的架势，非分出个高下不可。

当曹锐把张作霖的四项条件向曹锟汇报后，曹锟才意识到问题的严重性：看来这张胡子是非要置自己于死地，那我们还怎么谈？

曹锟决定召开会议，研究和战大计。

虽然直系内部关于和战问题一直没有形成统一意见，主和的人不在少数，像曹锐等人就认为如果翻脸，肯定败多胜少，但是当曹锟把张作霖的四项条件抛出来后，众将领都觉得张作霖欺人太甚，纷纷表示愿意一战。

曹锟虽然没读几天书，但在大事上还真不含糊。他非常清楚，如果按张作霖的四项条件来做，无异于自断臂膀，自缚手脚，任张作霖宰割。如果废了吴佩孚的武功，那自己就会一钱不值。

想到这一点后，曹锟知道自己该怎么做了。

下定了开战决心，曹锟郑重地对吴佩孚说："你就是我，我就是你。亲戚虽亲，不如自己亲。你要怎么办，我就怎么办。"他用这样的态度表达了对吴佩孚最坚定的支持。

　　吴佩孚果然不含糊。他为了给老领导曹锟吃颗定心丸，把自己应对奉军及反直三角联盟的策略和盘托出，就像三国中先主托孤之后，诸葛亮安居平五路那样，在钓鱼时已经把退兵之策想好，并早就秘密付诸行动了。

　　对于孙中山，吴佩孚知道兵力都在陈炯明那里，他已经和陈炯明联系好了，无论如何，陈都不会出兵北上，而是在广东安心搞联省自治。这是吴佩孚想出的釜底抽薪之策。

　　如果陈炯明不动，那吴佩孚在福建、江西的队伍就完全可以看住浙江的卢永祥。更何况卢永祥也是山东人，犯不到他的利益，他不会轻易对老乡捅刀，这里的问题就不必担心了。

　　吴佩孚当年从湖南撤军时，与赵恒惕有过不错的交往，这次他派人找到赵恒惕，双方签订了互不侵犯的条约，湖南问题也解决了。

　　对于山东田中玉，吴佩孚砸下重金，换来田督军一纸中立保证。

　　对于河南赵倜、赵杰两兄弟，吴佩孚用陕西冯玉祥的兵力来牵制。

　　说到冯玉祥，有些事要交代一下，因为冯玉祥与吴佩孚的关系演变，在整个北洋史上有着重要意义。

　　直皖战争中，冯玉祥的部队在荆湘一带挡住皖系吴光新自四川赴援，立下大功，所以冯部第十六混成旅扩编而为第十一师，冯玉祥当了师长。

　　直皖战争之后，吴佩孚派直军第二十师师长阎相文率队开入陕西，驱逐皖系督军陈树藩，阎相文接任陕西督军。当时冯玉祥的队伍取道潼关，也进驻陕西。

　　然而，阎相文上任不到两个月，突然去世。关于阎相文的死因，当时公开的说法是自杀，而且他还留下了一封遗书：

　　余本武人，以救国为职志，不以权利萦怀抱，此次奉命入陕，因陈督（树藩）顽强抗命，战祸顿起，杀伤甚多，疚心曷极？且见时局多艰，生民涂炭，身绾一省军府，自愧无能补救，不如一死以谢天下。相文绝笔。

坊间一直流传冯玉祥杀阎相文的说法,小说家章君毅先生在《吴佩孚传》中就持此说。对于阎相文是不是自杀,吴佩孚心里明镜似的,但他看中冯玉祥能征惯战,治军严格,于是保举了冯玉祥继任陕西督军。任用这种有小辫子捏在手的人,指挥调遣起来会便利得多。

所以这次直奉大战前,为了看住河南赵氏兄弟,吴佩孚把陕西冯玉祥的两个师一个旅全部拉出来,冯玉祥是无不答应。

当然,吴佩孚没那么幼稚,他不会把命运押在一纸文书上。在外交上击破反直三角联盟的同时,吴佩孚派长江上游司令孙传芳与湖北督军萧耀南加紧准备军备,以防川军突袭;命张福来的第二十四师看住湖南;令汉阳兵工厂、巩县兵工厂、德州兵工厂昼夜加班赶制武器弹药;强行提取京汉铁路款项纳入军费;在洛阳新编五个混成旅,以备各部缺额……

这个时候,内阁问题已经不重要了,直奉双方开始调兵遣将,即将兵戎相见。

吴佩孚和张作霖,各自解掉身上的斗篷,戴上拳击手套,走到了舞台中央。

刚把皖系打趴下,当上全国冠军不到两年的轻量级拳王吴佩孚,能成功卫冕吗?

直奉大战

1922 年农历三月初七,是吴佩孚生日,与直系关联紧密的十一省军政要员五百多人齐聚洛阳,名为祝寿,实为商量对奉作战大计。

此时,奉军已源源不断地向关内涌入。张作霖以每日六列车,每列车二十五节,每十三节可载一个步兵营的规模向关内运兵,始集军粮城(位置在今天津市东丽区),后开津浦路,很快,在塘沽、天津、独流、马厂、芦台、通州、长辛店一带,奉军已经各就各位。奉军又在山海关设立"镇威军"总司令部。(不知为何叫"镇威",难道是为镇住"孚威将军"吴佩孚而设?)

张作霖真逗,一边磨刀霍霍,一边唱着"直奉本属一家,北洋团体万无破裂之理"的高调,同时还下手令,严禁天津奉军损害曹家的一草一木。马上都要杀人了,还在端着酒杯说哥俩好。

4月9日,最终下定开战决心的曹锟授予吴佩孚军事指挥全权,并且当众宣布,本帅也完全听子玉调遣。这还不算,曹锟又撤销了自己弟弟曹锐的师长职务,因为他一直主和,曹锟怕他不听吴佩孚指挥,坏了大事,所以,战前走马换将。

4月中旬,吴佩孚与曹锟碰过头之后,决定把主要兵力向京汉线靠拢,以京畿琉璃河、高碑店一带为第一防区,保定至顺德(今河北省邢台市)为第二防区,郑州、洛阳为大本营。曹锟、王承斌任正副司令,沿京汉线北接保定,迎击长辛店方向的奉军。吴佩孚为南路司令,坐镇陇海路,一翼防南,一翼直接向奉军进攻。

而在京畿与奉军对阵的前锋地带,吴佩孚把直军的六个师、六个混成旅和七十五尊大炮集中在京畿琉璃河,兵分两路,张国镕为东路司令,防卫天津,王承斌为西路司令,防卫京、保一带。

为了申明己方出兵的正义性,张作霖先给自己脸上贴金,再指桑骂槐地影射吴佩孚。张作霖通电说:"窃谓统一无期,则国家永无宁日。障碍不去,则统一终属无期。是以简率师徒,入关屯驻,期以武力为统一之后盾。凡有害民、病国、结党营私,乱政干纪,剽劫国帑者,均视为统一和平之障碍物,愿即执殳先驻,与众共弃。"

说白了,就是现在国家这样乱,不打一仗统一不了,我出来就是要把那些妨碍统一的人给打翻。

吴佩孚一看,想打嘴仗?你可真是自取其辱。吴佩孚上来就是一顿反问与排比,气势如虹:"盗匪横行,殃民乱国,盗名欺世,不曰谋统一,即曰去障碍。究竟统一谁谋,障碍谁属。执以法律事实为标题,执据土地人民为私有,弄权者何人,阋墙者安在,中外具瞻,全国共睹……彼以武力为后盾,我以公理为前驱。得道多助,失道寡助。试问害民病国者何人?结党营私者何人?乱政干纪,剽劫国帑者又何人?舆论即为裁判,功罪自有定评。蟊贼不除,永无宁日。为民国付(保)庄严,为华族偎(存)人格。凡我袍泽,职责攸在。除暴安良,义无反顾。敢布腹心,惟海内察之。"

秀才在口才方面,就是比胡子强,一下把张作霖干没电了。

4月25日,张作霖恼羞成怒,终于翻脸了,骂不过吴佩孚,就拿曹锟撒气。张作霖通电痛骂亲家曹锟口是心非,两面三刀。

吴佩孚一看,骂不过我,就去找我的领导撒气,那我岂能放过你?

4月26日,吴佩孚操起生花妙笔,润色了一篇更有气势的文章,又把萧耀南、冯玉祥等一大批直系将领拉来挂名,联合通电张作霖的十大罪状,结尾画龙点睛:"作霖不死,大盗不止。盗阀不去,统一难期。若其常此肆虐,永为民害,则人道可以不存,国法可以不立。白山黑水之马贼,得以纵横一世,驰骋中原,国家之体面何在,国民之人格何存。佩孚等既负治盗剿匪之责,应尽锄奸除恶之义。"

至此,双方的热身赛结束,直奉战争的大幕缓缓拉开。

吴佩孚虽然是读书人出身,身上却有一股武人的刚烈之气,也有山东人在水泊梁山大口吃肉、大碗喝酒的豪气。面对已经下山的东北虎,吴佩孚这位直军前敌总指挥做了一番惊天动地的战前动员:"此次系共和与帝制之最后战争。胜则我将解甲归田,裁兵恤民;败则我惟一死,以谢天下。我妻已死,我子豚犬,杀之可耳。"

吴秀才的脸上终于露出了杀气。如果战败,我就自裁。反正发妻李氏已逝,继子(吴佩孚没有亲生儿子)就当猪狗一样杀了也无所谓。

统帅拉开了视死如归的架势,哪个部下敢不用命?

所以,东北虎下山之后,迎头遇上了眼睛瞪得发绿的野狼团。

当世两大高手的巅峰对决正式开始。

4月26日凌晨3点半,吴佩孚下令各军前进,从琉璃河、固安、永清三路同时进攻。28日,张作霖亲临军粮城,兵分两路,挥师迎战。

4月29日,张作霖下达总攻击令,第一次直奉战争爆发。

从双方实力对比来看,奉军占了很大优势。人员数量上,直军约投入十万人,奉军大概十二万五千人;重武器方面,直军有大炮一百门、机枪一百挺,奉军有大炮一百五十门、机枪二百挺。

但是,正如春秋时期的管仲所说:"必得之事,不足赖也;必诺之言,不足信也。"张作霖的兵力虽然占了优势,但不一定获胜,因为在训练方面,奉军远不如吴佩孚军队。吴佩孚洛阳练兵取得的成效非同小可,训练有素的军队和缺乏训练的军队在接战之后优劣立现。

这次战争的时间跨度是 1922 年 4 月 29 日至 5 月 4 日,大概可分东路、中路、西路三个战场。

东路战场最早开战。开战之初,奉军倚仗优势兵力,猛插东线,形成了对直军的包围之势,双方展开激烈的拉锯战。

最初双方兵力在大城一带接触,离廊坊不远,直军据守县城,奉军攻,双方激战两天,直军不敌,退守任丘。

很快,奉军李景林部率队赶到,机枪开路,骑兵收割,步兵殿后。就在直军快要崩溃的时候,直系大将王承斌及时杀来,在姚马渡、白洋桥附近展开大战,经过九次冲锋与反冲锋,最终击溃奉军,夺回大城。

奉军又派张学良、许兰洲率步兵、骑兵、炮兵赶来厮杀。吴佩孚一看,火候差不多了,便将自己精心调教的第三师的一部分投入战斗。

洛阳那支秘不示人的部队终于露脸,立刻就显出傲气,深得《孙子兵法》的要诀:"其疾如风,其徐如林,侵掠如火,不动如山,难知如阴,动如雷震。掠乡分众,廓地分利,悬权而动。"

奉军大败,退往天津杨柳青。

东北虎果然不含糊。短暂的休整之后,奉军重新投入战场,在姚马渡、白洋桥一带接连发动五次进攻。就在直军疲于招架的时候,突然传来直军在中路获胜的消息,顿时,直军勇气倍增。奉军有些泄气,终于向静海方向撤退,直军占领了马厂、青县。

中路战场是怎么回事呢?

中路战场主要摆在津浦路和京汉路之间,直军集中在固安,由吴佩孚亲自指挥,奉军由张作相指挥,驻永清县城。张作相和张作霖不是亲兄弟,而是结拜兄弟,姓名只是碰巧相像。

从 4 月 29 日开始,直军师长王承斌与奉军师长许兰洲展开大战,固安两度易手,但未决出胜负。由于中路情势牵涉全局,吴佩孚便亲自上前线指挥。双方都投入了血本。张作相调来了奉军第二十七师,也就是张作霖曾任师长的老部队,张学良和郭松龄也派敢死队投入了战斗。直军调来了第三师,就是北洋史上声名远扬的"赵子龙师"。

经过数轮较量,还是吴佩孚的指挥占了上风。洛阳练兵的秘密部队名不虚传,终于击败了张作相、张学良,直军中路战场首先获胜。

东路战场和中路战场远没有西路激烈,西路战事最为重要。

西路战事主要集中在北京西南方向,经历了长辛店、琉璃河、卢沟桥等几次大战。

长辛店为西路奉军司令部所在地,这里的武器装备、枪支弹药甚为精良,还有大炮和地雷。

4月28日战斗打响时,吴佩孚调来张福来所部第二十四师和董政国所部第十三混成旅,向长辛店发起猛攻,结果,正中奉军圈套。奉军在这里既埋地雷,又架大炮,头上砸、脚下崩、地下坑,把直军炸得人仰马翻。

29日,奉军追击直军到琉璃河附近时,双方激战,直军先败后胜。可是,当直军追击奉军到长辛店附近时,再一次吃了奉军大炮的亏。奉军充分发挥其土豪的特点,大炮轰鸣,大地震动,严重威胁着直军的阵地。土豪要把战壕给轰平了。双方各自投入了生力军,共有约十万人在这里恶斗,可是,都未能达到自己预定的目标。

直军以步兵为主,擅长夜战和偷袭;奉军有钱,不惜倾泄炮弹。

但是,手里的好牌太多,也容易麻痹大意出错牌。手握大炮等重型武器的张景惠有点儿得意忘形,他忘了张作霖半攻半守的命令,一个劲儿地显摆自己的炮火。

缺心眼儿的张景惠遇到了多心眼儿的吴佩孚,那活该他倒霉了。吴佩孚一面让直军死死坚守阵地,一面估量着奉军的炮弹量,估计经过这顿消耗,他们的炮火就会是小毛驴拉车——没长劲儿了。

善用兵者,避其锐气,击其惰归,此治气者也。

5月3日晚上,吴佩孚突然从正面向奉军发起了猛烈反攻。

一般来说,一支军队晚上突然遭到进攻,如果还没有足够的心理准备,就容易犯迷糊。吴佩孚这招正面对抗其实是虚招,只派了一个营的兵力来诱敌。就在奉军惊愕,注意力全部集中到长辛店正面战场的时候,吴佩孚又采取了一个招数——出奇兵。

老子说:"以正治国,以奇用兵,以无事取天下。"《孙子兵法》也说:"凡战者,以正合,以奇胜。……战势不过奇正,奇正之变,不可胜穷也。奇正相生,如循环之无端,孰能穷之哉!"即使是再优秀的将帅,如果在战场上被抄后路或被偷袭,都会手忙脚乱,因为不知道后面来了多少人,不知哪个才是主战场,临时分兵防守则导致军心大乱,丧失抵抗意志,一旦有人退却,就会"全线雪崩"。

吴佩孚在正面进攻长辛店的同时,又拿出他在直皖战争中对付曲同丰的招数,长途奔袭,直取要害。

吴佩孚派第二十一混成旅从门头沟一带迂回到奉军右翼的侧面,截断奉军援军的来路。5 月 4 日凌晨,直军猛扑卢沟桥,让口袋里的奉军首尾不能相顾,一下子大乱阵脚。而此时奉军的炮弹用得差不多了。张景惠的心开始崩溃,令部队向丰台退守。

本来就处于万分火急的时刻,张景惠所部的第十六师师长邹芬又受了重伤,群龙无首的第十六师一部还突然哗变,这给困境中的奉军狠狠地捅了一刀。奉军开始全线溃退,而直军开始全线追击。

部队一旦在慌乱中撤退,极容易收不住脚,各部也就难以听从指挥。三国时期,即使是诸葛亮和司马懿这样的用兵高手,也非常怕队伍在撤退时被对方追击吃掉。

吴佩孚抓住这个大好时机,命令所属部队,只能前进,不能后退,临阵脱逃者斩立决。

长辛店落入了直军之手,奉军开始败走军粮城,败走滦州,向山海关进行总撤退。

张作霖辛苦准备了两年,结果却是不出一个礼拜,自己的十几万人马被打得落花流水。

这也是北洋时期战争的特点,冷战时间长,热战时间短。直皖战争是这样,直奉战争是这样,以后的几次战争基本上还是这样。

直军长辛店大捷,决定了整场战争的胜负。而究其原因,第十六师的哗变又是关键节点上压倒骆驼的最后一根稻草。说到这个第十六师,本为直系冯国璋旧部,师长王廷桢被张作霖赶走后,由邹芬继任。但奉军却把这第十六师的人当成后娘养的,放在前线当炮灰,让直军自相残杀。可是,张作霖搬起石头砸了自己的脚,在直军大兵压境的时刻,吴佩孚稍稍做了点儿小工作,第十六师就重新投回直军阵营。

有道是,兵败如山倒。大多数军队在兵败撤退的过程中,会军心大乱,溃不成军,兵找不到官,官找不到兵,根本组织不起有效的抵抗。追击者在此过程中,会占大便宜,发挥以一当十的作用。

吴佩孚心里非常清楚,张作霖手下的主力大将张景惠和张作相是绿林中混出来的,只有一股匪气,缺乏基本的军事素养。早在开战之前,吴佩孚看着自己精心训练出来的军队,自豪地说:"兵在精而不在多,将在谋而不在勇。张作霖的军队只配打猎,根本不是我的对手。"

果然,开战不到一个礼拜,绿林豪杰那股狠劲在训练有素的直军面前一败涂地。十几万关东健儿,从出关时的鹰,变成了跛脚鸭,有逃往廊坊方向的,有逃往内蒙古方向的,有逃往天津方向的,有逃往东北方向的,真真如鸟兽散。

关于用兵之道,诸葛亮说过:"善战者不败,善败者不亡。"一支没有训练的军队,不会退却,只会逃跑。只有真正训练有素的军队,在遭遇败仗时才不会慌乱,撤退时才能井然有序,展示凛然不可侵犯之意。这样的军队,自保是不成问题的,有时甚至可能反败为胜。

有意思的是,张作霖手底下恰好有这样两支不同的队伍。

就在吴佩孚想乘胜追击,试图占领山海关,直捣黄龙府,活捉张胡子的时候,兴冲冲的直军突然遭遇了一支强悍的东北军的阻击。这支部队虽败不乱,阵形整齐,且战且退,有秩序按梯次回防,为其他几路奉军退回关外争取了宝贵的时间,并在山海关架起大炮,长长的火舌硬生生地抵住了气势如虹的直军。

这就是郭松龄和张学良的部队。这支部队的军官,基本是东三省陆军讲武堂的毕业生,有素养,有纪律,与绿林派大不相同。遭逢大败的老张看到这支学院派军官的表现,甚是欣慰,以前太重绿林义气,太忽视讲武堂出身的军官了。

这回，老张彻底服气了，明白了。

老张忽然没来由地笑了起来，就像曹操兵败时，总会仰天大笑，然后发誓"吾必报之"一样。奸雄自有其可爱之处，撤兵骑马亦雍容，胸中自有大气象。

吴秀才，你等着，我老张一定会回来的！

偷梁换柱

5月5日，大总统徐世昌下令，奉军退回原驻防地，听候中央命令。此时，奉军大势已去。

同时徐世昌下令惩办罪魁，说此次战事，皆因叶恭绰、梁士诒、张弧等构煽酝酿而成，着令褫夺此几人之职，交由法庭办理！

吴佩孚一看，你什么脑子啊，就你心眼儿多？明显是避重就轻，不敢惹张作霖。罪魁明明就是他，你不知道吗？在这绕什么弯？

在吴佩孚的一再催逼之下，徐世昌于10日下令，解除张作霖东三省巡阅使、蒙疆经略使、奉天督军及省长等各项职务，听候查办。吴俊升任奉天督军，袁金铠署理奉天省长，冯德麟署理黑龙江督军。这是吴佩孚挑动奉系内部矛盾的一个计策。

同时，吴佩孚趁着对奉张的得胜之势，抢占河南地盘。因为河南赵倜没有坚定地和吴佩孚走在一起，吴佩孚便将赵倜免职，派冯玉祥为河南督军，由亲直系的刘镇华兼署陕西督军，把陕、豫两省收入直系囊中。

然而，张作霖压根儿就没把徐世昌和吴佩孚放在眼里。你以为你是谁啊？想收拾我？别看我老张这次败了，但根本不伤体力，顶多就是肌肉拉伤而已，我凭什么听你的？

的确是这样，张作霖虽然败了，但只是损失了关内地盘，他的实力还在，主力部队也没遭受严重损失，东三省完好无损，没人能动摇他的地位。哪个不要命的敢来东北这里就任督军试试，老张不剁了他才怪。

张作霖根本不理徐世昌的命令。你不是免我职吗？那我做给你看。

5月12日，张作霖宣布东北自治，通电独立，"东三省一切政事，与东三省人民,自做主张"。同时在滦州、昌黎一带竖起大旗,招集溃散的旧部,重整旗鼓。

6月4日,张作霖又以省议会的名义宣称自任"东三省自治保安总司令",再一次发表"闭关自治"的宣言,并声明拥护"联省自治"的主张。

不过,张作霖的闭关,可不是真的守着自己的一亩三分地不出来了,他是在积蓄力量,准备回马再战。

关东子弟多才俊,卷土重来未可知。

由于奉军死命抵抗,直军很难继续前进,老张又调动多方力量,表达求和之意。6月16日,直奉双方在秦皇岛的英国军舰上进行第二次和议,于17日签订条约,互不侵犯。至此,双方才正式收兵。

顺便说一下,北方直奉双方和谈的日期很有意思,南方陈炯明的部将炮轰总统府也是在这一天。

南北双方,捉对厮杀,连日期都这么巧合。历史真是吊诡。

第一次直奉战争后,奉系退回关外,直系不仅完全控制了中央,而且从长城以南到南岭以北的广大地区,基本上都处于直系控制之下。吴佩孚的个人声望也达到新的高峰,人们开始称呼他为"吴大帅",就连军事天才蒋百里先生也说吴佩孚是"中国武将中最杰出之将才"。

此时,踌躇满志的曹锟已不甘心当一个幕后指挥,他要谋求最高权力了。

第一次直奉大战之后,内阁总理、财政总长等要角都被撤职,剩下的也基本不来上班,这种凄凄惨惨的局面持续了一个月,破了民国成立以来的纪录。

在这期间,有两个人最心急:徐世昌和曹锟。

徐世昌为什么着急呢?因为,凭直觉,他能感觉到吴佩孚并不喜欢他。徐世昌刚当总统时,小小的吴佩孚在衡阳打电报过来,就没有称呼他为"总统",而是直呼其名"东海先生";直皖战争结束后,吴佩孚明面上要解散安福国会,暗里却是要扫掉他这位由安福国会选出的大总统。其他林林总总的事,都让徐世昌感觉,吴佩孚一直在悄悄拆他的台。

直奉战争结束后,北京这里成了直系一家的天下。直系的大老板是曹锟,但曹锟事事都听吴佩孚的,吴佩孚由此成了太上皇的太上皇。

徐世昌是袁世凯的结拜大哥,袁世凯小站练兵时,他和袁世凯是曹锟的老领导,而曹锟又是吴佩孚的老领导,他和吴之间属于"师爷"和"徒孙"辈;他是进士出身,吴佩孚是秀才,也算是"徒孙"辈。如今咸鱼大翻身,小泥鳅掀起了冲天巨浪,这让徐世昌非常尴尬。

现在徐世昌担心的是,曹锟看中总统宝座了,吴佩孚会不会真的把自己扫地出门? 徐世昌自己还不可能直接问这个问题,所以,他想换个方式,先请示曹锟,由谁来组阁当总理。如果大家一起议定总理,那可能意味着暂时不会动总统,自己便能放心。

徐世昌着急这事,可以理解。曹锟可是这场战争的大赢家,他有什么要着急的呢?

有啊,当然有,曹锟着急的是,自己能不能当上大总统。

北洋时期的总统,其权力与古代皇帝有天壤之别,但国家元首的光环仍然吸引着各路军阀为之前仆后继。特别是有兵马、有地盘的军阀,如果取得了总统之位,那就不会任人摆布,而是自己说了算。

现在,历史把这个机会摆在了曹锟面前,曹锟能不心动吗?

曹锟去找吴佩孚商讨政治问题,问他对于今后国家大计如何厘定。

曹锟一方面打从心里不喜欢徐世昌,另一方面是从利害关系上考虑要赶走徐世昌。吴佩孚当然知道曹锟想要做总统的心思,但他认为应该考虑个万全之策,既能统一全国,又能堵天下悠悠之众口。否则,不就和胡子一样了吗?

就在吴佩孚琢磨用什么策略来达到己方目的时,旧国会众议院议长吴景濂献上了一计。

吴景濂,奉天兴城人,秀才出身,毕业于京师大学堂。1912 年孙中山成立临时政府,吴景濂任临时参议院的参议员。黎元洪时期担任了众议院议长。孙中山南下护法时,吴景濂也跟着南下,任众议院议长。1921年,因反对孙中山担任非常大总统而离开广州。直奉战争后,吴景濂通过直系大将王承斌(吴景濂与王承斌都是奉天兴城人,且二人是表兄弟)与吴佩孚进行了联络,并献上"恢复法统"的计策。

这条计策是这样的，为了让曹锟名正言顺地当上总统，应该分几步运作。首先，恢复民国六年(1917年)被时任大总统黎元洪为张勋所迫而宣布解散的旧国会；其次，由旧国会把黎元洪请出来当总统——当然，这是过渡，或者说装点门面，掩人耳目；最后，利用旧国会把曹锟名正言顺地选举为大总统。

读书人果然不一般，献计者高明，听计者也立刻听出了门道，如果是秀才对着兵，这事就说不清。

妙啊，果然是妙计。

吴佩孚发现，如果采取了这条"恢复法统"之计，既能让曹锟当上总统，又能实现全国统一。

具体说来，是这样的。直系一旦恢复旧国会，南方孙中山的护法军政府就没有存在的理由了。你们护法不就是为了旧约法、旧国会吗？我们直系现在恢复了，你还反对啥？还有啥可说的？赶紧偃旗息鼓吧！

恢复旧国会，迎黎元洪回来当总统，一是顺利把徐世昌赶走，二是让黎元洪成为傀儡，要他如何便如何。

可是，曹锟及其手下另一班人，还是转不过弯来。

曹锟手下一班大老粗，以及那些想早日沾"曹总统"的光、攫取更大权力的人认为，现在我们胜利了，我们就应该说了算，还用得着那么麻烦吗？

在吴佩孚看来，太有这个必要了。因为中国人重名，名不正则言不顺，言不顺则事不成。吴佩孚耐心地向曹锟说明此中奥秘：

我们和段祺瑞、张作霖各打了一次仗，尤其是刚和张作霖打完仗，此时先不推您坐上大位，不就表示咱与张胡子打仗没有私心吗？

我们把黎元洪扶上来，一则显示我们的公心，二则他就是个傀儡，坐不坐那把椅子都无所谓，真正说了算的，不还是您吗？

黎元洪回来后，我们看他的表现，如果表现好，听话，那就让他把当年缺欠的总统任期补满；如果不听话，挑个毛病就可以撵走，诸如他"能力不行"之类的，然后再把您选举上来，这叫众望所归。

曹锟有点儿明白了。但他心里还是感觉怪怪的，我们打了半天仗，却把争来的椅子先给别人坐,怎么听都觉得不对劲。

但他还是听从了吴佩孚的筹划与安排。

做通了主要领导的工作,接下来就要统一大家的思想,形成共识。

1922年5月10日,吴佩孚由天津到达保定,召开直系将领会议,讨论政局发展等重大问题。

在会上,吴景濂从政治角度表示拥护吴佩孚"恢复法统"的决策,又从法理角度对此项决议进行了充分论证。对于相关步骤事宜,吴佩孚请吴景濂全权办理。

会议统一了口径。曹锟身边那些原来打算采取军事政变赶走徐世昌的人,只好遵守曹锟与吴佩孚达成的协议,从"法律"角度来运作这件事。

二进宫

一切准备停当,吴佩孚先和与己方关系近的各省通气,向他们"征求"关于拥立黎元洪当总统一事的"意见",政治敏感性强的江苏、山东和湖北三省当天就回电赞成。

紧接着,吴佩孚便分别授意武将和文官,从不同的角度,以不同的形式,向着同一个目标,积极稳妥地推进直系的总体规划。

武将方面,自然是让军人发言;文官方面,自然是让懂法的吴景濂说话。

5月15日,吴佩孚授意刚投入直系阵营不久的长江上游警备司令孙传芳公开发表通电,提出恢复法统,拥立黎元洪当总统。

之所以由孙传芳打头阵,一是因为孙传芳的直系色彩还不浓,这样的局外人说话看上去比较客观;二是要孙传芳以此作为入伙的投名状,表忠心。

许多人对"投名状"并不陌生。说白了,就是一起做点儿坏事,以示与我们一样,那么大家就是"兄弟",是"自己人"了。既然是"自己人",那么你的回报便会成倍增加,各种机会就轮得到你了。

孙传芳向直系递上第一份投名状之后,徐世昌的心凉了半截,最担心的事终于发生了。怎么办呢？既不能找曹锟商量，也不能找吴佩孚商议，徐世昌只好装聋作哑，先压下孙传芳的电报，赶紧派人四处活动疏通，希望情况有所缓和。

然而，徐世昌已经阻挡不了曹、吴和孙传芳的步伐了。很快，孙传芳又递上了第二封投名状，这封电报的目标同时指向徐世昌和孙中山两个人："广东孙大总统，原于护法，法统既复，责任已终，功成身退，有何流连。北京徐大总统，新会选出，旧会招集，新会无凭……所望我两先生……及时引退，适可而止。"意思就是说，你们两个不合法啊，赶紧下去，别再玩啦，会玩儿出事的。

吴佩孚对孙传芳的表现甚为满意。

武的一手表演过后，该出文的一手了。

5月16日，旧国会参众两院议长王家襄、吴景濂召集部分议员在天津开"谈话会"，组织"第一届国会继续开会筹备处"，决定"依法""定期"自行集会。

徐世昌大惊失色，恢复以往的国会，不就是变相逼宫吗？谁赋予你们这个权力的？他令天津警察厅厅长杨以德迅速查禁，以维治安。可是，他已经指挥不动杨以德了。

徐世昌还派人四处活动，意图收买南方议员，使其不北上，那么人数不足，议会就开不起来。

吴佩孚一看，到现在了，你还敢试图反抗？我看你是敬酒不吃吃罚酒。吴佩孚决定指使督军们再给徐世昌敲一闷棍。

5月29日，吴佩孚指使江苏督军齐燮元通电徐世昌，希望他以大局为重，功成身退，否则后果不堪设想。

当天，孙传芳也跟着电请南北两位总统同时退位，否则，我们就不客气了。河南督军冯玉祥、陕西督军刘镇华等人也纷纷发出电报。

枪杆子发话了，笔杆子立时变得手无缚鸡之力。

心力憔悴的徐世昌，此时无力再斗，去意已定。5月31日，徐世昌通电表态："一有合宜办法，便即束身而退，决无希恋。"

可是，形势已经不允许徐世昌琢磨"合宜办法"了。6月1日，旧国会参众两院议长王家襄、吴景濂集合议员二百零三人，发表宣言，否认民国六年解散国会的命令，并认为徐世昌是"伪总统"。同时决定即日起，国会完全行使职权，西南各省因护法成立的一切组织均应取消。

这个口气，已经相当不耐烦、不留情面了。

6月2日上午，西装革履的徐世昌总统设宴招待参加华盛顿会议归来的顾维钧等人，并发表讲话盛赞外交人员："此次华盛顿会议，我国能以弱胜强，收回权益，诸君劳苦功高，尤其是顾君擅长外交，力任其艰……"

此时，总统府秘书长吴笈孙匆匆走进来，递给徐世昌一封电报。徐扫得一眼，登时万念俱灰，心里拔凉拔凉的。原来这是吴佩孚发来让总统赶紧"腾地方"的电报。

徐世昌稳了稳心神，控制着自己的情绪说道：此次宴会，一则为顾公使洗尘，二则为本人向诸君辞行……

一场给别人设的接风酒，却变成了给自己备下的送行宴，举座哗然。

下午，北洋元老徐世昌正式宣布辞职，结束了四十多年的政治生涯，离京赴津，从此不问政事，诗酒歌赋，终老一生。

> 诗坛酒垒厌江湖，眼底纵横见此图。
> 花月多情如梦幻，川原有恨入榛芜。
> 客来关辅三霄路，臣本烟波一钓徒。

徐世昌，从穷书生到进士，从晚清重臣到民国总统，长期担任要职。他与袁世凯联手，开创了一个时代。凡是他出的主意、袁世凯照做的，没有不成功的；他的意见、袁世凯没听的，都招致千古遗恨。他思想开明，崇尚和平，热爱国家。他的政治品格当然算不上完美，但也承袭了传统中国知识分子的优良风貌。他一生著述颇丰，编撰书籍二十余种，如《欧战后之中国》《退耕堂政书》《大清畿辅先哲传》《东三省政略》等，有些还非常有价值。其个人成长和发展历程，也算是读书人中的一个奇迹了。

世上的事，真是有人欢喜有人愁。这边徐世昌刚走，那边直系人马就迫不及待了。在通电中简单夸了几句徐大总统在任的"丰功伟绩"之后，马上呼吁国事重要，首座不可虚悬，敬请黎大总统复职，恢复民国六年国会。

自从 1917 年请张勋协调而引狼入室之后，黎元洪自知无颜面对江东父老，便隐居天津，深居简出，闭门谢客，读书写字。直奉战争后，他还给在日本留学的儿子黎绍基写信："直奉战争，奉军完全失败，未知将来如何变局。"官运奇好的他完全没有意识到，这次局势变动又一次把他搅进来，一个大馅饼又向他的头上砸了过来。

从 5 月下旬开始，旧国会参众两院议长王家襄、吴景濂及部分议员陆续前来黎公馆，劝黎出山，复任总统。

黎元洪那颗沉寂五年的心，又禁不住怦怦地跳动。

许多人有恐高症，黎元洪也有恐高症，不过他的恐高症是政治恐高症，恐高位之症。一想到总统、副总统，黎元洪就心有余悸。一朝被蛇咬，十年怕井绳。多年来，他上过袁世凯的当，吃过段祺瑞的亏，其他诸如受过张勋的骗，挨过督军团的气，就像武状元苏乞儿那样，享尽人间富贵，也受尽人间苦楚。

但是，国家最高元首的光环仍然会让人心里发痒。多少人奋斗一辈子，连这个座位的影儿都看不到，但自己却一而再再而三地与它有缘，这是多么让人欣喜的事啊！

而且，权力还有一个让人着魔的地方，就是曾经的权力拥有者失去权力后，那种世态炎凉、门可罗雀的感觉，与此前人人巴结、门庭若市的状态形成鲜明的对比，这也会让人发誓要重新获取权力。

黎元洪的心态也大抵如此。

不过黎元洪已经不是政坛小儿了，他知道自己手无寸铁，复位后肯定得看人家脸色行事。这怎么办？对黎元洪来说，这个总统之位成了鸡肋，食之无味，弃之可惜。

黎元洪想了想，决定先推辞一下，看看对方的反应再说。黎元洪表示自己无才无德，不能胜任，你们错爱了。

吴佩孚一看，你不来怎么行？这出戏少了你的话，那还能演吗？

况且吴佩孚心里明白，这八成是假推辞，要面子呢！

为了给足他面子，吴佩孚派了好几个代表，加上旧国会的代表二十多人，轮番劝驾，弄得他家里天天是黑压压的一屋子人。

黎元洪一看，身价有了，面子有了，最好还能要点儿实权，不提前讲好，岂不还是处处受气？

怎么样才能让自己有权威呢？黎元洪又想到他当年的政治理想：废督裁兵。这也是为了在人民面前树立自己的全新形象和执政理念。

黎元洪认为："民国乱事，悉由督军造成，非废督裁兵，无以收拾时局。"并由其秘书饶汉祥起草了督军制的"五大害"，洋洋洒洒三千多字。

黎元洪提出条件，让我复位也可以，那得听我的安排，废督裁兵，统一政令，并要求各督军"立释兵柄"，否则，我就不来京。

曹锟本来就想自己坐这个总统宝座，不愿意请黎元洪出来。在吴佩孚的开导下，曹锟才总算同意，可是黎元洪却提出这么个条件。曹锟听到后，破口大骂，我们捧他上台，他却先要整垮我们？还有没有天理呀？

曹锟身边的人立刻起来煽风点火，一起大骂黎元洪，纷纷主张老帅应该立刻杀进北京当总统。还有人开始挑拨，说吴佩孚净出馊主意，连肥水不流外人田的道理都不懂，八成是他吴秀才自己想当总统，所以才不让老帅当。

有人总结说，寂寞的人有两种：一种是什么话都听得明白，一种是什么话都听不明白。

此时的吴佩孚可真是寂寞啊！曹锟和那班想借曹锟之势谋得更大利益的吹鼓手们，怎么就听不懂吴佩孚在说什么呢？

吴佩孚知道曹锟的身边有不少小人，他们在曹锟耳边喋喋不休地说着乱七八糟的话，但吴佩孚不在乎，自己行得正，立得端，他完全是为了直系考虑，为了让曹锟当上总统，但他认为当下的时机还不成熟。所以吴佩孚还是耐心地劝告曹锟，迎接黎元洪只是一个手段，是拆广东政府的台。旧国会、旧总统回来后，广东护法就失去了存在的理由，其他事也好办了。应该怎么做，最后还不是我们说了算？

曹锟终于再次接受吴佩孚的劝告，忍住了自己急不可耐的心情。

6月10日，吴佩孚派人给黎元洪捎去一个严厉的口信。你黎元洪不要坐花轿哭丧——不识抬举。对于有些人来说，一生只有一次好机会，你要是架子拿大了，过了这个村儿，可就没这个店儿了。你要是还想讨价还价，那我就帮不上你了。你不想当，我也不能硬逼着你当，是不？

当然，吴佩孚也不是要把事情做绝，他还指望着黎元洪出来呢！只有他出来，才能让广东军政府立刻失去存在的理由。所以，吴佩孚口头上答应拥护"废督裁兵"，至于会不会真的裁，那就看形势怎么发展了，这也算是给黎元洪一个台阶下。

黎元洪得到了这个口头保证，也领教了吴佩孚的态度，权衡再三，不再要求各督军先行解职，而是决定出山，为自己的理想再搏一次。

6月11日早晨8点，黎元洪在旧国会参众两院议长王家襄、吴景濂等的陪同下，登上了赴京专列。

山河破碎风飘絮，身世浮尘雨打萍。黎元洪就这样飘飘悠悠地进入北京，开始了他第二任总统的生涯。

理想破灭

1922年6月11日11点，黎元洪再次回到北京，举行了复职典礼。

对于黎元洪复出，皖系旧部和奉系都没说什么，张作霖去卧薪尝胆了，谁当总统都无所谓，反正他是要打回来的，现在谁都别骚扰东北就行。西南各省也是这个态度，他们倡导联省自治，谁上来坐这个位置都行，只要别对西南动兵，就连广东省议会也发电称黎为总统。只有孙中山坚决不承认。

12日，黎元洪正式办公的当天，发布了改组内阁的命令。他本想恢复当年下台时的原样，任命伍廷芳为内阁总理，但伍老身患重病，且在南方就职，这个想法实现不了，就改命颜惠庆为内阁总理。这届内阁的阁员如下：

外交总长：颜惠庆（兼）

内务总长：谭延闿

财政总长：董康

陆军总长：吴佩孚

海军总长：李鼎新

司法总长：王宠惠

教育总长：黄炎培

农商总长：张国淦

交通总长：高恩洪

这届内阁的组成有点意思。

首先，黎元洪上班的第一天就完成了这一系列安排，连吴佩孚都称此次组阁简直神速。不知吴佩孚这句话是夸黎元洪能干呢，还是讽刺他仍然那么不开窍？

其次，吴佩孚基本上没干预此次内阁重组，且公开发了电报"组阁为元首特权，宵人谣啄，概请摒绝"。所以，这些人选虽说是颜惠庆内阁，但基本上算是黎元洪自己的主意。这在北洋史上也是一个奇迹。

看起来，黎元洪不甘心像以前那样只当个虚名总统，而是很想痛快地搏一下了。

是啊，谁会甘心呢？自己有了位置，有了机会，如果不施展一下，到老了，岂不是"虚负凌云万丈才，一生襟抱未曾开"？

黎元洪上次坐大位时没占到便宜，重新回来后估计就会产生这个心理。

让我们来欣赏一下第十九任北洋内阁的阵容。

内阁总理颜惠庆，上海人，民国著名外交家，早年毕业于上海同文馆，后去美国弗吉尼亚大学留学。早在1912年4月被黎元洪委任为北洋政府外交次长，二人交往已久。颜惠庆长期担任驻外公使，1919年任中国出席巴黎和会代表团顾问，政绩不错，名声也不错。此次由颜惠庆组阁并兼任外交总长，看来黎元洪是满意的。

张国淦，在黎元洪上一次当总统时就任秘书长，双方关系也非同一般，这算是黎元洪真正的自己人。

陆军总长在北洋时期算是最有权力的一个位置，以前长期由段祺瑞担任,现在轮到吴秀才了。这个位置,黎元洪也不敢不给吴佩孚。况且黎元洪还有自己的小九九,他若真要废督裁兵的话,只有借重吴佩孚的威望才可实现。

而且,黎元洪肯定不会不考虑吴佩孚的喜好。其他几个人选,如财政总长董康和交通总长高恩洪,本来就是吴佩孚欣赏的人,高恩洪还是吴佩孚的蓬莱老乡。况且财政总长和交通总长这两个要职,黎元洪即使想用自己人,他也得掂量掂量,不能过分,否则会鸡飞蛋打,什么也得不到。

谭延闿既是黎的老朋友,也与吴有私交,还与西南有联系,拉这么个人进来,也算不错。

在人事问题上,还有个插曲。吴佩孚是没干涉内阁成员名单,但是,非内阁成员却是可以"推荐"一下的。

6 月 13 日,吴佩孚借来京向黎元洪祝贺的时机,很"随意"地对黎元洪说,我有个秘书叫孙丹林,人很能干,还熟悉情况,你给安排一下,让他当个总统府秘书长怎么样?你别有什么压力。

孙丹林是吴佩孚的心腹,当年也正是在他的主张之下,吴佩孚才通电支持五四运动的,他深得吴佩孚的信赖和欣赏。

黎元洪说,好啊,你推荐的人一定错不了。

黎元洪虽然想把跟随自己多年的心腹饶汉祥安排到这一位置,但不敢轻易得罪吴佩孚,所以没有拒绝。

黎元洪身边的人又来进言了,吴佩孚怎么可以干涉秘书长一职的安排?如果让孙丹林在您身边卧底,那您的一举一动不就完全受到吴佩孚的监控了吗?

黎元洪一考虑,可不是嘛,公事私事都完全暴露在吴佩孚的眼皮子底下了。

黎元洪决定,还是让自己的心腹饶汉祥当总统府秘书长。

孙丹林非常恼火,甩袖而去,直接就要坐车回洛阳,但被人给劝了下来。经过认真研究,黎让孙丹林担任了内务次长,这才把事勉强压下。

尽管发生了这些事,但对比以前北洋政府组阁时,无实权的总统处处受人掣肘,已经相当不错了。

黎元洪终于做了一回主,感觉还是挺爽的。

黎元洪上来的第二件事,是撤销1917年6月12日的解散国会令,恢复旧国会。

黎元洪为了实现统一,一再邀请孙中山、陈炯明、唐绍仪等来北京共商大计。一方面是摆出和平姿态,另一方面是要直接瓦解南方军政府和国会。可是,孙中山坚决不接受。如果来了,那不就等于承认你是总统了吗?我在广州也是堂堂的"非常大总统"哩!

所以,孙中山不仅没来,还公开通电发表宣言,声称广州军政府是"中国事实上、法律上唯一政府"。而且在黎元洪还没有复职的6月8日,广州非常国会就作出决议:第一,请政府宣布,当年黎元洪解散国会为非法,徐世昌窃取总统之位为非法,请将二人拿下,治其毁法乱国之罪;第二,通电宣布黎元洪罪状。6月10日,广州军政府通电各国,请承认广州军政府,全国所有交涉应由广州办理。

不过在这期间,列强没有承认广州政府的。正如李敖在《孙中山研究》中考证:"1921年到了,1月26日,孙中山的外交部长伍廷芳照会美国,要求承认广州政府,但是老外只承认北京政府,断定孙中山的政府是非法的叛乱团体,所以概不承认。"(李敖:《新版李敖大全集》卷七《孙中山研究》,第66页。)

黎元洪宣布恢复旧国会时,也遭到南方国会反对。直系支持恢复的是1917年(民国六年)的"民六国会",广州军政府的国会是1919年的"民八国会","民八国会"的人攻击"民六国会"的人是非法的,双方吵得不可开交。

黎元洪还想拉拢更多南方军政府的人进来,悄悄瓦解对方的实体存在,比如任命李烈钧为参谋总长,但李烈钧反应强烈,不仅不领情,反而骂黎元洪"叛国"。

所以黎元洪想拉拢南方、瓦解南方的计策刚推出就破产了。

黎元洪做的第三件事,是要废督裁兵。

废督裁兵之前,吴佩孚为了显示自己的高姿态,并没有就任陆军总长,祝贺完总统之后,就回保定见了见曹锟,然后返回洛阳低头练兵。

所以内阁名单发布还不满四十八小时,便宣布陆军总长吴佩孚辞职,由张绍曾继任。

就在辞去陆军总长、回到保定、返回洛阳之前,吴佩孚在保定与曹锟碰头召开了一次会议,提出了自己心中的"废督裁兵"计划:全国划为九个军区,整编成四十个师,大省置二师,中省一师一旅,小省置一师,每区设军区长一人主持,军队直隶中央政府,饷银、军械等悉由中央供给。

这个计划,看起来不错,军队本来就是要收归中央的,人事、经费都要由中央统一管理。如果军权不能收归中央,那各省必然具有拥兵自重的资本,军阀的土壤就会一直存在。

但是,在那个后起之秀挑战秩序、各省不服从、中央无权威的年代,谁会乖乖地服从呢?

各省实力派心里都知道,兵权是自己的命根子,如果兵权没了,那一切都没了。你吴佩孚除非逐一动兵摆平各省,或者先把自己的兵裁了,否则,废督裁兵实现不了。如果把我们的兵裁了,那实质上不就是把兵权全收归你直系所有了吗?

但是,由于吴佩孚表示出了高姿态,大家就不能不表态。口号嘛,谁不会喊呀? 各省督军纷纷高喊,一定拥护中央废督裁兵的政策,这项政策好啊,一定能和平啊!

可是,大家就这么干打雷不下雨地叫着,谁也不会把刀口向内,都在观望。谁都知道,吴佩孚躲在洛阳练兵呢,那如狼似虎的军队指向哪个省,哪个省就会倒霉。在这种受到严重威胁的时候,谁能撤兵呀?

当时在全国范围内,形式上拥护黎元洪废督的,大概只有三家。

其一是江西督军陈光远宣布解除督军职务,但他辞职是因为广东北伐军进入江西,他抵抗不住,所以借坡下驴,自己下得很体面,还卖了黎元洪一个人情。

其二是东北。东北的三个省以前都有督军,张作霖战败后,集中权力,闭关自治,把自己的职务由奉天督军改为东三省自治保安总司令,改其他两省督军孙烈臣、吴俊升为副司令。没等黎元洪发话,自己先把督军废掉了,思想还挺超前。当黎元洪宣布撤督军时,张作霖还写了封信戏耍黎元洪,赞成废督裁兵。因为实在没人支持黎元洪,张作霖的这一举动被他全记到自己的功劳上了。

其三是浙江督军卢永祥,但是,他只拥护了一天,第二天就被部下推举为浙江军务善后督办。不过这一天,已经算是真心实意地拥护黎元洪了。

督军变督办,啥也不用换,新瓶装旧酒,低头继续干。

广东的孙中山说,裁兵可以呀,我们大家一起裁,全国一起裁,直系军队先裁减一半。如果直系能改行此条件,那"本大总统当立饬全国罢兵,恢复和平"。但目前为止,我们看不出吴佩孚是不是真心诚意,所以,我们不能裁兵。

经历了辛亥革命、二次革命、护国战争、护法运动的孙中山,已经不再是那个迷恋美国制度的理想主义者了。他非常清楚,在当时的中国,如果不用武力统一全国,根本不可能实现和平,也推行不了自己的主张。

一句话,大家抱定了主意:兵不能裁,裁必有乱;轻则无权,重则丢命。

黎元洪无奈,思来想去,在浙江督军卢永祥身上找到了灵感,又想出一个主意。他建议,对于兼任省长的督军,裁去督军身份,存留省长职位,用省长名义办理一省的军务善后;对于不兼省长的督军,改派为督理军务善后事宜。黎元洪还打电报给山西督军阎锡山,劝他辞去督军名义,专任山西省长;又召见新疆驻京代表,叫他劝杨增新辞去新疆督军。

可是,这两人根本不理黎元洪,弄得他很没面子。这可真是自讨没趣。

这样,重新就任总统之位的黎元洪想烧起的三把火,都被大家无情地浇灭了。

第二十八章 ＼ 悲情大剧 ＼

南南不合作

段祺瑞之后的北洋局势，就像春节放炮一样，西家落，东家起，此起彼伏。看热闹的甚是过瘾。

就在北洋系内部直奉两军炮声隆隆的时候，南方国民党阵营内部也出事了，孙中山和陈炯明拔刀相见。这可真是"北北阵营"和"南南阵营"捉对儿厮杀。

孙中山和陈炯明之所以闹僵，前文已有所述，主要是二人的理念不同。

陈炯明是一个热衷于美式民主、有思想的军阀，他见民国初年南北多次较量却不能实现全国统一的局面，便提出联省自治，赞成民治，力图以美国式的联邦制来实现国家统一。

陈炯明的想法很好，貌似接地气，但还是以效仿美国为主，脱离了中国的传统和实际。孙中山早在民国初年就实践过这些，并遭到了惨败。

而孙中山经历了民国初年一系列坎坷，发觉美式民主中的分权模式在国家创立和改革时根本行不通，必须集中权力，于是决心以武力实现国家统一，成立一个正式的中央政府。

孙中山先生在多次失败中逐渐看清了解决中国问题的方向和出路，但就是没有实力。他虽是广东人，可从小受西式教育，并长年居住在美国，与陈炯明等人相比，只相当于广东的"客人"。

所以，翻阅《孙中山全集》，可以发现，孙中山率领人马从上海来广州时，言辞很恭敬，行事很低调，不但没说要实行武力统一，反而说了许多联省自治的好处，这难道就是革命的策略？希望广东以陈炯明为首的实力派接纳自己？

提议联省组织,尤其卓识。窃念我西南各省、各军,以护法救国为职志,支撑数载,艰险备尝,现在人民自决,潮流所趋,吾人正宜本真正之民意,革故取新,推广平民教育,振兴农工实业,整理地方财政,发展道路交通,裁撤无用军队,实行地方自治。我护法各省,联合一致,以树全国之模范。(《致护法各省各军电》(1920 年 11 月 9 日),载广东省社会科学院历史研究所等合编《孙中山全集(第五卷)》,中华书局,1985 年,第404 页。)

陈总司令此次为粤人光复广东,(余)代表粤人致谢。……吾辈此次归来,即本斯旨,于广东实行建设,以树全国之模范,而立和平统一之基础。(《在广东省署宴会的演说》(1920 年 11 月 28 日),载广东省社会科学院历史研究所等合编《孙中山全集(第五卷)》,第 429—430 页。)

1920 年 11 月 28 日,正是孙中山率队登上广州码头的日子。在当时宴会上讲的这番话,不仅说广东是陈炯明总司令光复的,而且说自己此次归来也是要在广东实行建设,并希望和平统一。

孙中山说:"至于谋中国的统一,只有两条路:一条路是用兵力去征服各省;一条路是用文治去感化各省。用兵力统一中国的事,绝对做不到,也绝对不可做,这是人人晓得的了。用文治感化来统一中国,就是要靠宣传,却是宣言的宣传,是没有真实的力量的。我们现在是要把广东一省,切切实实的建设起来,拿来做一个模范,使各省有志改革的人,有一个见习的地方。"(《在广东省署宴会的演说》(1920 年 11 月 28 日),载广东省社会科学院历史研究所等合编《孙中山全集(第五卷)》,第431 页。)

而且,孙中山此次南下广东,是向陈炯明作出"粤事由陈君主持,中山回粤不过回复前日被逐之颜面"之保证的(转引自齐廉允《谜一般的人物陈炯明》,《文史天地》2011 年第 6 期,第 26 页),意思是说,以前我是从这里被赶走的,这次不过是找回个脸面,请您成全。

但是,孙中山携带大批属员,踏上广州的码头没多久,就要成立军政府与北方分庭抗礼,重提武力统一,这让粤系人马非常不满。你怎么翻脸比翻书还快呢? 这还怎么取信于人?

俗话说"强龙不压地头蛇","强宾不压主",而孙中山恰恰没注意到这一点,触犯了广东人的利益。双方矛盾逐渐加深。

1921年6月,孙中山任命陈炯明为援桂军总司令,开始第二次粤桂战争,准备平定两广之后,安心出师北伐。

历史书上所说的孙中山利用军阀打军阀,在这里具体指的是,他要利用陈炯明的部队来打桂系军阀,而且还任命蒋介石担任粤军要职。我们可以想见,既然不是自己打造的嫡系军队,却要安插自己人,那就必然会引起粤军的普遍反感。后人大可不必愤怒,这就是人性。如果用人问题上都宽容大度的话,那政治上的纷争早就不存在了。

陈炯明的军队与桂系交火,胜利了,但陈炯明根本不想北伐,一方面是因为这完全违背他联省自治的理想,另一方面他知道,战争是要承担巨大开销的,而这些开销,全部从他兢兢业业治下的广东省和广东人民身上出。

当时虽然实行了广东自治,人民休养生息,但广东的财政状况因为战乱不息,也是捉襟见肘。

凤凰网关于"重读孙中山——体味革命者的理想与执着"的历史专题中,于2009年6月26日刊登《为恢复中华建立民国,孙中山借钱革命借遍世界》一文,文中给当时的广东算了一笔账:

陈炯明不同意孙中山北伐,主要是因为广东省库空虚,无钱接济,当时广东省一年的税收是1600万元,每年的支出需3200万元,赤字竟达一倍。仅驱桂一役,就用去粤库800万元,如再继续北伐,钱由何出? 不光陈炯明不支持北伐,北伐途经的湖南省人民也反对北伐军入境,当北伐军进入湘桂边境后,湘省居民拒绝接受孙中山的军用票。

孙中山要求陈炯明拨出北伐军费四百万,陈炯明说,攻打桂系,耗资甚巨,能动用的钱差不多都投进来了,哪还有那么多钱? 即使刮地皮,也只能大概凑二百万,而且不是现款。你带北伐军边北上,我边给你拨。

不知陈炯明所说是否属实,但却是发出了一个明确的信号:你们赶紧带上队伍走人吧,我宁可白给你们报销二百万,也不能这样折腾广东了。

陈炯明釜底抽薪,开门送客,让孙中山极为愤怒。1921 年 10 月,孙中山一面派汪精卫回广州筹饷,一面亲自督师,自桂林北上。他愤然表明:"我已立誓不与竞存共事。我不杀竞存,竞存必杀我。"遂有把手枪交给黄大伟,令其刺杀陈炯明之举,而此杀手当时不忍心下手。(参见叶曙明《1922 年的陈炯明与孙中山》,载《南方周末》2003 年 4 月 17 日,文中还说"此事亦经黄大伟本人撰文证实",以及章太炎《定威将军陈君墓志铭》。)

对于当年广东的这种状况,历史学家唐德刚有段评论:

所以,在那一段"做广东人的悲哀"时代,真正能为"本省人"说话的,反而是那些主张"粤人治粤"的陈炯明、陈廉伯(广州商团总办)等反革命的"叛徒"——孙中山先生虽然说得满口的广东话,对当地广东老百姓来说,他所搞的却是一种令本省人不能睡觉的"外来政权"啊——所以那时广东省内真正的黎民百姓实在厌死了孙中山,就是因为中山好大喜功,召来了无数省内省外的虾兵蟹将,把广东弄得乌烟瘴气——笔者作此大不题之言,深知两党史家都会口诛笔伐的。但是执简而往者总应以史实为根据嘛。([美]唐德刚:《段祺瑞政权》,第 74 页。)

又经过一段时间的准备,加上响应反直三角联盟,1922 年 2 月 3 日,孙中山决定取道湖南,出兵北伐。但是,湖南的战乱比广东还频繁,人民更加厌战,湖南赵恒惕也是坚定的联省自治者,所以拒绝北伐军假道于湖南。

就在孙中山准备改变进军计划,要从桂林回师广东,再从江西进兵时,广州发生了一件凶杀案。此案可以说是陈与孙彻底闹僵的导火索,那就是粤军参谋长邓铿被刺。

由于此案关系甚重,这里多着笔墨,叙述一下来龙去脉。

好人难做

邓铿何许人也? 今天许多人并不熟悉,但在民国,他是排得上号的名将。他在担任粤军第一师师长和粤军参谋长时,手底下带出来无数名将,这些人包括:叶剑英、叶挺、李济深、薛岳、陈诚、罗卓英、邓演达、陈铭枢、蒋光鼐、蔡廷锴、张发奎、范汉杰、黄琪翔、吴奇伟、余汉谋、李汉魂、陈济棠、钱大钧等。这个名单还可以开得很长,全是中将以上且在近代史上叱咤风云的人物,恐怕在中国近现代军事史上无人能及! 他简直是制造名将的"生产队"队长。

邓铿,字仲元,原名士元,1885 年生于广东省梅州市梅县区金盘堡。清朝末年随父行商于惠阳淡水(今属惠州市),后落户淡水,与陈炯明算是惠州同乡。

邓铿早年就读于惠阳,后肄业于崇雅学堂,1905 年入读广东将弁学堂,毕业后留校,从区队长干起,表现出色,1909 年升任黄埔陆军小学堂学长。

辛亥革命爆发后,邓铿与陈炯明等在惠阳淡水首义,继而率兵进攻惠州,为光复惠州立下汗马功劳。

广东光复后,邓铿升任广东陆军第一混成协协统,也就是旅长,后改任都督府参谋长。

由于邓铿人品出众,才能突出,广东都督胡汉民十分器重他。胡汉民掌粤期间,邓铿升任了陆军中将。

二次革命失败后,邓铿也流亡海外,并于 1914 年加入孙中山在日本成立的中华革命党。

1917 年,援闽粤军成立,邓铿任粤军参谋长,跟随陈炯明攻打福建,为陈炯明在漳州新政打下一片稳定的江山。

1920 年,陈炯明回师广东,驱赶桂系,邓铿任左路总指挥。能够击败连袁世凯都头疼的陆荣廷人马,邓铿功不可没。

回到广东之后的粤军进行了整编,邓铿以粤军参谋长之身,兼任粤军第一师师长之职,力图建立一支高素质的新军,其手下就有了前面提到的那些赫赫有名的卓越战将。

然而,就是这样一位不世出之英才,不知是遭了天妒还是人妒,白白成了陈与孙理念之争的牺牲品。

1922 年 3 月 21 日傍晚 7 点,邓铿从香港返回广州。身着戎装、昂首阔步的他与旅客一起步出车站,正准备登上前来迎接他的黑色轿车时,旁边突然闪出一个帽檐遮脸的大汉,向他射出两颗罪恶的子弹,一弹擦过腹部,另一弹贯胃部而出。邓铿倒在血泊之中,杀手趁乱在人群中逃跑。

邓铿并没有当场牺牲,而是被送往省长公署,见到了陈炯明和自己的家属,随后才被送进中法韬美医院救治。由于他患有肺痨旧疾,枪伤引发了严重的并发症。两天之后,3 月 23 日上午 5 点终告不治,一颗闪亮的将星在岭南陨落。

临终前,邓铿只留下了一句"好人难做"的遗言。

邓案之思

邓案的发生,既让人扼腕叹息,又让人浮想联翩。

由邓案往前推九年,1913 年,发生了民国的大案——宋教仁案,与此案有很多相像的地方:

宋教仁案发生于 3 月 20 日,邓铿案发生于 3 月 21 日;

宋教仁案发生于上海火车站,邓铿案发生于广州火车站;

宋教仁案是枪杀,邓铿案也是枪杀;

宋教仁腰部中弹,邓铿腹部中弹;

宋教仁被刺时三十一岁,邓铿三十七岁;

宋教仁案一直被认为是袁世凯干的,邓铿案一直被认为是陈炯明干的。

……

悲剧的历史居然会重复上演。

人们不禁会问：到底是谁刺杀了邓铿？

让我们先看一下邓铿本人是怎么认为的。

史载，邓铿被刺之后曾说："我知参谋长地位危险，何必自己人杀自己人。"当被问凶手是谁时，邓又叹气说："我认得，真不料他杀我。"但最后也没有说出姓名。（参见卜松竹《邓铿之死：孙中山和陈炯明究竟谁"被嫁祸"？》，《广州日报》2011年7月29日。）

也就是说，邓铿非常清楚是谁射出的子弹，但为了国民党内部团结，不至于因他一个人而发生武力冲突，便硬生生地把真相带到了另一个世界。

邓铿的想法是好的，但国民党内部却没有因为他的善意而放下纠纷。在邓去世后的三个月，就发生了炮轰总统府事件，孙陈二人彻底决裂。

同时，邓铿的好想法，却让另一位在世的好人蒙受不白之冤。

因为案发后，拥孙的人，说是陈炯明派人杀的；拥陈的人，说是孙中山派人杀的。这就形成了一桩历史谜案，一百年后的今天，也没能真相大白。

如果邓铿知道事情的结果会是这样，估计他当时肯定就把杀手说出来了。

主流史观，包括历史教科书都认为，是陈炯明派人暗杀了邓铿。理由有：

其一，邓铿虽为陈炯明治下的粤军参谋长，但与孙总统关系密切。且其人最为刚正，曾多次斥责陈炯明族人的不法行为，引起嫉恨，这些人早就欲除之而后快。

其二，邓铿是孙中山的得力助手，在后方负责北伐筹措军费一事，主张北伐甚力。杀了这个人，等于断了孙中山的臂膀和后路，孙中山就再也不能拉硬了，于是乎，杀。

其三，邓铿在广州大规模查禁鸦片，断了陈炯明的财路。有道是，谁断我财路,我就断他生路。于是乎,杀。

当然还有许多其他理由,既然是主流史观,我们倒不必一一列举了。

但是,近年来,对于邓铿案的怀疑之声却越来越多,国内史学界对此案有与传统史观完全不同的看法,兹摘录一二。

第一种观点,近代史专家叶曙明认为,邓铿一案,不应该是陈炯明派人刺杀的。

叶曙明在文章中说:国民党官史一向说邓铿是被陈炯明暗杀的,然而,从目前的史料看,这种说法大可质疑。据罗香林记述:"公知凶手所自来,且身中要害,知不能免,命司机急驶回省署,告陈公(炯明)暨家人亲友以后事。"

叶曙明假设:如果邓铿知道凶手与陈炯明有关,他怎么会在受伤后马上返回省署(陈炯明办公的地方),又命人通知陈炯明呢?后来陈炯明辞职离开广州时,曾说:"邓仲元(铿)夫人及邓之介弟闻讯,赶至车站送行,陈与之谈话甚久,语及邓仲元身后时局之状况,相对泣下。"(《申报》1922年4月30日)可见邓的亲属都不认为陈炯明是幕后黑手,陈邓两家还一直保持着通家之好。

叶曙明在文章中还引用了一个说法:"陈炯明不愿全力支援孙中山的北伐,孙中山为解兵马粮饷之忧,必欲除之而后快,是以杀陈手下的第一大将,以收杀鸡骇猴之效。"(转引自叶曙明《1922年的陈炯明与孙中山》,《南方周末》2003年4月17日。)

第二种观点,当时英美等国认为,此案是国民党人所为。

美国副领事在1922年4月4日有一份报告说:"关于谋杀邓铿的动机,我从外国情报探得两报告。一说是广西系所为。另一说是国民党,以警告陈炯明而下毒手。"英国总领事在4月22日也有一份报告说:"国民党谋杀陈炯明的参谋长邓铿,现已为众所周知的事实。"

第三种观点,不置可否,但对传统史观(认为是陈炯明派人所杀)提出了怀疑。

2011年《广州日报》上登载了卜松竹的文章《邓铿之死:孙中山和陈炯明究竟谁"被嫁祸"?》,文中没有明确提出是谁刺杀了邓铿,但文章标题提出了疑问——究竟谁被嫁祸了？此问，却是大有深意。

卜松竹主要引用了历史学家汪荣祖的核心观点："陈炯明与刺杀邓铿并无关系，此案真正的主使者是孙中山。"

卜松竹在文章结尾慨叹：无论怎样，邓铿作为孙中山三民主义的忠实信徒、中华革命党的元老，又是陈炯明的老战友、老部下，因此在1922年以后孙中山和陈炯明的矛盾激化后，他的特殊身份便让他"犹如夹在两碾之间，苦于调和，不意惹火烧身"。这是在派系纷杂，且分合多变的动荡年代中常见的现象，是个人的悲剧，也是时代的遗憾。

第四种观点，历史学家汪荣祖认为，邓铿是孙中山派国民党人杀的。

汪荣祖进行了如下分析：

第一，举证者的身份不合破案规则。

陈炯明是军阀，所以他杀人令人深信不疑，何况指陈炯明杀邓铿的是胡汉民和孙中山。陈是胡、孙的异己者，靠冤家对头的指控来定罪，能成立吗？

汪荣祖批评了时人的简单逻辑：

批评之一，因为陈炯明是"坏"人，所以人必然是他杀的，这就像小孩子看电影一样，直接分出谁是"好的"，谁是"坏的"。"好的"做好事，"坏的"做坏事。

批评之二，从法律上说，与案件有利害关系的人，其证据不应采信。一个大案中的人证，除了要求其能正确思维、正确表达，还必须与案件及案件的当事人无利害关系，否则，证据的可信度就低，或者说，这个证据就值得怀疑。

第二，指陈杀邓者，忽略了陈与邓之间的关系。

虽然国民党史认为邓铿是孙中山的亲密战友，但汪荣祖却不这样认为。汪荣祖认为，自辛亥革命起，邓铿即与比他大八岁的广东同乡陈炯明在一起打天下，他被杀时，仍是陈的参谋长，完全可以说是陈的心腹。他是以陈的心腹与孙打交道的。1921年6月28日，陈炯明进军广西时，由邓铿全权代行职务，次年2月，陈回海丰老家，仍由邓全权代行职务，可见信任之专。到邓死时，邓、陈两人毫无不和的迹象。如果说陈炯明不信任邓铿了,他大可以粤军都督的地位来解他参谋长之职,用不着出此下策。

汪荣祖引用了1921年11月21日香港《华字日报》的报道,以证明邓铿十分听命于陈炯明:"孙文于两月前与美国购买飞机四架。当孙出发巡桂时,搬运之事,未暇兼顾,着朱卓文前往小吕宋运回。朱遂请邓铿派舰到某处接收。邓对于此事,不敢擅专,答谓须请命于陈总司令,朱则大肆咆哮,谓我奉孙先生命令,谁敢延玩。邓答之曰:只知服从陈总司令,不知其他。"

第三,邓铿并不拥护孙中山北伐。

虽然国民党官史说邓铿是孙中山的坚定支持者,但汪荣祖根据当时(1921年10月25日)《华字日报》的报道,指出孙中山去桂林之前,陈与邓即已不同意孙北伐:

> 孙筹备出巡时,曾令陈(炯明)策速招卫队三营,并委以手谕,着赴总司令部领枪五百枝,配足子弹随同赴桂。结果卒被禁不得向各属招兵。枪械交涉,邓铿初谓现无械存,双方几至决裂,始姑先给予三十枝。孙深滋不悦,但亦无奈之何。有此二种阻力,孙遂决计往桂省,招集散兵绿林,从速编练。

汪荣祖认为,如果邓拥护孙北伐,为何不肯爽快把五百支枪交给孙中山呢?说邓站在孙的一边,完全是一厢情愿。

第四,汪荣祖亲自采访过邓铿身边的密友莫纪彭,莫纪彭极其肯定地指出,邓铿绝不可能是陈炯明杀的。

莫纪彭是黄花岗之役的四大队长之一,与邓铿在清末就相识,他举几项事实来说明不是陈炯明下的手。"竞存(陈炯明)决定下野,搭车返惠州时,余往送行,见邓妻犹亲往车站送行,且登车坐竞存侧。如果真有杀夫之仇,则竞存已下野,邓妻可不必再来送行,尤其不必登车惜别也。"这应该是邓案一个月后,孙中山免了陈炯明之职时发生的事,邓铿的妻子亲自到车站给陈炯明送行。

莫纪彭还指出,邓铿与陈炯明一直并肩作战,始终追随陈炯明,陈炯明把邓铿提为粤军参谋长兼第一师师长,这是掌握绝对兵权的位置,如果不是自己人,绝无可能给这么重要的职位。

第五,英美等国驻广州的领事向其使馆提交的关于邓案的研究报告,认为这是国民党做的。

英美等国领事的分析报告,集中表达了一个问题:孙中山北伐之时,湖南赵恒惕不肯借道,他与陈炯明都是大力倡导联省自治的人;大后方的广东陈炯明既对北伐不感冒,也不想提供钱财、武器和军队;旁边几省的情况是,广西逐渐重振,贵州叛离了广州军政府,云南重归唐继尧控制。在这种情况下,国民党声称长江以南必须铲除的三个人是赵恒惕、唐继尧与陈炯明。在北伐前进无路、无钱的情况下,孙中山只能回师梧州,再退回广州,广州毕竟比广西要发达得多。要重回广州,就要逼走陈炯明;要削弱陈炯明的势力,就得砍掉陈炯明的臂膀。

通过这些分析,英美等国领事都认为,此案是孙中山派人制造的。

由此,汪荣祖得出结论:

> 毫无疑问的,邓铿之死乃是孙、陈斗争的牺牲品。孙、陈斗争的焦点是孙不顾一切地要北伐,而陈也不愿以广东做孤注一掷,更何况他对联省自治已有强烈的向往。因向往联省自治,故与湖南的赵恒惕有所联系。但孙中山以赵为直系军阀,遂指责炯明勾结直系军阀,而不自知与奉系军阀张作霖、皖系军阀段祺瑞相勾结,甚至结成三角联盟。当直奉战争一触即发之际,孙中山更迫不及待要北伐,想做全国的大总统。但他的北伐计划外阻于赵恒惕,不肯让孙中山的北伐军借道湖南;内受阻于陈炯明之不肯全力支援。而陈之阻力尤大于赵,不假道湖南,可以假道江西,但没有足够的军队与粮饷,根本无法北伐。故孙中山恨陈炯明入骨,必欲除之而后快。孙欲刺杀陈已不止一次,只是没有杀掉,但是杀到陈的手下第一大将邓铿,邓可说是为陈而死。(详见汪荣祖《邓铿之死真相探索》,载《李敖千秋评论丛书》,1990 年 2 月。)

邓铿案和宋教仁案一样，都是影响民国史进程的大案、要案，且已过去一个世纪，如果能通过搜集证据破案，那也不至于等到今天，而且正反两方都有自己的证据，到底听谁的才对？

现有材料已经无法还原当年的历史，但是，通过研究我们发现，有几个本来是常识性的问题却出现了逻辑错误。其中最突出的两点是，邓铿一案，杀人地点和杀人手法有重大漏洞，值得后人思量。

我们不妨思考一个最简单的问题，不管是杀人地点还是杀人手法，是越公开越好呢？还是越隐蔽越好？

既然是隐蔽好，那大概就有地点隐蔽和手法隐蔽两种。

隐蔽的地点可以有：接邓铿的汽车上、驾车往回赶的路途中、陈或邓的办公署，唯独广州火车站是最不隐蔽的。也就是说，刺客选了个隐蔽性最差的地点。

隐蔽的手法可以有：用刀、投毒、车祸，或者炸弹一锅端，不留一个活口。但此案选择了一个最不隐蔽的手法，公开射出两枪。

况且，案发之时是晚上 7 点，也就是说天黑了，完全具备隐蔽的条件，但是，杀人者却不想利用这隐蔽条件，非要公开。

由此，我们可以顺着这两个条件，进行逻辑推理。

推理之一：如果是陈炯明杀人，那么他作为上级，完全可以在办公署杀人，可以不用枪杀人，可以编造一个似是而非的理由杀人。

正反双方和历史都无法否认，邓铿是陈炯明的粤军参谋长这一事实。既然如此，那参谋长的办公室会设在哪里？自然是在与陈不远的地方，有可能是隔壁，有可能是同一个楼层，有可能是上下楼，也有可能不在同一栋楼，但会在同一个大院，再不济，即使不在同一个大院，也不会离得太远。

如果这个逻辑是成立的，那么我们可以想一下，陈炯明为什么非要在大庭广众之下杀自己治下的参谋长？在自己家里关上门杀不好吗？饮酒下毒不好吗？上级故意找下级的茬，以莫须有的罪名绑起来，想怎么处理就怎么处理，干吗非要挑个往来人员最多的广州火车站？

推理之二：陈炯明可以在派人接车时，在车上和路上大做文章。

如果说陈炯明想杀自己的部下,派一辆车过来,接他往办公地点赶,或者往他家里走,总之拐到人少的地方动手。即使广州是个大城市,外边一直人头攒动,但在车里动手,回头一枪,绝对百发百中,还神不知鬼不觉。

有人会说,在车里动手太明显,会暴露是陈炯明派人杀的,那么,陈完全可以令人埋伏在固定地点,待车行至此,用枪、手榴弹或炸弹,把车里的人全部灭掉。连邓铿这样的人都在所不惜,又何惜他人?

推理之三:即使陈炯明就想在火车站作案,他也有足够的条件做得隐蔽。

如果陈炯明就想在广州火车站作案,而且邓铿也认识刺客,那么,陈炯明完全可以派这刺客在面对面迎接邓铿时,甚或拥抱时,将其一刀毙命,或一枪撂倒。

陈炯明作为粤军总司令,想派谁来接车,还做不了主吗?

退一步讲,如果这车是邓铿亲自下令安排的,陈炯明安不进人,那么,更有理由在路上把车上的人给灭掉。

推理之四:枪击案后,邓铿让人把他拉回陈炯明的办公署,难道他在临终前还要演一出单刀赴会?

如果邓铿知道是陈炯明派人杀他的,他还会回到陈公署交代后事?一个受重伤之人,对方不是想怎么杀他就怎么杀他吗?捂死也行啊!

总之无论哪一种方式,都会比在广州火车站附近要好得多。

这只能说明一个问题,杀人者并不具备这些有利条件!

我们进而确定:陈炯明具备这些有利条件而不用,不是他脑子进水,就是根本非他所杀。

谁解其中味

关于邓案,还有一种分析模式,我们不妨运用一下。

前文说过,从法律角度来说,与本案有利害关系的证人、证据,可信度是值得怀疑的。那么,我们不妨仔细研究国民党人提供的这些证据,看看到底是不是真的值得怀疑。这里采用的证据,以鲁直之等人所著《陈炯明叛国史:中山先生亲征录》为准。

书中指出,陈炯明对于赞成北伐者,必恨之入骨,而邓铿赞成孙先生北伐,所以陈早就视其为眼中钉。陈炯明的族弟陈达生等人要谋求盐运使、铁路、银行等肥缺部门的某个职位,被邓铿所拒,所以憎恨越来越深。

又,陈炯明总司令部有个属下副官兼侦探长叫黄福芝,与陈达生一起搞鸦片走私,被缉私队查处,涉案甚大,因陈炯明天天喊着禁烟,不便出面,就派邓铿处理。但邓铿坚持依法严办,黄福芝无奈逃往香港,双方的梁子越结越大。

正好,邓铿赴香港办事,陈达生知道后,通知了躲在香港的黄福芝。黄福芝斥巨额钞票买杀手,守候在广九火车站(即旧广州火车站,又称大沙头火车站,站址在现广州市越秀区大沙头白云路)。邓铿从香港办事回来下车后,步出大门临近汽车的一刹那,未及防范,被枪击中,倒在血泊之中,凶犯趁乱逃脱。

事后,陈炯明派人假意侦缉,办案者正是黄福芝。这不是贼喊捉贼吗?其心何其毒也。

"后孙总统返粤,拿获邓凶同伙,又即为陈氏所办邓凶侦探长之同党,且供由该侦探长所指挥动手。"这里的记载是说,孙总统返回广东后,抓获了当时枪击案的两杀手之一,此人供出,自己不仅是黄福芝的同党,而且枪击时是听从黄福芝亲自指挥的。

书中还说,这期间,政务厅厅长古应芬断定,凶手一定匿藏在香港,就派夏重明赴香港侦缉。陈炯明着急了,说此案非黄福芝不行,于是紧急启用黄福芝,"并派黄强助之"。这句话没读明白,是"强"行派黄福芝来帮助夏重明,还是另派一个叫"黄强"的来帮助黄福芝?总之,是派人到香港监视夏重明并搅局。

夏重明很不含糊,在香港住了多日,明察暗访,终于查出"凶手—黄福芝—陈达生"这个链条。"既夏探得凶徒行踪,即密报当地政府设法逮捕,已允逮解凶徒交粤矣,而黄强踵至,遂不果。"

最后该书叹了一句:"此中内幕如何,尤可昧也!"

上面,就是《陈炯明叛国史》中关于邓铿一案的详细介绍,白纸黑字,似已成铁律。

然而,仔细读之,却感觉疑云重重,尤其是其手法与宋教仁案如出一辙,同是3月下旬,同是火车站,同是枪击,同是买凶,同是轻松破案……让人简直不敢相信自己的眼睛。

兹据上面史料,逐条思之。

其一,且不说邓铿与陈炯明关系如何,他是参谋长兼师长,有何理由去管盐运使、铁路、银行用人之事? 即使邓铿与孙中山同一战线,也没有法理依据来管自己的分外之事吧? 这么说纯属意气用事。

其二,邓铿与陈炯明从年轻时就一起闹革命,两人脾性如何,自是心知肚明,如果陈炯明知道邓铿是包青天那种人,连亲侄子包勉都给塞铡刀下面去,那处理鸦片走私案,为何还要派他去? 陈炯明自讨没趣,还是自取其辱? 这是要摆平别人,还是铲平自己?

其三,黄福芝既知邓铿到香港办事,为何不在香港动手,非要在广州火车站动手?

其四,孙中山一回到广东,就抓住了凶手同伙。这是怎么抓的? 线索是什么? 谁提供的? 难道是此人在脑门子上刻了"我是同伙"? 还是陈炯明把这些人公开了,等着引火烧身?

其五,夏重明到香港办案,居住些时日,就查个"水落石出",这是怎么查的? 没审问凶手,就把这件大案查得这么清晰,是有剧本,还是香港人人尽皆知?

其六,既让当地政府设法逮捕凶手,政府也同意了,而一个"黄强助之",就不了了之。

那么,试问,香港当时由谁管? 如果没记错的话,应该是由英国政府殖民统治吧? 陈炯明只派出个小喽啰,就让港英政府不敢动,看起来,这个陈炯明就算不是金镖黄天霸,也是跺一脚就让土地颤三颤的南霸天。

既然是南霸天,连香港都怕他,他会镇不住广东? 在广东家门口保护不了自己的小弟? 怎么还能让人轻松破案?

果然,就如《陈炯明叛国史》中所说:"此中内幕如何,尤可味也!"

实质上说，这件案子，并没有真正审案、破案，就结了案。最后是这样结案的，因为破案者认定了是陈炯明的族弟陈达生指使的，所以在1922年7月15日，邓案发生后的一百天左右，密探在香港刺杀了陈达生。

邓铿一案，还没等时人看清真相，就已经成了一桩历史公案。

一个匆匆了结的案子后面，到底还藏着哪些东西呢？

邓案发生至今已近一个世纪，当年没能真正定案，今天更无法定案。我们只能根据线索，从多个维度对历史进行思考，冷静分析，为后人提供教训与借鉴。

在那个乱世之秋，这件事情不管是谁下令的，道德上必须受谴责，但从政治角度看却又是一记必杀狠招，让对手的阵营失去了一位重量级的人物，给己方去一大敌。

一代天才名将邓铿，就这样成了政治斗争的牺牲品。他的悲剧，不仅是他个人的悲剧，也是整个粤军的悲剧，更是中国近代史的悲剧。邓铿之后，再没人能整合粤军第一师，这支优秀的军队走向了分裂，一部分人跟随陈炯明，一部分人跟随孙中山。跟随陈炯明的那支，随着陈炯明的失败而退出历史舞台；跟随孙中山的那部分，日后发展为威名赫赫的北伐四军，而后继续分裂，一部分跟了蒋介石，一部分跟了中国共产党。

疑忌日深

不管怎么说，邓案的发生，是陈与孙彻底决裂的导火索。邓案发生后，双方的疑忌日渐加深，终至不可排解。

事件一旦进入暴力思维和暴力体系，就会变得无法控制和挽回。

4月9日，孙中山令在桂各军一律返粤。"这次回广东，事实上是'潜师回粤'，瞒着陈炯明，秘密进行的。直到部队到了梧州，陈炯明才知道。这种作风，当然不是相见以诚。"（李敖：《新版李敖大全集》卷七《孙中山研究》，第69页。）

一种巨大的不信任感，横亘在陈炯明和孙中山之间。

孙中山让廖仲恺转告陈炯明：一、让陈炯明参加北伐；二、筹措五百万元军费。

孙中山为什么要得这么急？有说法是趁邓案逼陈炯明低头，其实此时是北方直奉战争要爆发了，孙中山参加了反直三角联盟，要从南方进兵给直系施加军事压力。

陈炯明仍然不改初衷，他坚持联省自治不变，拒绝北伐，更不想从自己治下的广东抽这多钱给孙中山当军费。

4月16日，孙中山抵梧州，电召陈炯明来。在这种巨大的不信任气氛中，陈炯明岂能前来？

事实上既然3月26日蒋中正主张讨伐陈炯明在先，并且秘密班师，"假途灭虢"，自然可信。据章炳麟《定威将军陈君墓志铭》："十一年，孙公谋北伐，君以兵力未充辞，孙公疑君有他志，随令部将以手枪伺君，其人弗忍，事稍泄。"可见孙中山准备用手枪干掉老同志陈炯明，早在领袖召见时，就已萌凶兆矣！陈炯明后来写信给吴敬恒，说："唯有一事，至今我所不解者：南宁劳军之日，即欲演烹狗之剧，事后闻之，毛发俱悚，我诚无状，然至今想不出获罪至此？"在陈炯明自感被利用完毕兔死狗烹的情况下，再要他前来送死，岂可得乎？（李敖：《新版李敖大全集》卷七《孙中山研究》，第70页。）

结果，孙中山下令，免去陈炯明粤军总司令、内务总长、广东省长在内的一切职务。训令陈炯明、林永谟："所有广东总司令所属陆、海各军直辖于大元帅。"（陈锡祺主编《孙中山年谱长编》下册，中华书局，1991年，第1442页。）

陈炯明撂下一句"既然孙先生要我走，我走就是了"，回到了惠州老家。

孙中山此举，本想在北伐之前清理门户，让己方无后顾之忧，但确实有些欠思量。一个祖籍是广东，却没在广东生活的"外来户"，把广东的实力派、地头蛇、有钱有兵的陈炯明给免了，粤军顿时翻了天，局势根本控制不住。

4 月下旬，第一次直奉战争爆发。孙中山免了陈炯明之后，正要出师策应，南北夹击直系，让吴佩孚首尾不能相顾，但没想到仅一个礼拜，吴佩孚就把张作霖打回了关外，南北夹击的计划化为泡影。而孙中山一心筹划的北伐，却如弦上之箭，不得不发了。

5 月 9 日，孙中山在韶关誓师，"出师宗旨，在树立真正之共和，扫除积年政治上之黑暗与罪恶，俾国家统一，民治发达"。然而，"当孙中山谋求与奉、皖结盟时，已经把北伐降格为一次普通的军阀战争了"。（叶曙明：《1922 年的陈炯明与孙中山》，《南方周末》2003 年 4 月 17 日。）

第一次直奉战争结束后，吴佩孚不让曹锟立刻登上大位，而是耍了个花样，从政治上再一次谋"势"，恢复旧国会，迎接黎元洪，逼走徐世昌。

仅此一招，就使直系占据了主动，使孙中山陷于被动。

南北舆论近乎一致认为护法运动目的已实现，广东的护法军政府已经没有了存在的法理基础。请孙中山出于国家大义，放弃北伐，尽快下野，实现国家和平统一。更何况你孙大总统本人也曾一再发表声明，只要徐世昌下台，你也会下野。此时不下，更待何时？

6 月 2 日，徐世昌辞职。

6 月 3 日，蔡元培、胡适、高一涵等两百多位各界名流，联名致电孙中山和广州非常国会，呼吁孙中山实践与徐世昌同时下野的宣言，可见这个要求在当时是颇得人心的。（叶曙明：《1922 年的陈炯明与孙中山》，《南方周末》2003 年 4 月 17 日。）

电报称："今日，北京非法总统业已退职，旧国会已恢复，护法之目的可谓完全达到，南北一致，无再用武力解决之必要，敢望中山先生停止北伐，实行与非法总统同时下野之宣言。"（陈锡祺主编《孙中山年谱长编》下册，第 1456 页。）

孙中山骑虎难下，置自己于舆论的对立面。

拥护陈炯明、主张联省自治的粤军将领，本来就对孙中山把陈炯明免职一事极度不满,此时正好利用南北和谈的大好时机赶走他,于是开始酝酿兵变。

其实,如果说邓铿被刺案的发生,预示着孙中山与陈炯明的分手是不可避免的,那么孙中山免了陈炯明的职务,就标志着兵变必然发生。

当粤军听到陈炯明下野的消息,立时炸了锅,许多人撸胳膊卷袖子要找这些外来户算账。

5月8日,孙中山委任陈炯明的部下叶举为粤桂边督办,想拉拢一下粤军,以示对其信任仍在,但叶举根本不买账。叶举是惠州人,陈炯明的老乡,对陈炯明一直忠心耿耿,唯陈炯明马首是瞻。在叶举看来,这一任命,纯属居心不良,你是想把陈炯明的嫡系部队调到远离省城的地方啊!真是岂有此理。

所以,5月18日,叶举率领六十多营粤军,提出"清君侧"等口号,突然开入省城,对象直指胡汉民、廖仲恺、许崇智等人。局面顿时紧张起来。

5月20日,叶举率将领联名致电孙中山,要求恢复陈炯明广东总司令的职务。

汪兆铭、马君武等紧急赶往惠州面见陈炯明征求意见,陈炯明说得很策略:"我为了党谊和人格起见,绝对不会反对中山先生,对于部下行动亦必负完全责任,倘有不听命令而反对中山先生者,我只有自杀以谢国人。"

局势越来越难以控制的时候,各界吁请陈炯明回省的函电铺天盖地,见诸报端;前往劝驾的使者接二连三,踏破门槛。但陈炯明却没有动,想必也是在负气?

人可能都是这样,解铃还须系铃人,该来的人没来,心里的疙瘩没解开,陈炯明怎么会行动?

6月2日,孙中山在总统府设宴招待粤军将领,竟没有一个高级军官应邀前来,只来了几个中下级军官。他对那几个小军官说:"告诉你们的长官,不要以为据守白云山,便可胡作非为。我立刻上永丰舰,升火驶入东江射击你们,连你们的根据地也一并铲除! 现在东江水涨,永丰炮舰可以直行驶入陈炯明的老巢!"孙中山一连拍了三封电报,要求陈炯明立即到广州面商一切,又派人到惠州催驾。但陈炯明拒绝在这个时候到广州。他说,在省城军队撤出之前,他都不打算到广州。(参见叶曙明《1922 年的陈炯明与孙中山》,《南方周末》2003 年 4 月 17 日。)

就这样,局势继续恶化,双方越来越谈不拢,弦绷得越来越紧,谁也不肯相让。叶举已经开始宣布广州戒严了。

据丁中江《北洋军阀史话》记载,6 月 12 日,孙中山召集广州各报记者举行谈话会,表示对"陈家军"的态度:

我回到广州已有十多天,而陈竞存和他的部下没有一个人前来见我,却用兵力威胁,向我索讨军饷。他们口口声声说我不应当罢免他们的总司令。各位都知道,废督裁兵是我回到广东定下的大政方针,总司令是变相的督军,陈竞存没有反对裁撤总司令的任何理由,何况总统有用人行政之权,任何人都不应反对。我今天委曲求全,派陈竞存以陆军总长兼办两广军务,算是仁至义尽。而陈系军人却继续张牙舞爪,我回广州如果自己没有把握,决不会投入陈系六十营军队的大包围中。我为了保全广州秩序,今天特请舆论界来讲讲道理,希望你们在十天内将陈系军人不法行为尽量揭露,告诫他们全部移驻广州城外三十里,听候宽大处置,否则我一定顺从民意,加以驱逐。有人叫我孙大炮,我以前用炮打过莫荣新,今天将以同样的大炮去打这些不听命令、目无法纪的陈家将!

而 1922 年 6 月 19 日《申报》上关于孙中山与报界的对谈更是让人瞠目结舌:

我下令要粤军全数退出省城三十里之外,他若不服命令,我就以武力压服他。人家说我孙文是车大炮(讲大话),但这回大炮更是厉害,不是用实心弹,而是用开花弹,或用八英寸口径的大炮的毒气弹,不难于三小时内把他六十余营陈家军变为泥粉。但残害六十余营的军人，且惊动全城的居民，不免过于暴烈，但我不如此做去，他们终不罢休。我只望报界诸君，主持正义，十天之内，做足工夫，对于陈家军，加以纠正。陈家军若改变态度，即不啻如天之福，万一无效，就不能不执行我海陆军大元帅的职权，制裁他们了。（转引自《陈炯明反孙中山，源于他不理解"训政"必要性》，凤凰网，2008年9月29日。）

这话听着很霸气，但不要忘了，1922年的孙中山还是空头总统，本身并没有实力。

身在陈系六十余营军队包围之中的孙中山，在没有实力的情况下，仍发表如此讲话，无疑是公开宣战了。等待他的，必然是一场悲剧。

炮轰总统府

6月15日深夜，粤军高级将领召开紧急会议，决定发动军事政变，赶走孙中山。

危急关头，陈炯明派秘书陈猛荪持亲笔信劝止叶举，但已经阻止不住了。

6月16日凌晨2点，粤军发动兵变。孙中山易服出走，躲上永丰舰避难，孙夫人当街小产，同室操戈的悲剧终于不可避免地发生了。

这次兵变，国民党称之为叛乱，是中国近代史上的一件大事，它改变了中国历史的走向。在接下来的日子里，早已过了知天命之年的孙中山，在茫茫大海中漂泊了五十六天。先后有十五名各派代表登舰十七次，来调解陈、孙关系，孙一一推托。唯独请朋友转递俄国人字条一张，"在这些日子里，我对中国革命的命运想了很多，我对从前所信仰的一切几乎都失望了。而现在我深信，中国革命的唯一实际的真诚的朋友是苏联"。（[苏] C. A. 达林：《中国回忆录（1921—1927）》，侯均初等译，李玉贞校，中国社会科学出版社，1981年，第126页。）

8月9日，孙中山离开广东，转往上海，别图发展良策。

这件事的前因后果、来龙去脉，大抵如此。虽然用了诸多笔墨，但是非恩怨仍然难以说清。不过，在这两个大人物的恩怨纠葛之中，还有几个问题需要说明一下。

首先，这次兵变不能等同于谋杀，因为粤军没有想置孙中山于死地，只想把他驱出广东。在开炮之前，粤军已经让人打电话给孙透露了消息，让他赶快逃跑。所谓粤军开炮，是粤军要求守军投降未果，因此开土炮"三响吓之"。

其次，这不是一次单纯的兵变，表面看似是二人争权，实质上是政治诉求之异。

对于陈、孙闹翻这件事，尽管传统史观将其定位为陈炯明叛变，但当年和当代对此一直有不同的声音，这里摘录一二，供读者从不同的角度进行思考。

一、这是一次理想与主张的冲突，不能视为叛变。

事件发生后，胡适在《努力周报》上写《这一周》（6月19日至25日）评议，颇见公论。

胡适说："本周最大的政治变化是广东的革命与浙江的独立。孙文与陈炯明的冲突是一种主张上的冲突。陈氏主张广东自治，造成一个模范的新广东；孙氏主张用广东作根据，做到统一的中华民国。这两个主张都是可以成立的，但孙氏使他的主张，迷了他的眼光，不惜倒行逆施以求达他的目的，于是有八年联安福部的政策，于是有十一年联张作霖的政策。远处失了全国的人心，近处失了广东的人心，孙氏还要依靠海军，用炮击广州城的话来威吓广州的人民，遂不能免这一次的失败。孙氏曾著书提倡'行之非艰，知之维艰'的学说，我们当时曾赞成他的'知之则必能行之，知之则更易行之'的话。"

李敖指出："胡适这里对孙中山的指摘，是很平允的。胡适认为孙中山与陈炯明的冲突'是一种主张上的冲突'。但孙中山使他的主张，'迷了他的眼光，不惜倒行逆施以求达他的目的'，弄得远近人心尽失，则是一种错误。"（李敖：《新版李敖大全集》卷七《孙中山研究》，第73页。）

今天，许多学者赞同胡适的看法，认为孙陈矛盾就是陈炯明主张联省自治与孙中山推行武力统一这两条政治路线之间的斗争,或者是主张上的冲突,而不能简单地认为陈炯明是个"叛徒"。

二、当年下令炮轰广州城的,其实是孙中山。

2008年9月29日,凤凰历史综合栏目的文章《陈炯明反孙中山,源于他不理解"训政"必要性》里面这样写道:

> 根据当年香港中英文报纸和英、美两国外交官的报导,当时下令炮轰广州的,其实是孙中山,时间是(1922年)6月17日,所谓"炮轰观音山总统府"是孙中山早得粤军警告,本人已离府,粤军要求守军投降不遂,而开土炮"三响吓之"。当年中英文报纸都没有粤军炮轰总统府的新闻,反倒有孙中山以海军大炮乱轰广州的大标题,炸死无辜平民过百人。中国历史几千年来都是"成者为王,败者为寇",几十年来教科书只提陈炯明炮轰观音山总统府,但无人提孙中山炮轰广州市。

历史学家唐德刚也写道:

> 孙大总统被陈炯明叛兵赶上永丰军舰(即后来的中山舰)时,他要向广州市区发炮反击叛军,炮手不愿误伤市区平民,婉拒发炮。孙公大怒,乃亲自拉线开炮,还击叛军。([美]唐德刚:《袁氏当国》,广西师范大学出版社,2004年,第80页。)

三、目的是否可以为手段辩护。

《陈炯明反孙中山,源于他不理解"训政"必要性》一文认为:

> 事件发生之时,炯明本人不知其事。孙中山炮轰广州市后,炯明禁止部下妄动,让孙安全离粤,实救孙一命。日后国民党捏改史实,以这事件为陈对党领袖个人的"叛逆",加上"叛党叛国"的帽子,而把这事件的前因后果,完全掩盖起来。从此中国的人民,不幸的只知道"陈炯明背叛孙中山",而不知道陈炯明曾倡导"联省自治",建设广东为模范省的一回

事！也不知道孙中山再回粤组织暴力政府，重图北伐，破坏了南北妥协，和平统一中国的大好机会！

与孙中山私交甚密的梁启超先生曾这样评价孙中山：

孙君是一位历史上大人物，这是无论何人不能不公认的事实。……我对于孙君所最不满的一件事是，"为目的而不择手段。"……孟子说："行一不义，杀一不辜，而得天下，皆不为也。"这句话也许有人觉得迂阔不切事情，但我始终认为政治家道德所必要的，因为不择手段的理论一倡……结果可以把目的扔向一边，所谓"本来面目"倒反变成装饰品了。（梁启超：《孙文的价值》，《晨报》1925 年 3 月 13 日。）

其实，这样一件历史大事，如果单纯从道德视角来观察，或仅仅落在道德范畴，未免有失公允。历史上，所谋大者，其所见必远，其行事也必然与流俗迥异。欲为天下先者，就要敢于抛弃陈规俗见，甚至世人皆不理解，也要勇往直前。

今天，当我们回望这段历史，不是为了分辨谁对谁错，这已经没有实际意义。而且，政治上的问题，表面上是必须要分出对与错，但实际上却又分不出孰对孰错，或者说分不出"1+1＝2"式的对与错。我们阅读历史时，有远比对错之分更值得思考的东西，包括如何选择才能于国于民有利，才能吸收前车之鉴，避免前面的悲剧重演。

这一出政治大戏的演出时间好长，本以为是绝代双骄、兄弟连，最后却演变成了相煎何太急，结果是悲剧、喜剧，还是滑稽剧，让人难以分辨，却又百感交集。

可是，历史的发展又非常吊诡。前面介绍的平行发展的两次内战——北北战争（直奉之间的战争）与南南战争（孙陈交恶）中的胜利者，两年之后，又都变成了输家。

这，谁又能预料得到呢？

天机算不尽,交织悲与欢。

恰如《周易》告诫人们的法则,八八六十四卦中,没有绝对的好卦与坏卦,凡是好卦都有其不可安心之爻,凡是不好的卦,也必有可以转机的爻,天地人三才之中,正是有了人的因素,一切便皆有可能。

第二十九章 ＼ 合久必分 ＼

谁在说不

这一轮的北北战争(直奉战争)、南南战争(孙陈交恶)告一段落,在下一轮战争到来之前,中间是一段阴暗的政争期。也正是在这一时期,直系内部开始分裂,由盛转衰,然后便是张作霖卷土重来。

前面说到,黎元洪当上了总统,任命颜惠庆为总理,组织了新内阁。但是,与北洋时期其他内阁一样,颜内阁也面临着财政困难,而且很严重。连最基本的政务开支都不能保证,政务根本无法运转。

7月中旬,北京地区的陆军部被裁的七百余人成立"索薪团",包围了国务院。财政总长董康未能走脱,被扯破衣服,还挨了三记耳光。

颜惠庆本想以京汉等四铁路作抵押,向四国银行团借款,以解燃眉之急,但遭到银行团的拒绝。颜内阁再也无法维持下去了,颜惠庆坚决辞职。7月31日,司法总长王宠惠代理阁揆。

王宠惠代理阁揆实属无奈之举,而黎元洪心中属意的,是南方的要人如伍廷芳、唐绍仪等。但伍廷芳在叶举兵变时惊惧成疾,不久病逝。于是,黎元洪就想请民国首任总理唐绍仪出面组阁。

袁世凯当总统时,唐绍仪任总理,黎元洪为副总统,这哥俩被老袁欺负得够呛,因此算是同病相怜的难兄难弟。黎元洪第一次当大总统时,就想任命唐绍仪担任外交总长,准备伺机取代老对头段祺瑞,但被张勋为首的督军团搅和,唐绍仪没来得及入阁。这次黎元洪当上大总统,又想到了唐绍仪。

黎元洪也长记性了,知道自己只配提个"建议",真正拿"意见"的,还得是曹锟、吴佩孚。所以他于7月下旬派亲信金永炎手持自己的亲笔信到保定、洛阳分别征求曹锟、吴佩孚的意见。

曹锟和吴佩孚表现得也很客气。两人均表示，内阁总理理应由总统选派，他们绝不干涉。但在内阁阁员的安排上，曹、吴都推荐了自己的人员。

曹锟提出，要以高凌霨为交通总长，汪士元为财政总长，张绍曾为陆军总长，其他职位概不过问。当然，曹指定的上述职位可是内阁中最重要的三个职位了。

吴佩孚经过考虑，希望自己的亲信高恩洪能够留任交通总长，并电请曹锟把高凌霨调任财政总长，汪士元改任他职。

曹锟同意了。

8月5日，黎元洪对外发布唐绍仪组阁的命令，在唐未到任之前，仍由王宠惠代理。阁员如下：外交总长顾维钧，内务总长田文烈，财政总长高凌霨，陆军总长张绍曾，海军总长李鼎新，司法总长张耀曾，教育总长王宠惠，农商总长卢信，交通总长高恩洪。

这个内阁虽然平衡了曹吴关系，也加进了黎元洪的自己人，还有政学系代表，但成员仍然凑不齐。

黎元洪想让田文烈当内务总长，可田文烈知道，内务次长孙丹林是吴佩孚的亲信，他是来监视内阁的，自己上去也没什么好果子，所以，田文烈说："你还是让孙丹林当总长吧！我才疏学浅，怕是不能胜任。"

高凌霨一看，交通总长这个肥差不给我，让我干受气的财政总长？不干，我可弄不来钱。所以他不肯上任。

唐绍仪此时摸不清直系的意思，看不清局势的发展，不敢贸然行动，躲在广东观望。只让他的亲信卢信前来打探消息，摸摸情况。

王宠惠一看，别人不出头，让我出头啊？我可不逞这个能，让太上皇的亲信去做吧！所以，整个内阁之事，王宠惠就全让吴佩孚的心腹孙丹林和高恩洪去主持。

然而，唐内阁刚发布两天，8月8日，在王宠惠举行的一次宴会上，吴佩孚的心腹孙丹林拿出了吴佩孚发自8月6日与7日的"麻""阳"两电。电文说，"绝不赞成"唐绍仪组阁，内阁应由王宠惠代理。电文中还说唐绍仪、张耀曾、卢信这三个人名声都不好，也有碍于国家统一，不应入阁。电文更说内阁这么急着发布名单，显然别有用心，金永炎前来洛阳周旋也属于惺惺作态。

吴佩孚突然变脸，简直是在众人头上响了个闷雷。不是说不干涉内阁总理人选吗？事先也请示了，这回怎么就"绝不赞成"唐绍仪组阁呢？

吴佩孚此举，大概有以下几个原因：

一是吴佩孚确实不喜欢唐绍仪。不过黎元洪事先已经派人到洛阳沟通，要是你不喜欢，当时就应该否决，而不是在内阁发布两天后才反对，这样给人的印象是出尔反尔。

二是如吴佩孚电文所说，黎元洪抢着公布内阁成员，别有用心。正常来说，至少要等新任内阁总理上任。这样急着公布，确实有安插自己人、木已成舟的感觉。

三是吴佩孚对黎元洪自作主张安排的其他人选不满意，除唐绍仪外，吴佩孚还点名提出，如果让张耀曾入阁的话，"将妨碍川滇粤统一"。吴佩孚更直接批评了金星公司总经理卢信是交易所的诈财流氓。而且，吴佩孚最不满意的，应该是自己的心腹孙丹林没有被扶正。

四是吴佩孚显示自己的权威，让黎元洪等人知道到底谁说了算。

五是心腹孙丹林可能看到或听到什么，密报了吴佩孚，吴这才出面干预。

黎元洪也认为肯定是孙丹林在搞鬼，他因为没当上总长，才会搅局，打小报告。

黎菩萨火冒三丈，他把孙丹林叫来，劈头盖脸一顿训斥："都是你捣的鬼，你简直是徐树铮第二。"

孙丹林岂肯低头？他对黎总统怒目而视，并声称要回洛阳告状，被众人劝住。

王宠惠劝黎元洪，不如把内务总长给孙丹林得了，免得他暗中捣鬼。可是，黎元洪老毛病又犯了，坚决不肯让步，还愤慨地说："我不，看他们把我怎么样？他们把我推上台，原来是叫我来活受罪！"

躲在南方的唐绍仪一看，幸亏没来，这里的水果然还是这么深，这么浑。

9 月 14 日，还没就任的唐绍仪宣布辞职，众阁员也随之辞去。

就怕没好人

真是三十年河东，三十年河西。武昌起义黎元洪当旅长时，吴佩孚只是个营长；黎元洪当上副总统时，吴佩孚只不过是个团长、副官；黎元洪当总统时，吴佩孚至多是个师长。没过几年，虽然黎元洪现在名义上还是总统，但当年的吴秀才已经跃升为太上皇了，凡事都得看他的脸色行事。

这次黎元洪重新出山、组阁，本想来个痛快，展示一下自己的手段，可不知哪句话没说对，哪件事没办好，惹得吴佩孚一发威，把颜惠庆内阁和唐绍仪内阁全给掀翻了。

9 月 19 日，万般无奈的黎元洪，屈从于吴佩孚的旨意，正式提名吴佩孚属意的王宠惠为内阁总理，内阁成员为：外交总长顾维钧，财政总长罗文干，司法总长徐谦，教育总长汤尔和，内务总长孙丹林，海军总长李鼎新，陆军总长张绍曾，交通总长高恩洪，农商总长高凌霨。

从这份内阁成员名单来看，遭到吴佩孚当头棒喝的黎元洪终于清醒，到底是明白了谁说了算。他不再倔强，把孙丹林从内务次长提升为内务总长。

早这样做不就结了吗？

这次安排，明显彻底以吴佩孚为中心，孙丹林和高恩洪都是吴佩孚的心腹，张绍曾是吴佩孚的儿女亲家（吴佩孚之子吴道时实际上是过继其弟吴文孚之子，同张绍曾二女儿张义先结为夫妻），这使得吴佩孚完全操纵了内阁大权，相当于来了一次最大规模的洗牌。

其他阁员中，徐谦是法学专家（未到任，由次长石志泉暂代），王宠惠、顾维钧、罗文干、汤尔和都是著名的海归，而且无党无派，专业才能突出，个人品质出众，所以这届内阁在历史上小有名气，被称为"好人内阁"。

"好人内阁"的口号,是由胡适提出来的,他认为当时中国搞不好的原因,主要不在于外侵,而是因为没有"好人"当政。只要"好人"掌权,中国就会好起来。

秀才出身的吴佩孚也喜欢用知识分子来当官,所以他的安排满足了英美派知识分子的政治诉求,社会舆论也普遍看好这届内阁,"好人政府"的成立一下子被寄予了无限希望。

吴佩孚对这届"好人内阁"的人选感到非常满意。他认为把选人用人方面安排好,就可以一心一意谋求中国发展了。

然而,人世之事,却是如此难料。

吴佩孚虽然深明易经之道,却忘了刚不可过的道理,刚过乎中,已是过犹不及,亢龙有悔。

按正常说来,曹锟不是小气的人,他对吴佩孚确实非常信任。而吴佩孚也投桃报李,忠心耿耿地辅佐自己的老领导,以报当年的知遇之恩。但是,我们不要忘了,在中国历史上,再铁的君臣关系、上下级关系,也会产生裂痕,而裂痕产生的原因,可能有几种情况:

其一,领导觉得部属盖过了自己的风头,甚至功高震主,这个时候,领导、部属之间的关系,即将走向终结。

其二,领导身边的小人挑拨。

其三,有的时候,甚至不用小人故意挑拨,领导身边其他同僚的"正常进言",也会动摇看似很铁的上下级关系。

曹吴之间产生裂痕,乃至整个直系分裂,究其原因,也大概是以上这三种,简单说来,一是没给领导留面子,二是小人使坏,三是同僚嫉妒。

首先,看看吴佩孚怎样伤到了曹锟的自尊。

聪明的吴佩孚不知道,自己的行为过于强势,没有处理好与上级的关系,给自己埋下了无形的祸患。由于用人问题,吴佩孚和曹锟之间产生了隔阂和裂痕。

在上届内阁时,曹锟就想把自己的亲信高凌霨扶上当时的最肥差交通总长的宝座,但吴佩孚与他电报协商,他便把这个人情给了吴佩孚,让吴佩孚的心腹高恩洪当上了交通总长,让高凌霨当财政总长。高凌霨非常不满意,自己不想干这个受气的活。

王宠惠正式组阁后,黎元洪、王宠惠完全秉承吴佩孚的意思,把重要位置全给了吴佩孚的人,只给高凌霨一个农商总长的闲职。张绍曾虽然与曹锟关系好,曹锟也同意由他担任陆军总长,但他毕竟是吴佩孚的儿女亲家,所以事实上,曹锟的人只得了一个农商总长的位置。这样的安排,曹锟怎么可能满意?

6月17日,董康和高恩洪来到保定,要当面向吴佩孚汇报工作。此时吴佩孚和曹锟正好在曹家的光园(光,即戚继光)聊天,董、高这两个不懂事的家伙,居然让曹锟先退席,要单独向吴汇报。这把曹锟气得七窍生烟,光园是我的地方,真是岂有此理! 随后怒气冲冲地拂袖而去。

除了这两个不知深浅的,孙丹林也不省事儿。他经常举着吴大帅的招牌唬人,并且口口声声说,天下事只要吴大帅一句话,至于理不理曹老帅,则一点关系也没有。

这些话、这些事,曹锟都看在眼里,听在耳里,慢慢渗进心里,换了谁,也不能不起疑心啊!

其次,看一下曹锟身边的小人是如何挑拨曹吴关系的。

曹锟虽然开始时不相信吴佩孚会背叛自己,但架不住事情一桩连一桩,架不住小人进言一回又一回,众口铄金。特别是在内阁人员安排的问题上,吴佩孚确实太强势,做得过分了,让曹锟起疑心:会不会真的如大家所说,吴佩孚自己想当总统,所以才拼命阻止我当总统?

如果说这些还算是头脑比较正常的小人的话,那么曹锟身边还有心里比较阴暗的小人,那就是曹锟最喜欢的嬖人李彦青。

李彦青,小名六儿,人称李六,山东省临邑县李元寨村人,自幼闯关东,后当搓澡扦脚工,与曹锟相识在澡堂子。两人一下子就对上眼儿了,曹锟觉得李彦青伺候人的功夫比谁都好,大有相见恨晚之感。

李彦青机灵透顶,善于逢迎,眉清目秀,一表人才,不仅搓澡修脚功夫好,而且善于揣摩曹锟心理,很得曹锟欢心。不久,李彦青便被曹锟弄到身边当差,专门为他搓背捏脚,成了"御用"搓澡工。从此以后,两人形影不离,李彦青就此平步青云。他从副官、参议,干到处长、军需总监(后勤部长）等，曹锟对其言听计从，宠爱不衰，他也就权倾朝野。

子系中山狼，得志便猖狂。

宋代易学大师李杞曾经说过："夫物以顺至者，必以逆观，盖至顺之中，至逆所攸伏者也。阴之为物，以柔静为体，亦可谓顺矣。然而浸长不已，则将有剥阳之祸，其为逆也，莫大焉，是以圣人畏之，尝观自古小人之祸，其始莫不以柔顺为得君之计，而其终率以乱天下。"这话用来形容既阴且柔的小人是再恰当不过的了。

李彦青这样的人，很像《水浒传》中的高俅。高俅"自小不成家业，只好刺枪使棒，最踢得好脚气球"。他"吹弹歌舞，刺枪使棒，相扑顽耍，亦胡乱学诗书词赋；若论仁义礼智，信行忠良，却是不会，只在东京城里城外帮闲"，一副游手好闲之人的标准嘴脸。因为偶然机会认识了对于"浮浪子弟门风帮闲之事，无一般不晓，无一般不会，更无一般不爱"的端王，即后来的宋徽宗，而这个结识的机缘，只是因为端王的球踢到了高俅身边，高俅多着胆子，使个"鸳鸯拐"，引得端王大悦，将其留在身边。两个月后，端王登基变成了徽宗，又过半年，皇帝帮高俅运作，寻了个经历调回身边，当了殿帅府太尉。

高俅的精彩人生，从鸳鸯拐开始；北宋的悲剧历史，也从这个鸳鸯拐开始。

所以金圣叹读水浒时叹道："不容他在家，却容他在朝！"这能不是朝中的悲剧吗？

李六之事，也是如此。

这种人获得官位，除了搂钱，还能指望他干什么？

当时，除了洛阳吴佩孚所要的军用物资他不敢截流，其他任何部队请领的军饷军械，不仅要经他的手，而且是雁过拔毛，必须交付贿赂。据说每个师都要扣两万元报效大帅，杂牌军还多交一些。那时候，直系的正规军是二十五个师，仅此一项收入就是五十万大洋。

曹家账李家管，这件事地球人都知道了。谁要是不来孝敬李六李大人，那办事就别想顺。

李彦青气焰熏天，但他非常怕吴佩孚，因为吴佩孚嫉恶如仇，最看不惯这种溜须拍马的奸佞小人,所以从不给他好脸色看,连正眼都不瞧他一下。

李彦青一方面对吴佩孚畏之如虎,另一方面也就对其恨之入骨,经常有意无意地在曹锟那里给吴佩孚穿小鞋。

这个嬖幸之人,在曹锟那里的分量,有时比枕边风还重。

子曰:"巧言令色,鲜矣仁!"刚正的吴佩孚不知道,自己已经被小人的暗箭射中了。

曹吴裂痕

另外,同僚的嫉恨,想与吴平起平坐,甚至取而代之的行为,也是离间曹吴关系的重要推手。

曹锟手下中,最嫉恨吴佩孚的人,是曹锟的弟弟曹锐;最想与吴平起平坐甚至取而代之的,是直系大将王承斌。

曹锐,曹锟的四弟,幼年时在大沽做米生意,后来随着曹锟的崛起,曹锐商而优则政。曹锐是曹锟最喜爱的弟弟,他把自己唯一的儿子过继给曹锟。1916 年,曹锟任直隶督军。1917 年下半年,曹锟借讨伐张勋得胜之机,向段祺瑞推荐曹锐为直隶省长,兄弟分掌军政大权。骤得大权的曹锐开始横征暴敛。他把直隶全省一百多个县缺,按特、大、中、小等定价,小县八千元,中等县九千元,大县一万元,天津、滦县、清苑等要县属于"特缺",要临时议价,非三四万元不能到手;定期均为一年。1918 年至 1922 年这四年间,曹锐仅"卖县缺"这一项就收入几百万元,还不包括包办军用物资以高价卖给军队所获得的暴利。

这个没有文化的曹锐,和曹锟身边的小六子李彦青一样,据说其最好钱。曹锟的七弟曹锳曾对人发牢骚:"我们曹家最有钱的就是四哥(曹锐),三哥(曹锟)虽当到总统,还不如他。"

曹锐既有钱,又与曹锟关系近,所以后来虽不当直隶省长,但居于幕后,为曹锟奔走贿选大总统立下了汗马功劳。

吴佩孚看不上搓澡工李彦青,也看不起没文化的曹锐。曹锐不能继续做直隶省长，就是吴佩孚的主意。所以曹锐对吴恨之入骨，经常在哥哥曹锟面前说吴太霸道，照这个趋势发展下去，非骑到咱兄弟头上不可。

曹锐反复给曹锟催眠："部下虽亲，总比不上自己的兄弟亲。"

曹锟天天听李彦青和曹锐——断背加手足不停地抱怨，疏远吴佩孚就是迟早的事儿了。

王承斌，辽宁兴城人，毕业于陆军大学，满腹韬略，足智多谋，能征惯战，其功劳也非常大，在直系中仅次于曹、吴，坐第三把交椅。

王承斌与吴佩孚合作多年，是吴佩孚的得力助手。两人过往甚密，引起了宵小的嫉视，被四处挑拨关系。

比如，当吴佩孚想调王承斌的第二十三师开赴保定时，有人就对王承斌说，你要当心了，听说吴佩孚想委派他的嫡系将领王维城为第二十三师师长，要夺你的权呢！

本来王承斌的功劳就不在吴佩孚之下，但风头全被吴佩孚盖住了，所以他一直不服气。听到有人散布吴佩孚要剥夺他权力的风声，他信以为真，觉得吴佩孚做得太过分了。

直皖战争时，吴佩孚在前线作战，王承斌断了皖系后路，皖系迅速失败；第一次直奉战争时，奉系李景林死守大城，王承斌九次冲锋将大城收复，四次进攻占领马厂，为直系获胜立下大功。

第一次直奉战争后，王承斌当上了直隶省长，就是曹锐以前的职位。

按说，直升风风光光的直隶省长，也算是一步登天了，但是，这里头却没有这么简单。

从理论上来说，省长和督军并立的时候，省长是不掌兵权的，至少没有督军那么强势。而王承斌是冲锋陷阵的战将，又立有大功，心理上自然是期盼督军这个位置的。当他见到黎元洪发布的总统令没有任命自己为督军，他就认为，肯定是吴佩孚故意不给他这个重要位置，于是对吴佩孚的不满更增了几分。

这些不满，没有得到及时疏通，便越积越多，越积越深，王承斌自立门户、分庭抗礼之心日重。

而此时,躲在关外猛舔苦胆的张作霖也悄悄地来搅这池水。他不断派人联络王承斌这位辽宁老乡,针对王承斌壮志难酬的心理,称男子汉大丈夫生于天地间,不可仰人鼻息,能自立时当自立。张作霖还直接告诉王承斌,只要你愿意回家乡来,我老张担保你坐上第二把金交椅,东三省保安副司令,并成为奉系的继承人。

应该说,历来动人心者,无外乎功名利禄,金钱美色。张作霖虽没学过心理学,却很会琢磨人的心理,一句"男子汉大丈夫"的英雄形象,一句"不可仰人鼻息"的刺激,扎中了王承斌的心。

当然,王承斌未必真的投奉,但有一点他是清楚的,他也要利用张作霖的示好之机,不断壮大自己的力量。只有属于自己的,才是真格。

在这种情况下,当吴佩孚发怒、唐绍仪内阁垮台、王宠惠组阁后,曹锟的不满情绪也表面化了。所以,"保洛分家"后,保定的曹锟、洛阳的吴佩孚、天津的王承斌"三家分晋"的形势已渐趋明显。

王宠惠内阁本就是吴佩孚一手推上来的,所以亲洛色彩很浓。而黎元洪此时也屈服于吴佩孚的压力,完全按吴的意思行事。这些都引起了保定曹锟的强烈不满。

王内阁坚持了一个多月,也基本上撑不住了。得罪大老板,能有好日子过吗?

10月12日,王内阁提出辞职。

而"好人内阁"从一开始成立,就与国会不合,所以在这期间,王宠惠与众议院议长吴景濂之间的矛盾时有发生,因为吴景濂得到曹锟的大力支持,处处与王内阁作对,最后发展到在公开场合破口大骂的地步。

11月15日,顾维钧在外交大楼举行宴会,全体阁员和国会中的重要人士都会出席。不知怎的,吴景濂和王宠惠在酒桌上吵了起来。大概平常就互相看不顺眼,此时借酒撒风。

吴景濂问王宠惠,国会要你下台,你为什么赖着不走?

王宠惠大怒,难道你就是国会? 真是笑话! 你算老几?

吴景濂翻脸大骂,你是个混账! 我议长就代表国会,要你下台,你就得滚。

这样，本来应该是内阁与国会之间的公事，却演变成了私人恩怨。

就在这个时候，又发生了轰动一时的"罗文干案"，久怀不满的曹锟终于要在这个案子上大做文章，挑起一场倒阁风潮。

干得越多，毛病越多

罗文干(1888—1941)，广东番禺人，清末(1904年)赴英国留学，专攻法学，获牛津大学法律硕士学位。他长期从事司法工作，1911年应学部留学生考试，授法政科进士。1912年任广东都督府司法司司长、广东高等检察厅厅长。1913年任北京政府总检察厅厅长。在官场上，特立独行，颇有官场"侠客"风格，而且学贯中西，称得上是民国法律界的一位大佬。

1922年王宠惠组阁时，罗文干任财政总长。本想好好做出一番事业的时候，迎面泼来一盆冷水，罗文干本人也陷入了一场莫名其妙的牢狱之灾，而且是三进三出。

1922年11月18日晚，众议院议长吴景濂、副议长张伯烈带领华义银行副经理徐亚韩(也有说是华义银行买办李品一)，来到东厂胡同黎元洪的府邸，声称有机密大事要面见总统。黎元洪不敢怠慢，只见吴景濂从公文包中拿出由众议院盖过印，以议长名义写给总统的一封公函，其内容是举报财政总长罗文干和华义银行代理人于本月14日秘密签订了奥国借款展期合同，计金法郎五百七十余万镑，约合国币五千余万元，而罗文干从中悄悄收取了八万镑好处费。吴景濂附上罗文干在公函上的亲笔签名作为物证，并带来了华义银行的知情者作为人证。

人证、物证俱在，吴景濂等要求总统立即下令，逮捕罗文干。

罗文干借款之事，到底是怎么回事呢？

这件事说来话长。

历届北洋政府的财政基本都处于崩溃状态，只能靠借款为生，"好人内阁"也不例外。

借款分两个渠道来源,一是向国内银行借,二是向国外借。

新官上任的罗文干想整理财政,便提出一系列计划,其中之一是要通过国内银行发行临时国债的方法来解燃眉之急。

但是,因为内阁换得太频,谁也不敢保证下届内阁认不认旧账,所以国内银行都不乐意借款。为了强化和政府谈判的地位,银行竟动员英籍税务司爱格兰从中作梗。

罗文干本来就面临着艰难的困境,一看外国人也来凑热闹,年轻气盛的他便解除了爱格兰的职务。免除外国人的职务,这在近代史上是破天荒的举动,一下引起轩然大波,更得罪了不少幕后之人。这些人就等着罗文干出错牌,好一举将其拿下。而罗文干没有意识到这一点,仍然一心谋求解决财政困难之道,这便发生了向外借款之事。

因为“好人内阁”的成员基本都是受过英美教育的亲英美派(王宠惠是耶鲁大学博士,顾维钧是哥伦比亚大学博士,罗文干是牛津大学硕士),所以英美等国是愿意借款的。但是因为内阁中没有一个人与日本关系密切,日本政府便借口中国政府无力偿还外债,信用破产,反对借款。而当时的情形是,中国要借款,必须得到四国银行团的一致同意,日本反对的话,那借款就无法实现。

于是,王宠惠、罗文干等和西方国家秘密洽商,准备用整理旧债作为幌子,向四国银行团申请一笔一亿元的新借款。意大利公使首先提出签订奥款展期合同的要求。

这怎么又扯进了意大利和奥国呢?

早在袁世凯时期,中国就与奥国签订协议,借款六百万英镑。该款是委托奥地利银行团以在欧洲债券市场发行债券的方式筹措的,债权人有好几个国家,先后借款七次,大约筹到四百一十万英镑。第一次世界大战发生后,中国对奥宣战,借款合同遂告停止。

一战结束后,当初购买债券的英、法、德、意等国的债权人,要求中国偿还这笔借款或另外发行新债券,并以此作为承认中国新增关税的前提条件。

由于当年中国的海关收入都掌握在外国人控制下的税务司手里,中国政府要增加关税，必须经过列强签约承认。所以，为了快速使北洋政府渡过财政危机，也为了维持北洋政府在国际上的信誉，罗文干未经国会同意，只由财政部咨呈国务院，经内阁总理王宠惠批准，于 1922 年 11 月 14 日与委托代办此事的华义银行签订奥国借款展期合同，同意将旧债票换为新债票，照票面九折发行，本息合计约为五百七十七万英镑，分十年偿清，年息八厘。合同签订后，华义银行以支票形式支付财政部借款八万英镑和手续费三万五千英镑。

罗文干办理借款，未得国会研究，这在手续和程序上确实落人口实，但要说他贪污，就不合事实了。那为什么政敌要这样攻击呢？

只有扔一块石头，才知道水有多深。

这起看似普通的借钱一事，却涉及总统、总理、国会、曹锟、吴佩孚这五方的大政争。

有人会问，借款以助内阁，这是光明正大的事，为什么要偷偷摸摸的呢？

原来，这里面还有巨大的利益纠葛。新内阁成立后，保定曹锟和洛阳吴佩孚都有电报过来索饷。财政部费了这么大力气，被外国银行扣除还款后，只剩八万英镑，折合国币约六十余万元，除了支付中央政务费十万元，剩下的五十万元由保定和洛阳平分。这样一来，数额更少了。

这届内阁，本就是亲吴的，而内阁中吴佩孚的亲信孙丹林和高恩洪又有恃无恐，事事干预。为了给吴佩孚争取到这笔钱，他们俩想出了瞒天过海的计策：借款之事，不提交国务会议讨论，直接报请总理批准，再由总理口头报告给总统，这样悄悄地把事做了。

除了这招瞒天过海，孙丹林和高恩洪又使了一招移花接木，让财政部把这笔款项拨到交通部，名义是偿还铁路债务，再由交通总长高恩洪拨给洛阳吴佩孚。

这些事情，操作得都还比较顺利，导致这个链条上的人自以为做得天衣无缝，但他们忘了，谁都在不同岗位安插了自己人。华义银行的经理徐亚韩(字世一)与保定方面的直鲁豫巡阅使署高等顾问边守靖是亲戚，而边守靖又与曹锐是义结金兰的把兄弟，深得曹锟器重。因此，财政部做的这些事，被华义银行告发了。

就这样，吴景濂带着华义银行的人向总统摊牌，请总统处置。

黎元洪虽然是傀儡总统，但也是政坛老油条，他立刻就知道，众议院正、副议长直接出面对财政总长下手，这里面的道道肯定非同寻常。

吴景濂与曹锟走得近，罗文干、王宠惠与吴佩孚走得近，吴景濂对罗文干出手，那目标不言而喻，肯定是直奔整个内阁来的，甚至很可能是冲吴佩孚来的，而且是有组织、有计划的行为。

黎元洪犹豫不决，不知该不该蹚这浑水。虽然人证、物证俱在，但具体情况还不清楚，应该缓一缓查明真相才是。

吴景濂有备而来。他直接把问题点透，反正我向您报告了，如果说此间罗文干听到什么风声逃跑了，那最后追究责任，可是到总统您头上啊！

言外之意，如果他跑了，是不是你包庇并纵容他跑的？

就这么一句话，结结实实地把黎元洪套牢了。黎元洪一想，可不是吗，如果罗文干现在跑了，此事只有我知道，而我又没去拦他，那我还真说不清了。

黎元洪命令侍从武官打电话通知步兵统领聂宪藩、京师警察总监薛之珩，令其将罗文干和财政部库藏司司长黄体濂一并逮捕，解送地方检察厅羁押。

黎元洪还是脑子缺了根弦，派人昼夜监视不就得了吗？在没了解事情的来龙去脉之前，怎么能轻易抓人呢？而且司法方面的事，交给警察处理就是了，怎么能动用步兵统领带军队去呢？这又不是政变。

步兵统领派一个排长带人前去罗文干家捉人时，罗文干还没回来，正陪夫人看电影呢。排长等了一个多小时，罗文干才回家，随即被"奉大总统手谕"的人给带走了。

这起震动民国的大案就此拉开大幕。

罗文干坐上过山车

很快,内阁总理王宠惠、外交总长顾维钧、内务总长孙丹林、交通总长高恩洪就得到了罗文干被抓的消息,这简直是太岁头上动土,是何人吃了熊心豹子胆?他们一起赶到警察厅探问,到底是怎么回事。

王宠惠是法学大家,中国近代法学的奠基人,耶鲁大学法学博士,非常熟悉法律。他一听就知道这个程序不对,当即指责黎元洪:总统直接下令逮捕阁员,是非法行为!堂堂财政总长说抓就抓,总统眼里还有没有法律?

熟悉法律的都明白,在执行此事的过程中,众议院议长和总统都犯错误了。

从众议院议长角度来说,吴景濂携带众议院公函向总统告发阁员贪污,本身就违背法律程序。按照《临时约法》的有关规定,阁员有问题,要在国会通过查办案。在查办案没通过之前,议员也好,议长也罢,都没资格以公函的形式直接致函总统。如果以私人身份告发也可,但吴景濂来告发时,却是盖上了国会大印的。

从总统角度来说,即使阁员真的违法,那逮捕令也要经内阁同意才能生效。根据《临时约法》第十九条十二项的规定,对于失职或违法的国务员,只能提出弹劾而不适用查办。即使是弹劾案,也须要参众两院同时通过,才能咨交总统执行。黎元洪此举,不仅是权力越位,而且是对内阁的严重践踏,并直接违反了《临时约法》。

当部下把抓人的事和王宠惠等人来警察厅要人的事一起向黎元洪复命报告时,黎元洪突然明白了,自己又摊上大事儿了,顿时感到压力山大。自己这样做,确实不合法呀!

黎元洪赶紧发通知,对此二人,暂缓移交法院,以免事态扩大。

牛津大学的法学硕士罗文干不干了,他开始叫板,你们倒是审呀!有能耐就赶紧审呀!我身正还怕影子斜?脚正还怕鞋歪?

第二天,也就是19日上午,内阁总理王宠惠率领全体阁员,浩浩荡荡地来到总统府,要求总统必须给个说法。

还没等众人开口,意识到自己犯错的黎元洪就先低头了,连声说自己考虑不周,违法了。

王宠惠说,财政总长是我的属下,属下有问题,我责无旁贷,干脆你把我们都逮起来得了,我们送上门儿来了,你先把我抓起来,一起移交法院,省得你大费周折。

黎元洪这才叫难受呢,左一个道歉,右一个说好话,甚至表示愿意亲自去接罗文干出来。

黎元洪主动低头,是想息事宁人,不想继续把事情扩大,否则,不知会把谁给牵扯进来。

可是,内阁却死活不答应。内阁认为,吴景濂、张伯烈这俩小子居然想对内阁玩阴的,那我们绝不能饶了他们。总统如果想择清责任,那就请通电全国,说明吴、张二人胁迫总统下令逮捕阁员的详情。

黎元洪当然想让自己尽快抽身,便起草通电,准备签署。就在这个时候,吴景濂、张伯烈率国会中的一些议员赶到了总统府,眼睛瞪得乌眼鸡似的,威胁总统不可盖印签发。

吴景濂告诉黎元洪,国会即将正式对罗文干提出查办,现已进入法律程序,得交由法庭依法处理。

而此时罗文干仍然不依不饶,你想让我来就来,让我走就走?有风方起浪,无潮水自平,谁是谁非,咱们必须对簿公堂,当面锣、对面鼓地把话说明白。

黎元洪顿时又没了主意,既然已经进入了法律程序,那人也别放了,电文也别签了。

11月20日,罗文干案由京师地方检察厅开庭审理。

华义银行代理人出庭作证,该行所付的三万镑和五千镑这两张支票,都是意大利人所拿的手续费,与罗文干无关。另外八万镑是由财政部公开领收,并不存在谁中饱私囊的问题。

而此时控方的告发人、华义银行副经理徐世一却没影儿了,不敢出庭作证。京师地检票传吴景濂、张伯烈出庭对质,结果这两人也抗传,说是此案由总统交办,他们俩并不负责。

控方的人都不敢出面,这不明摆着罗文干受贿案就没法成立了吗?

22日,英国和意大利公使致函外交部,声明展期合同并无手续上的不妥。

京师地检宣布,罗文干无罪释放。

这个时候,总统府的一号专车(红牌一号)开到检察厅门口,有专员前来接罗文干到总统府,黎元洪总统要亲自为罗文干压惊、洗尘、赔礼道歉。

黎元洪做出这样的举动,一方面是觉得自己真的理亏,另一方面,也是吴佩孚施压的结果。

发生了这么大的事,内阁怎能不向吴佩孚汇报并求救?所以洛阳吴佩孚早就得到了消息。

11月20日,吴佩孚致电黎元洪,指责他捕罗行为是非法的:"罗文干是财政总长,并未免职,亦尚未确定罪名,即交法院殊属不成事体。"

吴佩孚发来的电文,据说是孙丹林在京拟好后,送给洛阳,再由吴佩孚转发的,其中最后一句"殊属不成事体"的口气,本来是皇上对臣子、上级对下属训斥时常用的口吻,吴佩孚却用来对待黎元洪,把黎气得浑身发抖。

黎元洪立即让秘书拟就长达万字的电文,对此事进行申辩:"既属不成事体,正宜别立贤能。朝选替人,夕还初服。但使无弃国如遗之责,亦可抱洁身先去之心……"

结果不知怎么搞的,这封电文居然没有发往洛阳,而是直接在报纸上登了出来。矛盾的公开化让吴佩孚勃然大怒。

黎元洪又一次陷入严重被动,只好处处认错,一再转圜,这才有了他派自己的座驾去接罗文干的举动。

罗文干非常气愤,如果我无罪,那逮捕我的军警长官就有罪,他们这是践踏人权。

黎元洪这时就想让罗文干满意,从而让吴佩孚满意。他赶紧把步兵统领聂宪藩、警察厅厅长薛之珩找来,要他们向罗赔礼。

可是,聂、薛这俩小子不仅不给总统面子,反而直接揭总统的老底。

他们说，我们是遵照总统手谕办事的，并没有错，为什么要向罗道歉赔礼？要说错，那也是总统决策的错，与我们没有任何关系。

这一皮球踢回来，把黎元洪弄个大红脸。他只好让聂、薛二人离开，自己给罗文干赔不是。

罗文干由阶下囚变成总统座上宾，人生的大起大落来得太快，实在是让人不适应。

然而，罗文干没想到的是，他坐的总统专车，很快就换成了过山车。

三刻拍案惊奇

罗文干和王宠惠的后台老板吴佩孚此时大意了，他没仔细想一想，众议长直接指证这件事，如果没有人指使，他们敢在自己这里捻虎须吗？既然有更大的幕后黑手，那这个黑手是谁？当然只有曹锟。

正因为疏忽大意，没有及时协调关系、解决矛盾，这起案子很快就急转直下。

23日，直系大老板曹锟突然发表通电，历数罗文干私签承认奥债合同罪状，痛骂其丧权辱国，纳贿渎职，建议组织特别法庭，彻底追究。

紧跟着曹老大电报的，是十一个省的将领王承斌、齐燮元等的联名力挺。而且，还有群众性的集会声讨罗文干、黄体濂，要求严惩、逮捕王内阁其他成员孙丹林、高恩洪、顾维钧等人。

23日晚，疲惫不堪的黎元洪正准备睡觉，吴景濂、张伯烈又带着二十多个议员，敲开了他家大门，手持曹锟电报，要求他申斥吴佩孚干政。

吴景濂告诉总统："事情已经很迫切，如果不发出这通电报，以齐燮元为首的直系将领将有联名电报发出，这样一来，总统就陷于孤立了。"

黎元洪听后又没了主意，便在那张电报上加了一个"梗"字（23日）发出去。

很明显，曹锟发怒了，而且怒得不轻。他把一段时期以来对吴佩孚的不满一下子全释放出来，其目的应该是以罗文干为突破口，推倒王宠惠内阁，教训吴佩孚。

历朝历代,君主和将帅之间的关系是极难协调的。(曹锟虽然此时还不是总统,但放眼国内,已经没人能和他抗衡,他就是事实上的老大。)刘邦与韩信、汉景帝与周亚夫、宋高宗与岳飞等等,这些有大功的将帅都没有顾及老大的面子,最终兔死狗烹。

眼看着吴佩孚越来越强势,吴佩孚的手下越来越不懂规矩,曹锟最初还是宽以待之,毕竟,吴佩孚既能干,又从无叛他之心。但此次由吴佩孚一手扶持的王宠惠内阁,却把重要位置全给了吴的亲信,这已经开始犯忌了,特别是当这笔借款全数拨给洛阳,保定方面没拿到一毛钱。曹锟派人到交通部查账,结果查出半年来交通部转账拨款清单,一共有约五百一十万元拨充洛阳军费,至于拨交保定的,仅有大概二百四十二万元。各种问题积累到一起,曹锟真的发怒了。

曹锟这才相信他左右所说的话,吴有取他而代之的心。

既然你们都不懂规矩,那我就给你们立立规矩。

要让吴佩孚懂得到底谁是老大,就先要把他扶持起来的王宠惠内阁推倒,而要倒阁,就得抽调王内阁中的支柱人物,罗文干、孙丹林、高恩洪等人都是很好的靶子,那就看谁是出头鸟了。正好发生了向外借款一事,罗文干先冒尖了,那就揼他。于是,主持借款的罗文干便成了各方面集中攻击的目标。曹锟也看不上高恩洪,他认为高是吴的走卒,过去在内阁中抢了交通部的好位置,但自己碍于吴的面子没有发火,这次,要连同高一起痛扁。最终,要把训吴、倒阁、驱黎三件事一起做,来个秋后大算账,自己当总统。

有人说过,在小事上不计较的人,在大事上说话才有分量。曹锟在小事上从不轻易发言,随属下去做,但这次他不仅发言了,而且是公开发言,带着手下的将领一起发言,吴佩孚才终于明白,自己过分了,老板发威了。

其后,直隶省长王承斌紧跟曹锟,发表通电,要求对罗文干公开审判,以正纲纪,其他直系将领纷纷通电响应。

面对曹锟的当头棒喝和各省督军一哄而上的指责,吴佩孚招架不住了。

11 月 24 日,吴佩孚发表通电,声称自己与王宠惠并无私交,更无偏袒罗文干之意,表示今后对罗案不再干预,并表态一切遵从曹大帅的旨意办理。

吴佩孚软化下来并迅速表态,让曹锟总算找回了一点面子和自尊。曹锟还是很会做领导的,他顺水推舟,见好就收,原谅了吴佩孚,并对外宣称,以后不许任何人再提"保""洛"两个字,保、洛就是铁子,就是一家,就是掰不开的脚丫瓣儿。

但是,双方裂痕已经产生,又岂是几句话所能弥合的?首先,曹锟自己心里的疙瘩就解不开,他已经认定,子玉不如以前那么听话了。

接下来,11 月 25 日,罗文干又被请回了京师地方检察厅,王宠惠的"好人内阁"全体辞职。

后来,有人写了一首打油诗来讽刺这件事:"干倒罗文阁已空,一声混蛋滚匆匆。早知王宠难为惠,从此高恩竟不洪。"

保定、洛阳、总统、国会、内阁五方角力,最后曹锟赢了。但是,直系由此盛极而衰,并逐渐分成洛吴派和津保派,而津保派中,王承斌也在悄悄形成自己的势力,所以实际情形是保定曹锟、洛阳吴佩孚、天津王承斌,鼎足之势已悄然形成。

正如十二消息卦中的五月"姤"卦,方当五阳强盛之时,而一阴已伏于下。

为了把罗文干案叙述完整,这里再把镜头向后延伸一下。

有了大老板的冲冠一怒,京师地检不敢懈怠,认真地依照法律程序重新调查罗文干案。

当时的中国,已经有了一定的司法独立观念,检察官们既比较专业,也比较敬业,他们"都认为司法独立,应本独立不羁精神,尽其职责",所以在调查审讯的过程中,没受太多的权力与个人恩怨的干预。在这种情况下,又经过两个月的调查,京师地检依然未找到罗、黄受贿及其他犯罪证据。

1923 年 1 月 11 日,京师地检出具了长达一万字的《京师地方检察厅侦查罗文干等办理奥款展期合同一案不起诉处分书》,认为借款合同事出有因，收受贿赂查无实据，不予起诉，罗、黄二人交保释放。

然而，那个时候的国会，并不是真正意义上的国会，而是一群失意政客的集散地。在大家互相较劲的时候，这里掺杂着权力之争、利益之争，还有意气之争。

国会的人一看这个不识时务的京师地检，居然整出一份"不起诉书"，那不就意味着我们错了吗？罗文干是对的？

内阁在我们面前说倒就倒，你小小的京师地检却来给我们上眼药，真是不识好歹。吴景濂等人无论如何都咽不下这口气。

1923 年 1 月 17 日，众议院不仅通过重新查办罗文干的决议，而且要求查办京师地方检察厅的检察官。就连新上任的教育总长彭允彝，在阁议中也提出再办罗文干。

刚刚获得自由的罗文干，第三次被羁押，负责审罗案的各检察官也纷纷调离岗位。看来，国会不仅要求重新审理此案，而且要将它办成铁案。

罗文干的三进宫，引起全国一片哗然。北大校长蔡元培看教育总长彭允彝也掺进这场权力之争，愤然辞职——我不跟你这样的人共事，丢脸。法律界也因为司法独立原则遭到践踏而纷纷指责和反弹。东三省特别法庭也通电北京政府的司法部、大理院、法律馆、总检察厅、高等检察厅和律师公会，抗议罗文干案再审，其他各省的正义之士也群起响应。

此案一直折腾到 1924 年，最终还是没查出罗文干贪污的证据。1924 年 2 月，罗文干、黄体濂二人无罪释放。

更换频繁的内阁

1922 年 11 月 25 日，王宠惠内阁辞职后，让黎元洪头疼的事又出现了——内阁总理空缺，出现了无政府状态。时值中日两国根据华盛顿会议，正在办理胶州湾转让手续，亟待内阁总理附署命令，方可签字。黎元洪有心要找政治色彩较淡的海军总长李鼎新来当内阁总理，又怕曹锟不同意，于是派人到保定当面请示曹锟，曹锟却不吱声。不吱声，那就是不同意了。

黎元洪又挨个试探,从颜惠庆、靳云鹏,到周树模,可是大家都像躲瘟神一样,避之犹恐不及,没人愿意揽这个差事。

27 日,黎元洪再一次打电话,向曹、吴分别请示组阁人选,可是,这两人却把皮球踢回来了:"组阁为元首特权,决不加以干涉。"

其实,他们俩不是不干涉,而是要在关键时候、关键职务的人选上进行干涉。比如曹锟表面上不吱声,实际上心里就认定要由自己人高凌霨组阁。反正曹锟这个时候的心思已是想把内阁搅黄,让黎元洪知难而退,然后自己当总统。

在实在迫不得已的情况下,黎元洪通过挚友李根源出面,请老好人汪大燮帮忙渡过难关。

汪大燮为人平和、清廉,颇有名望。他曾于民国二年任熊希龄内阁之教育总长,民国六年任外交总长,同年 11 月段祺瑞与冯国璋斗气,辞国务总理职,汪大燮曾代理了九天国务总理。此次出来,他告诉黎元洪,代理之期不超过十天,请黎总统务必赶紧想办法。

汪大燮刚一出山,立刻遭到吴景濂、张伯烈的反对,同时表示反对的还有曹锟,理由是汪大燮为罗文干的保释人,让这种人出来,不是有意消灭罗案、蔑视国会吗?所以,汪大燮开国务会议时,保定派的阁员根本不参加,不就职。汪内阁就这样不死不活地存在着。

但汪大燮也不生气,反正就十天,十天一到,背包走人,现在只是替朋友出个力尽个心而已,你们爱怎么玩就怎么玩。

黎元洪非常郁闷。向你请示吧,你不吱声;我自己安排吧,你又不同意;我不想当总统吧,你非请我来;我当了总统吧,你还折腾我。你到底想怎么着啊?

不过,在汪大燮代理内阁这十天里,黎元洪到底还是发现了一个内阁总理的合适人选——张绍曾。

张绍曾是直隶大城(今属河北)人,由天津武备学堂保送日本陆军士官学校第一期炮兵科,毕业后名列第一,与当时的同学吴禄贞、蓝天蔚"深相结纳",被称为"士官三杰"。后任北洋第三镇炮兵标统。1922 年前后,张绍曾在内阁中任陆军总长。

黎元洪之所以相中张绍曾,是因为张绍曾与曹锟是把兄弟,又是吴佩孚的儿女亲家,还与吴景濂关系密切。而且,黎元洪复出时,张绍曾在恢复法统方面甚是出力,在政治主张上也有许多和黎元洪相同的地方。

黎元洪是这样想的,但曹和吴到底会不会同意,还是个未知数。

曹锟六十一岁寿辰之日,前来祝寿的人比正月十五逛花灯的人还多。

让人惊讶的一件事是,张作霖派风度翩翩的张学良公子来了。

让人惊讶的另一件事是,吴佩孚没有亲自来。

吴佩孚特派湖北督军萧耀南为代表,到保定向曹老帅表达最真诚的问候,并向曹锟捎上口信:子玉本来准备亲自向老帅祝寿的,只因为前几天让老帅生气了,怕触老帅之怒,所以决定改期前来请罪补寿。

吴佩孚还真是倔啊,这应该是弥补二人关系的大好时机,他却负气,真是不应该。吴佩孚从来没想过反叛曹锟,或取而代之,但这样一颗红心却因为自己的倔强而遭到误解,这多不值啊!

曹锟对外表现出了高姿态,子玉办错事,我当然要说他,但保、洛是一家,永远分不开。然而,曹锟的心里还是非常不高兴。

中国人常说饭局,吃饭就是个"局"。正因为它是局,所以才会在吃饭时谈成一些重要的事儿。

这次洛阳祝寿,虽然没有召开重要的会议,但时局问题却自然而然在讨论之中,尤其是大家比较关心的组阁问题,而保定派的人马又开始酝酿怎样赶走黎元洪,让曹锟当上总统的事了。

曹锐放出风来:"咱们三哥与冯、段都是北洋派同期前辈。冯做了总统,段做了内阁总理,三哥年逾花甲,做一任总统有何不可?"

曹家兄弟表示,对于内阁总理人选问题,是谁无所谓,只要别挡了我们的路,只要赞同曹老帅当总统就行。虽然我们同奉军打了一架,但也没有什么深仇大恨,只要赞同并拥护曹锟当总统,那我们照样可以封其为上将军。

汪大燮的十天帮忙之期转眼就到了,自己轻松地走人,但此时张绍曾还没有得到曹锟、吴佩孚的点头，无政府状态再次出现。黎元洪只好反复来求国会议长王正廷，请暂代几天内阁总理，以待正式内阁产生。

王正廷勉强同意了，不过提了三个条件：一是赶紧把张绍曾组阁案列入日程；二是和汪大燮一样，代理内阁也以十天为限，十天之后，不管成不成，都马上离职；三是在这十天里不公布重大政令，不任免重要人事。

黎元洪自是满口应承。有一个人坐在那椅子上啥也不做，也比无政府强啊！

在这种情况下，黎元洪和吴景濂加紧运作。

曹锟和吴佩孚虽然没明确表示反对张绍曾，但哥俩心里可能也有点儿犯核计，曹锟认为张绍曾是吴佩孚的亲家，吴佩孚认为张绍曾是曹锟的把兄弟，都不认为是与自己最贴心的人，但好在能持平衡。吴佩孚的意思是，他可以组阁，但在阁员安排上，孙丹林或高恩洪，你怎么也得给我保留一个，其他的没意见。

除了曹吴，还有一个关口需要过，那就是国会。

12 月 15 日，众议院第一次讨论张内阁问题时，大家吵得不可开交，撇鞋底子的，甩墨盒子的，扔茶杯子的，结果是一哄而散。

吴景濂劝张绍曾亲自招待参众两院议员以联络感情，说了许多小话，并谈了些交换条件，这才勉强获得同意。

1923 年 1 月 4 日，黎元洪正式任命张绍曾为国务总理，并公布了阁员名单：外交总长施肇基，内务总长高凌霨，财政总长刘恩源，陆军总长张绍曾（兼），海军总长李鼎新，司法总长王正廷，教育总长彭允彝，农商总长李根源，交通总长吴毓麟。

从这份名单来看，完全以津保派为中心。在上会之前的幕后磋商中，曹锟一定要内务、财政和交通这三个重要位置，吴佩孚想保留孙丹林或高恩洪中一人的想法最终没能实现，别的位置他又不要。美国电视剧《纸牌屋》中说，"权力正如地产，位置是重中之重，你离中心越近，你的财产就越值钱"。农商和教育两个边缘化的位置给了黎元洪的人。王正廷说啥也不想干了，司法总长便由冯玉祥推荐的程克担任。外交总长施肇基因为不肯设宴招待议员而被否决,张绍曾改派黄郛署理外交总长。

津保派大获全胜,意味着吴佩孚以稳健方法使曹锟走向总统之路的节奏被打乱,曹锟手下开始为曹锟当上总统而开足马力。

这一回,黎元洪和张绍曾的"好"日子又开始了。

张绍曾的快速组阁,完全以津保派为中心,没有顾及洛吴的面子。张绍曾觉得对不起亲家,组阁之后还专程跑了一趟洛阳,跟亲家套近乎。吴佩孚见木已成舟,倒也不放在心上,给亲家写了一首诗来明志:

> 龙泉剑斩血汪洋,千里直趋黄海黄。
> 大禹神功何其伟,洛阳一气贯扶桑。

一片金戈铁马的杀伐之气跃然纸上。

接下来的事情是,曹锟忙于实现总统梦,张绍曾忙于实现和平统一,吴佩孚忙于实现武力统一。

吴佩孚与冯玉祥

第一次直奉战争后,吴佩孚继续驻兵洛阳,苦练精兵,准备用武力实现国家统一。

练兵洛阳,自然离不开经营河南,这时与另一位直系大将冯玉祥便有了交集和矛盾,而吴佩孚和冯玉祥的矛盾、纠葛,不仅改变了直系的格局,其后的一系列重要事件,如曹锟个人事业跌入深渊,吴佩孚第二次直奉战争失败,等等,都由冯玉祥引起,可以说影响了整个中国近代史的进程。

故事说来话长。

冯玉祥(1882—1948),字焕章,原籍安徽省巢县,生于直隶青县(今属河北沧州市)兴集镇。幼时家贫,只读了一年零三个月私塾。入营当兵三年后,被提拔为哨长(排长),与舅舅陆建章旅长的内侄女成婚,后又得到陆的提拔,在军营中迅速成长起来。

孙中山发动护法战争时,段祺瑞派冯玉祥等人的军队南下。因为冯国璋在与段祺瑞斗法,冯玉祥隶属于直系,南下途中便通电主和,段祺瑞大怒,要将其撤职。徐树铮枪杀了陆建章后,段祺瑞为了安抚冯玉祥,封其为湘西镇守使。冯国璋去世之后,冯玉祥被曹锟收入帐下。

1922年,冯玉祥接替阎相文,成为陕西督军。

1922年4月,直奉战争爆发,吴佩孚命冯玉祥率军赶往河南,看住河南督军赵倜。

就在张作霖和吴佩孚打得难分难解之时,河南这里却上演了一幕笑剧。

张作霖还挺会玩儿,他一边和吴佩孚厮杀,一边派人不停地向各地发出自己打赢的电报,希望持观望的势力在后面捅直系一刀。

5月4日,张作霖又给河南传来一份大获全胜的电报,而赵倜派到北京的探马也报告说"吴佩孚业已阵亡",赵倜信以为真。于是他又是谴责吴佩孚盘踞洛阳,又是说吴佩孚勒派地方税捐,又是骂冯玉祥听从吴命,侵入河南,要求赶紧解除武装,否则就不客气了。赵倜的兄弟赵杰还派兵破坏京汉路的一段铁轨。兄弟俩忙得满头大汗,不亦乐乎。

幸好冯玉祥在河南作战英勇,大破赵军,稳住了直系的大后方,为直系获胜立下大功。

结果,赵氏兄弟乐极生悲,原来是吴佩孚赢了,张作霖惨败。这下,河南彻底陷入被动。

第一次直奉战争结束后,闯了大祸的赵倜被拿下督军位置。在曹锟的授意下,冯玉祥被任命为河南督军。

正常说来,吴佩孚刚把张作霖打败,吴和曹的关系也正是好得不得了的时候,曹锟不应该猜忌吴佩孚才是,但任命冯玉祥为河南督军,是曹锟在没和吴佩孚商量的情况下行动的。这里面有两种可能:一是曹锟完全没在意,只想论功行赏,稳住河南的功臣,那么给个督军,顺理成章;二是摆在洛阳吴佩孚附近的另一股力量,似乎有牵制的嫌疑。

吴佩孚很想把自己的把兄弟、第二十四师师长张福来任命为河南督军,却不想被冯玉祥先占了。那吴佩孚能满意吗?

　　吴佩孚开始拆冯玉祥的台。在调张福来为河南省长的同时，吴佩孚开出一纸名单，整个督军公署中科长以上的僚属全由他派定，只有秘书长一职让冯玉祥自己安排，这让冯玉祥变成了光杆督军。

　　冯玉祥也是有性格的人，凡是吴佩孚推荐上来的，自己一个也不用，这让二人的矛盾公开化了。

　　吴佩孚和冯玉祥互相不喜欢，谁也看不上谁，这里面，既有历史因素又有现实问题。

　　从历史因素来讲，二人年轻时同时起步，资历差不多，经历也相像。这样的人，成为朋友倒好，如果成为对头，那便会互相看不起。

　　吴佩孚和冯玉祥在清末当兵时，同在东北驻防，当时吴在第三镇，冯在第二十镇。

　　袁世凯称帝时期两人又同是旅长，吴是北洋精锐第三师第六旅旅长，冯是第十六混成旅旅长。

　　1918 年二人同在湖南对南方作战，但吴已升任师长，且是曹锟手下头号悍将，其他几个旅事实上都由吴来统带，吴成了直军事实上的总指挥，而冯玉祥仍为旅长，还差点儿被段祺瑞给撤了。从此，吴佩孚开始遥遥领先，冯玉祥望尘莫及。

　　吴佩孚以超人的战绩，一败皖系段祺瑞，二败奉系张作霖，成为当时中国武将第一人。而冯玉祥则成了吴佩孚的直属部下。

　　吴佩孚是个传统的军人，崇拜戚继光，以关羽、岳飞自居，而冯玉祥却不新不旧、不中不西，还信基督教。尤其是冯玉祥进入河南时，进占庙宇，驱逐僧尼，在尊重传统文化的吴佩孚看来，此举是旁门左道，异端邪行。

　　这些不同和差距，都让二人逐渐产生隔阂。

　　从现实矛盾来说，吴佩孚手下的阎相文师长不明不白地"自杀"一事，让吴心里一直感到冯玉祥有问题。吴佩孚驱逐赵倜时，曾拉拢豫军第一师长宝德全，令他留在开封维持秩序，并保荐宝德全为河南军务帮办，顺便监视冯玉祥。但冯玉祥到开封后，没有请示吴佩孚，也没有宣布宝德全的罪状，就直接把宝德全给杀了。更让吴佩孚不满的是，冯玉祥在未得吴佩孚同意的情况下，在离吴佩孚洛阳不远的开封，悄悄招兵，低头练兵，冯的部队在一个师的基础上，又迅速扩编出三个混成旅。

吴佩孚感到，冯玉祥屯兵自重，颇有野心，于是对冯的戒心与日俱增。

吴佩孚开始暗中收拾冯玉祥。从编制上来说，你冯玉祥的在编人马只有一个师，其他新招的人的军饷问题，我们概不负责。你不打招呼就招兵买马，居心何在？我不收拾你已经不错了，更不可能给你开多余的军饷。不仅如此，你既然当了河南督军，自然要为我洛阳练兵提供军饷，好让我们直系执行武力统一的方针。

这等于掐住了冯玉祥的脖子，不仅河南官场没有冯玉祥的自己人，而且辛苦攒起来的军队也这样受折磨，还要给别人"输血"，那还能干下去吗？

吴佩孚一面给冯玉祥使绊子，一面向内阁张绍曾建议，请把冯玉祥调走。曹锟看到手下两员大将这样下去也不是个事儿，经过一番考虑，便把冯玉祥调到北京南苑，提任位高而无实权的陆军检阅使，也就是当初给八十多岁的姜桂题养老的位置。总之是调出了河南，既安抚了冯玉祥，让他兼第十一师师长，也以此让吴佩孚专心练兵，准备以武力一统天下。

冯玉祥离开河南时，吴佩孚只许他带其所部第十一师到京，把新招的三个混成旅留下。但是，冯玉祥趁着夜色，悄悄地集中车厢，把一师三旅全部带跑了。吴佩孚没追上，二人自此结下大怨。

冯玉祥赶赴北京的途中，先到保定见了曹锟，向曹哭诉所受委屈，并请曹给自己做主。

兵多饷少的冯玉祥到了北京郊区之后，亏得曹锟照顾，由崇文门税收和京绥铁路局两处每月合拨十五万元，才使其人马生存下来。

然而，阎王好过，小鬼难缠。虽然困境中的冯玉祥得到了曹锟的关照，但曹锟却不知道，自己最宠的小六子李彦青正给他惹祸。

李彦青吃惯了嘴，对于吴佩孚所部以外的任何部队都吃拿卡要，否则别想领取军械物资，这对本来就处于困境中的冯玉祥来说，无疑是雪上加霜。

曹锟做梦都想不到，正是自己最喜欢的小六子敲冯玉祥的竹杠，加上自己最得力的头号大将吴佩孚对冯玉祥的不喜欢，才使得张作霖钻了空子，花大洋收买冯玉祥，使冯在第二次直奉战争时突然倒戈，回师北京，囚禁总统曹锟，直系天下自此土崩瓦解。

小六子李彦青也是做梦都想不到，祸因恶积，福缘善庆，他在经常敲别人竹杠的时候，这些钱却成了他走向地狱门的铺路砖。冯玉祥后来发动政变，第一道令就是把李彦青逮捕，押赴天桥枪毙，可见其积恨之深。

这些自然都是后话了，但其因却早已深深埋下。

洛阳·保定

在吴佩孚权势鼎盛，即将走下坡路的时候，还发生了一起非常重要的事件，那就是京汉铁路大罢工。

中国共产党成立后，成立中国劳动组合书记部，掀起了轰轰烈烈的第一次工人运动高潮。

1922 年，京汉铁路郑州机务处工人因机务厂长陈福海"任意剥夺工人的自由，对待工人如牛马"而举行了罢工。他们发表宣言，要求提高工人地位、加薪等五项条件，得到江岸、长辛店等地工人的支持。

1923 年 1 月 5 日，京汉铁路总工会第三次筹备会议在郑州召开，该路十六大站的工会代表都出席会议，会议决定于 2 月 1 日在郑州举行京汉铁路总工会成立大会。

可是，就在即将开会的前几天，郑州总司令靳云鹗（靳云鹏的弟弟）奉吴佩孚电令，不许工人开会。吴佩孚还电饬湖北督军萧耀南、河南督军张福来、京畿卫戍司令王怀庆等对工人严加防范。工人表示坚决反对压迫，一定要如期开会。

2 月 1 日，工人代表赶赴会场后，开会场所被荷枪实弹的军警包围。他们强行解散会议，驱赶工人代表，并警告工人，如果不退出会场，将以武力对待。

　　虽然会议无果而散，但此种霸道行径，激起了工人的强烈反抗。为了争取工人的自由，抗议军阀的野蛮，京汉铁路工人决定实行总同盟罢工。

　　2月4日，全路两万多工人举行大罢工，一千二百公里铁路顿时陷入瘫痪。

　　罢工爆发后，吴佩孚调集两万多名军警，采取强硬手段，拘捕各大站工会负责人，威胁工人复工。但是工人没有屈服。

　　2月7日，吴佩孚终于红眼了。京汉铁路大罢工，直军的交通大动脉受到直接影响，吴佩孚洛阳练兵所需军费来源也被切断，加上吴佩孚刚在内阁纷争中被曹锟击败，直系出现了裂痕，这些都让吴佩孚心情烦躁，不再冷静。他命令下属，可以动枪了。

　　就这样，王怀庆令士兵在长辛店向工人开枪，当场死亡四人，伤四十多人；萧耀南在汉口刀杀共产党员林祥谦等四人，枪杀工人四十余人，伤者百余人……

　　工人运动被强行镇压，工会关闭，工人复工。但吴佩孚，这位自五四以来一直受到热捧的实力派人物，却从此失去了民心。

　　转眼间到了4月22日，阴历三月初七，吴佩孚迎来了他的五十岁生日。

　　上一个生日的时候，正是直奉大战之前，为了备战，生日也没过好。这次生日，吴佩孚已经在"华山论剑"中夺得武功第一，许多人觉得，应该好好给吴大帅过过生日，所以前来洛阳祝寿的人达到七八百。这些人净拣好听的说，把吴佩孚捧上了天，但吴佩孚都没放在眼里。他唯独相中了南海圣人康有为写的寿联：

　　牧野鹰扬，百岁勋名才一半；
　　洛阳虎踞，八方风雨会中州。

　　此时的吴佩孚，正被政争闹得心烦意乱，因此只顾低头练兵，对于津保派怎么折腾不闻不问。五十大寿临近之际，他通电各将领，一概禁止入洛拜寿。

吴的部下很怕这位秀才大帅，既想来又不敢来，非常纠结。后来，离洛阳比较近的、驻开封的张福来，以及驻信阳的靳云鹗和驻顺德的胡景翼硬着头皮跑了一趟，果然碰了吴大帅的钉子，要他们"赶紧回防"。

按说，应该给张福来面子吧？从吴佩孚当营长开始，张福来就跟着他，两人关系非常铁，还是把兄弟，有了这多年的交情，张福来怎么能不来祝寿呢？但吴佩孚此时就是不给他面子。不仅不给好脸色，还当着满座宾朋和各界代表的面，斥责张福来："你没有见到我的电报吗？有功夫拜寿，何不去约束一下你的兄弟，他们比赵前督的兄弟好不了多少。"

吴佩孚还向张福来提出逐四凶、除八怪。所谓四凶八怪，都是张手下的红人，包括张的兄弟及督署参谋长、秘书长、军需处长等。

张福来回到开封后，把一肚子怨气都出在那些人身上。张把他们一律革职，并电报呈称："以后用人行政，事事禀命而行。"

康有为说吴佩孚此时"洛阳虎踞，八方风雨会中州"，确实所言非虚。因为吴佩孚辉煌的战绩，洛阳成了北方事实上的中心，吴的一举一动都会成为全国关注的焦点。

此时，吴佩孚的直属军队共为五师一混成旅，他兼第三师师长驻在洛阳。他的下属军队还有：第八师师长王汝勤驻宜昌，第廿师师长阎治堂驻潼关，第十四师师长靳云鹗驻信阳，第二十四师师长杨清臣驻开封，陕军第一师师长胡景翼驻顺德，第二十六师师长田维勤驻河南。此外还有若干独立团合计兵力十余万人，飞机三十余架；尚有由温树德指挥的渤海舰队，辖两艘巡洋舰"海圻""海琛"，两艘驱逐舰"肇和""豫章"，三艘炮舰"永翔""同安""楚豫"，总吨位一千三百余吨。

此时的吴佩孚，是不是有一种独孤求败的感觉呢？

吴佩孚的军事力量如日中天，当然给曹锟当总统打下了坚实的基础。

当上大总统，是曹锟的梦想，也是曹锟的弟弟们及整个津保派的梦想。一人得道，鸡犬升天。曹锟当督军时，曹锐就已经把制造直军被服、军械等事揽到手,狂赚了好几年。如果曹锟当上总统的话,那还不得用火车往曹家运钱呀!

因此,自从曹锟在权力斗争中获胜、张绍曾组阁开始,曹锐的全部心思,都放在怎样让哥哥曹锟早日当上总统这件事上了。

要想让曹锟当上总统,就得把黎元洪赶走。要赶走黎元洪,无外乎文(政治手段)武(军事手段)两手策略。

武的方面最简单,也最见效,因为黎元洪手下无兵,但曹锟不想这样做,怕影响了自己的名声。

文的方面,要费一番周折。要想获得法律上的支持,就得先拉拢议员。同时要紧盯黎元洪,只要他做错事,或逼他做错事,就可以把他的小辫子握在手中,作为将来驱逐的证据。

既然曹锟定下了要"文打",那就先按文的方法出牌,拉拢议员,从法律角度研究问题。

曹锐多方奔走,在议员中串联。他开出价码,凡是愿意投票赞成曹锟当总统的议员,一律聘为直鲁豫巡阅使署顾问,每月额外补助二百大洋。

利润如此丰厚,谁都想来分一杯羹。

这个顾问名单由京兆尹刘梦庚负责开出。当名单报到曹锟案头要钱时,曹锟吓了一跳,议员一共才七百多个,怎么会开出三千多个人的顾问名单?

原来,在当年的国会中,存在着大大小小共几十个政党,这些小政党为了壮大队伍,随便拉人,填个表、报个名就能成为本党党员,而曹锐的公开许诺,加上政党的宽松制度,这些人便开始钻制度空子。为了多拿一份钱,有的议员一个人跨了七八个政党。负责干这事儿的刘梦庚为了简化手续,直接找大小政党的领袖拿名单,凑一起这么一撂,重复的人加起来,人数就翻了五倍,由七百名变成了三千多名。

曹锟看了半天,总算弄明白是怎么一回事,气得大骂办事人刘梦庚糊涂,改派高凌霨捏着参众两院的名单一一对照,删去重复者。

这样一来,小党派不高兴了。干吗呀,你这样一删,我们党的人不就少了好多吗？

经过反复确认，最后确定领顾问津贴的议员有三百八十名，占议员总数的二分之一强。

议员忙乎完了，议长更不能忽略。农历年关到了，曹锟亲自送给议长吴景濂炭敬三万元，副议长张伯烈一万元。

副议长张伯烈大大地不高兴了。我为你的事磨碎了嘴，跑断了腿，活计一样没少干，因为职位差个"正"字，就少了两万大洋？曹锟只得补送一千元。

议员们也不高兴了。凭什么议长就得三万元，副议长得一万一千元，而我们当议员的就只有两百元？太不公平了吧！

曹锟想再发点儿，可是钱早用光了。

曹锟本以为不差钱儿，但没想到还真的就差钱儿，因为这些议员的心是无底洞啊！

张绍曾内阁

介绍了吴佩孚和曹锟，再来说说张绍曾内阁。

张绍曾这届内阁，倒还挺有意思。1917 年，国会解散，冯国璋总统未经选举而上位，其实只能算是临时的；徐世昌由安福国会选上来，但国会却不是真正法律意义上的国会，所以那期间的内阁不算是合法的内阁。张绍曾内阁算是 1917 年国会解散后的第一届合法内阁，执政时间是 1923 年 1 月 4 日至 6 月 6 日，长达五个月。可是，就算是这样一个既得直系大佬支持，又得国会多数赞同的内阁，执政期间的内部斗争也是波涛汹涌，原因主要有三：

其一，张绍曾主张和平，与直系武力统一政策产生严重分歧。

许多人都有自己的想法，或自己的思想，一旦机会来到，便会想方设法使自己的思想主张付诸实施，张绍曾就是如此。

张绍曾当上总理之后，仗着与各方面关系不错，便兴致勃勃地想一展身手，打算由他实现国家和平统一，立下不世之功。

张绍曾要实现和平统一,必须过两大势力关,一是南方孙中山,二是北方张作霖。

张绍曾派人向张作霖示好,准备恢复老张的东三省巡阅使职务,并晋升张学良、杨宇霆为陆军中将。可是老张在东北不置可否,他低头猛练武功,根本不把这些虚名放在眼里。

张绍曾派人联络南方各省人员,尤其是孙中山,他想像袁世凯那样,派孙中山来主持全国铁路工作,这立刻遭到国会中国民党籍议员的反对,计划遂告落空。

孙中山先生因为被陈炯明的人逐出广东,回到上海,此时无力实行武力统一。见到黎元洪和张绍曾的和平宣言,便也发布个裁兵救国宣言,以示响应。

响应之声未落,吴佩孚已开始了武力统一之布局。他要求张绍曾任命沈鸿英为广东督理,命孙传芳为福建督理。

此举明显是借"和平统一"之名,行"武力统一"之实,捎带着给张绍曾扇去一个大耳光。

张绍曾初而愤怒,进而要辞职,最后还是软了下来,胳膊肘儿拧不过大腿。3 月 20 日发布沈、孙分别督理广东和福建的两道命令,相当于自打耳光。南方人一看,张绍曾,这就是你的和平诚意?

张内阁立时威信扫地。

其二,国会对张绍曾非常不满。

张绍曾没就任时,在内阁中游说,说了许多封官许愿的好话,上任之后却一个也不兑现,不少议员因此开始发起倒阁运动。

而众议院议长吴景濂与张绍曾本来关系不错,张绍曾能够就任,吴景濂是出了大力的。但是,政治上的出力可不是白出的,那是要回报的,是要交换利益的。

吴景濂的意思,是要张绍曾任命揭发罗文干的徐世一为币制局副总裁,王观铭为盐务署长,但天真的张绍曾断然否决。从此,张绍曾与众议院议长吴景濂反目成仇,吴也陷入了逢张必反的圈子,只要张绍曾提出方案,国会就会提出不信任案。

其三,保定派决定要总统,这就必然驱黎,而驱黎先要驱张。

黎元洪最初以为张绍曾与曹锟走得近,肯定与自己意见相左,没想到张绍曾上任就主张和平统一,与自己不谋而合。原来是自己人啊,那我们套套近乎吧,如果府院合作,那力量可就大多了,事情就好办多了。

政治上的划线是很微妙的。张绍曾肯定没想和黎元洪同伙,但他的主张却与黎相近,黎还悄悄与他有往来,这让曹吴大为不满,张内阁的命运已经是注定了的。

而随着曹锟对张绍曾不满情绪日增,保定派的人便向吴景濂许诺,只要曹锟大选成功,就任命吴景濂为总理。吴景濂得到暗示,倒阁的劲头更足了。

1923 年 5 月,津保派又利用宪法会议和制宪经费问题,挑起一场府院冲突,并加紧了倒阁的步伐。

宪法会议和制宪经费问题,是前后相继的两个问题,也可以算作是同一个问题的前后两个阶段。

曹锟既然想用和平手段驱黎,那就得寻找得力证据:要么寻找黎元洪的毛病,认为他才不堪治民,德不能服众,不能再干了;要么在总统任期上做文章,也就是让黎补满就任时间后,赶紧走人。

这些事情本来不太复杂,但搅到一起,就复杂多了。

国会复会后,对于黎元洪总统的任期问题,大家感到一直没有根本大法作为依据。

而有相当一部分议员痛惜国会两度被解散,更痛惜民国成立十一年却无一部正式的宪法,所以主张必须先制定宪法,再研究总统问题。

可是,这样一来,会无形中延长黎元洪的总统任期,所以保定曹锟的人认为必须先把黎元洪赶走,等曹锟当上总统后再制宪。

依附黎元洪的人认为,从 1914 年袁世凯召集约法会议时起,老袁就违法了,理应由当时的副总统黎元洪来当总统,于是从 1914 年 5 月到 1916 年 6 月(黎元洪正式当上大总统),欠了黎总统两年零一个月;后来冯国璋又"非法"代理一年零两个月,合计共欠黎总统三年零三个月。以此计算的话,黎元洪在 1922 年 6 月复任,理应到 1925 年 9 月才算是补满他的任期。

曹锟的人急眼了。冯国璋总统哪里非法了？是你黎元洪把张勋招来，弄得京城乌烟瘴气。你解决不了，人家冯副总统这才上来收拾残局。你不知感恩，还说人家非法代理？而袁世凯一直是正式大总统，他改元洪宪到驾鹤西去这段时间可以算作你黎元洪应该补上的任期，共计一百六十天，而你黎元洪复任至今已经三百三十五天，超过了一百七十五天。你要是有点儿脸皮，就赶紧收拾铺盖卷儿走人吧！

双方除了在日期的计算方面吵得不可开交，更在制宪问题上较劲。

拥护黎元洪的议员以加快制宪来抵制保定派，而拥护曹锟的议员却一再拖延，一定要曹锟上来后再制宪。附曹派的议员随意缺席宪法会议，使其因不足法定人数而屡次破产。

针对这种情况，拥黎的议员又提出，应该修改宪法议事规则，规定：每次出席会议者给出席费二十大洋，缺席者扣二十大洋；请假须有议员五人证明，缺席过两次者除名；修改国会组织法，将出席会议人数由两院议员总额各三分之二改为五分之三，表决人数由出席人数的四分之三改为五分之三。

改换规则后，两院议长及部分议员面见黎元洪，要求总统筹措经费。

黎元洪一看，这是为我好啊，没问题，赶紧弄钱。

黎元洪决定从海关建筑经费项目下借拨一百二十万元，分四个月拨付，每月拨制宪经费十七万元，驻外使馆经费十三万元，由黎元洪谕知税务处转总税务司照办。

曹锟一看，你黎元洪还蹬鼻子上脸了，不仅不见好就收，反而变本加厉。曹锟决定掀起府院风波，以倒阁迫黎下台。

驱张倒黎

5月26日的国务会议上，交通总长吴毓麟首先发难，他认为："府方自定国会制宪经费，不经国务会议议决，实有违背责任内阁精神，予等应如何设法打消。"

　　内务总长高凌霨、司法总长程克认为这里面一定有黑幕,应该向总统问个究竟。

　　张绍曾一看这两人一唱一和,就知道是有组织、有预谋的行为,他赶忙说,自己对这些都不知情,这事完全是总统决定的。

　　新上任的财政总长张英华(原财长刘恩源于 5 月 13 日辞职)说:"我刚上任,不清楚具体情况。"

　　有的人别有用心,有的人推卸责任,但都心照不宣地把风往总统那里吹。

　　会后,阁员照例要在总统府会餐。餐桌之上,大家继续围攻黎元洪。

　　财政总长张英华说,目前看来,这事在手续上有问题。

　　黎元洪解释说,他在办这件事时,就邀请过总理、财政总长和次长、两院议长及议员前来商议,不存在乱弄钱和所谓内幕问题。

　　高凌霨说,总统得把这事交由内阁会议议定,才算符合责任内阁制。

　　言外之意,黎元洪是在破坏责任内阁制,这个帽子扣得可不小。

　　双方越说越不投机,争执不下,会餐不欢而散。

　　责备黎元洪搞钱搞黑幕的声音越来越高。6 月 6 日,黎元洪公开通电解释自己筹划制宪经费的原因,说是为了促成宪法,并不是为了讨好国会,蝉联总统。

　　可是,保定派的人根本不听他这一套,也不想跟他和张绍曾多磨嘴皮子。

　　既然你们对这个位置如此恋恋不舍,那你们自己玩吧,我们不陪你们,看你们能支撑多久。

　　在 6 日举行的特别国务会议上,高凌霨手持辞职通电声称:"总统近来对于政务,或不经国务会议,直接处理,或以命令方式,交院照办,实属侵越职权,责任内阁精神至此扫地已尽,就我个人私见,总统既不信任我辈阁员,我辈惟有退避贤路,以免贻误国事。"

　　交通总长吴毓麟、司法总长程克和财政总长张英华,内阁中这几个重要位置的人,一起跟着附和赞同,提出辞职。

　　眼见张绍曾和其他阁员还没表态,高凌霨便逼他们表态,如果总理感到为难,那你们好好干,我们几个单独辞职。

这既以退为进,趁机拆台,又居高临下,盛气凌人。

张绍曾一看,交通、司法、财政一撤,内阁已经塌了,便说,既然大家一起上来,要辞一起辞。

就这样,大家一起签名,发出通电。

张绍曾内阁关门大吉。

张绍曾走后,孤掌难鸣的黎元洪日子更加难过。

当黎元洪派金永炎等人赶到天津挽留张绍曾时,张绍曾说自己肯定是不回去了。但他暗中还是想帮黎元洪一把,便让自己的秘书长张廷谔带上国务院的空白命令纸赶回北京,盖好副署印信,交给黎元洪,为黎元洪继续组阁提供方便。谁想干总理,往上签个名就成,不至于因为找不到人副署而出麻烦。

黎元洪不希望自己像第一次当总统时那样,一受威胁就辞职,怎么也得拿出自己的威严来,这回还真想硬挺一下。

所以在张绍曾走后的第二天,黎元洪就召集吴景濂、王宠惠、颜惠庆、顾维钧四人到公府,商量继任总理的问题。

黎元洪大概是想,你想逼走我?我偏要干,而且还要好好干一场。

曹锟的人一看,你还挺任性,给你机会体面地退下去,你还不干,非等我们一脚把你踹出去吗?

因此,逼退内阁之后,津保派的人开始采取第二个行动计划,逼宫。当然,这里的逼宫是采取"文"的方式。如果说前面内阁采取了"不合作",那现在的逼宫就是"非暴力"。

6月7日,陆军检阅使冯玉祥打头阵,京畿卫戍司令王怀庆、步军统领聂宪藩、警察总监薛之珩等紧随其后,借口内阁无人负责,鼓动所部军警,三五成群地拥向总统府,向黎元洪索饷。

黎元洪开始时派秘书出来接见,但这些人不依,非要总统出来对话,黎元洪只好露面。军警们声称已经有好几个月不发饷了,现在内阁没人了,担心工资发不下来,没法养家,请总统赶紧想办法,并给出具体期限。

黎元洪许诺,十天之内,也就是五月初三,端午节前,肯定筹钱并如期如数发放大家的工资。这才把这些人打发走。

津保派的人一看，哟嗬，有两下子，居然接住了这招。那你的马步可要扎稳了，第二招马上就来。

6月8日，津保派的人雇了一批所谓公民，里面掺入一批穿便装的军警，来到天安门，高搭演台，当众演讲。他们声称当前的内阁总辞职，大总统难辞其咎，为国家计，请黎氏速速让贤。

6月9日上午，北京的军警声称索饷不得，集体罢岗，京师秩序一下子无人维持，陷入混乱。军警罢岗惊动了各国使馆，他们表示严重关切，为了外侨的安全起见，拟派洋兵巡街。这让拥曹派慌了手脚，当晚7点，警察自动复岗。

10日的情形更加混乱。午饭过后，先是数百军警来到黎元洪家索饷，侍卫武官长荫昌出面，又作揖又鞠躬，说总统正在组阁，正在想办法，请大家务必体谅。

刚送走一拨，又有几百人的"市民请愿团"开过来了，举着各色小旗子，上写"财政无办法""市民饿、总统肥"等标语，嚷着要总统退位，又是拍门又是呐喊的，一直折腾到午夜才散去。

"市民请愿团"离去之前，把总统家的水电都给断了，下水道也给堵上了。

面对外面这些人的胡闹，黎元洪反倒静下来了。他倔强地表示：我是依法而来，要走也要依法而去，不能糊里糊涂地被人赶走。内阁塌了，国会还在，我的任期自有国会解释。国会做出说明之后，我绝不恋栈。但是，如果有人想用暴力迫我去职，那也是办不到的，我不会重蹈民国六年覆辙，以误苍生。

黎元洪倒是想硬气，可是没有硬的资本，他想请顾维钧、颜惠庆组阁的计划也宣告破产。剩下老哥一个，那还怎么干？所以他只好一面拉硬，一面打电报向曹、吴求援，电辞哀恳。同时，他通电全国，将其困境概述无遗。

等到6月11日、12日，形势就更加不好了。冯玉祥和王怀庆联名提出辞职，表示不再维持京师秩序。想让我们留下的话，除非现在就拿出三百万元发放薪饷,否则,我们维持不了。

6月13日,形势突然紧张起来。上午10点,黎元洪接到报告,说外边的人都在传说王怀庆和冯玉祥于下午2点要带兵到东厂胡同的黎宅,强迫总统下台。

虽说是传言,但黎元洪稍微一琢磨,回想一下近日来这些武夫的所作所为,越来越觉得心往上悬,睡不着觉,说不定他们真能干出这事儿来。

黎元洪感到有股巨大的力量向他压了过来。必须做决定了,否则,后果不堪设想。

在与左右紧急磋商之后,黎元洪决定,立即出京。

黎跑跑与躲猫猫

可是,仔细思量之后,黎元洪心里不仅不舒服,而且更加咽不下这口气。

离京之前,黎元洪一连发布七道命令。他决定在大势无可挽回的情势下,再搅和一下。

(一)准许张绍曾辞职;

(二)特任农商总长李根源兼署国务总理;

(三)除李根源外,全体阁员准其辞职;

(四)任命金永炎为陆军总长;

(五)裁撤全国巡阅使、巡阅副使、督军、督理等,所属军队归陆军部直接管辖;

(六)声讨制造政变者;

(七)宣布自民国十四年元旦起,裁撤全国厘金。

黎元洪不但没有向国会提出辞职,反而备函分致参众两院及外交团,其文曰:"本大总统认为在京不能自由行使职权,定于本日移津。"

这哪里是退却,明明是在宣战。简直是在告诉曹锟,我在客场踢不过你,等我转场跟你干。

黎元洪大概糊涂了，天津啥时成为自己的主场了？

黎元洪还嫌自己"作"得不够热闹，离京前把总统印信大小十五颗交给了自己的如夫人危文绣收藏，让总统府秘书瞿瀛随同保护，一起携带着，并躲到东交民巷法国医院。

黎元洪千叮咛，万嘱咐，对于这些印信，"须得总统亲口说出，方为有效"。

处理完这一切，已经是下午1点了，黎元洪这才在金永炎等人的陪同下，坐上火车，仓促离京。这一天，距离黎元洪入京复职，正好一年零两天。

冷清清的站台上，没有人送行。

黎元洪强颜欢笑，离开了这个既让他辉煌又让他伤心的地方。

独自莫凭栏，无限江山，别时容易见时难。

流水落花春去也，天上人间。

恍惚中，黎元洪望着窗外，不禁思绪万千。

下午3点半，车行至杨村，在距离天津还有三十一公里时，戛然而止。

车上的人面面相觑，只见直隶省长王承斌和警察厅厅长杨以德带着武装军警，登上火车，径直来到大总统的车厢……

原来，黎元洪出京后，津保派分子来到总统府，找了半天，就是找不到大小印信，大呼上当，赶紧向高凌霨报告，说黎元洪没有辞职，还带着印信跑了。

在旧时代，刻萝卜章还不流行的时候，印信是非常神圣的东西。黎元洪想继续发号施令，所以才藏匿印信，不惜把自己变成黎跑跑，还让如夫人与直系的人玩躲猫猫。

高凌霨听到汇报，赶紧拨通了直隶王承斌的电话，要他扣留黎的专车，索取印信。就这样，王承斌赶到了杨村，登上专列，声称是"迎接总统"来了，更要"保护总统"，实际上是怕黎元洪南下，上车来看住，把总统带回天津城。

黎元洪心知不妙，但也只能这样被人监视着前行了。

下午4点半，车到天津新站。王承斌请大总统下车到曹家花园（曹锟的大本营)或省公署(王承斌的办公场所)"休息",黎元洪严词拒绝。

王承斌见黎元洪还在装腔作势,便不再掩饰,单刀直入地问,总统既已出京,印信还有何用?为什么带到天津?

黎元洪说,印信就在北京,我可没带(当然在北京,只不过是在法国医院,而不在总统府)。

王承斌说,你还是乖乖地交出来,免得惹麻烦。

黎元洪一言不发。

王承斌更绝,命令士兵把火车头摘去,不许火车前进一步;加派千余军警包围专车,不许一人进入。然后,自己和警察厅厅长杨以德回家休息去了。你黎元洪不是倔吗?我倒要看看你还有什么招数。

黎元洪的子女本来在天津老站等着接站呢,看火车半天没过来,一打听原来是被扣在新站了,赶紧过来探视,但也被军警拦在外边。大总统成了"高级俘虏"。

黎元洪气极了,为了让外界知道自己被困的情形,他派美国顾问辛博森下车,密携电稿往电报局拍发,电云:"上海报馆转全国报馆鉴:元洪今日乘车来津,车抵杨村,即有直隶王省长上车监视。抵新站,王省长令摘去车头。种种威吓,已失自由。特此奉闻。"

英、美两国驻津领事馆知道大总统在车上被逼交印的情况后,派领事赶忙来车站慰问,但也被军警拦住不让上车。他们气愤地说:"中国军阀如此无理横行,可以劫持总统,真是世界所无的怪事。"

夜里 10 点,酒足饭饱的王承斌和杨以德回来了,并带来了专程赶到天津取印的交通总长吴毓麟。怎么样啊?总统大人,想起来了没有?不要着急,我们可以等嘛!

还等啥呀,再等下去,不被饿死,也得憋死。黎元洪服软了,告诉了实情,说明了印信所在。

王承斌要黎元洪往北京打电话,把印交出来。黎元洪派唐仲寅到车站,打长途电话到北京东交民巷法国医院找秘书瞿瀛,要他们把印信交给国会。

可是,瞿秘书和危文绣认为,总统临走时说了,如果没有总统"亲口说出",绝不交印,以防上当受骗。

唐仲寅回到车厢汇报情况。黎元洪说你再去打,就说是我本人的意思。结果,对方仍然不信。没有总统口谕,绝不能听你一面之词。

黎元洪不得已,只好亲自下车到车站给如夫人打电话,危文绣这才答应照办。

交通总长吴毓麟连夜赶回北京取印。但是,在交通不便的时代,京津往返一次也是颇费时间的。当天晚上没拿到这个印,王承斌不允许黎元洪回天津私邸。黎元洪在天津新站的站长室被软禁了一晚,军警在新站附近森严戒备。

6月14日清晨4点左右,王承斌接到北京电话,印信都拿到了,可以放人了。

但是,王承斌没有立刻放行。他手持两封电稿,一致国务院,一致全国,内容相同,略云:"本人因故离京,已向国会辞职,依法由国务院摄行总统职权。"逼黎签名,否则羁禁车内,永不放行。

黎元洪大印已交,不再挣扎,全数照签。王承斌等黎元洪办好了一切,才挥一挥手:放行。

堂堂大总统,在火车站签字画押才被放回家,这口气实在咽不下。回到天津黎宅,他立刻通电参众两院,述其被困、被逼、被迫签字的种种情形,并声明自己是在人身安全受到威胁的情况下被迫签字的,这是无效的,请国会维持法统,主持正义。黎元洪还指出,总统印是被夺走的,北京当下发出的一切非法命令,一概无效。

但是,津保派可不管他这套,王承斌逼黎元洪签下的字就是证据。目前要紧的,是总统辞职后,应由国务院摄政,赶紧向保定曹锟请示具体事宜。

参众两院也见到了黎元洪辞职的签字,从法律上来说,黎元洪已经不是总统了,他在天津发出的任何言论都已失去作用。

黎元洪还不死心,在天津成立一个"国会议员招待所",只要有议员来天津,就私人掏腰包送上五百大洋,意图在凑足法定人数时,于天津开会成立新政府。

黎元洪不仅没实现这个宏大计划，而且很快花光了银行抵借的十二万元，议员也随之跑光。

黎元洪还有一个计划，拟任命段祺瑞为讨逆军总司令兼第一路司令，张作霖为第二路司令，卢永祥为第三路司令，并以自己的同乡亲信陈宧为参谋长。

可是，隐居天津的段祺瑞得知这个计划后，差点儿笑丢了牙。你黎元洪给我下命令？这可真是本世纪最大的笑话。其他几路人马也对此不屑一顾。

听说国民党孙中山的人几年前就想拥立自己，那就南下看看，说不定还有意外收获。9月11日，黎元洪在拥黎派议员的电召下，乘船抵达上海，在向各界发表通电之后，又有致广州孙中山电云：

我公昔在清季，与元洪共开草昧，丁兹丧乱，休戚与同，惟望共伸正义，解决时局，海天南望，伫候教言。

然而，黎元洪失望了，大家的反应一点儿也不热烈，根本没有把他当成总统看待。

不仅如此，国民党籍议员张继竟声色俱厉地指责黎元洪，认为他误国，依附军阀，不顾国家民族大义，只求一己利害。

黎元洪蒙圈了。你们以前不是说拥立我的吗？当年不都派军舰到秦皇岛接我南下的吗？现在都怎么了？难道，这一切都是假的？

这可真是希望有多大，失望就有多大。黎元洪此次南下，是抱了极大希望的，怎知却是乘兴而来，大失所望。《北洋军阀史话》中说黎元洪"一遇江浙人士的婉拒，二受各省代表的太极拳，三遭议员的指名攻击和不承认其总统地位，四被地方军事首长指桑骂槐地搞了一下。这四重打击，可真把黎元洪打得头昏眼花"。

他长叹一声，就这样吧，不再硬撑了。

回想一下，与他相交甚深的田文烈早在他入京复位之前就告诫他：

"君甘为军阀傀儡，则可入京；若怀有主张，不必自讨没趣。"

黎元洪此次复位，果然是自讨没趣来了。这回真的信了，真的服了。

1917 年，也是在六月天，黎元洪就曾受到督军团的威胁，如今是军警威胁他；当年他把段祺瑞弄得一个人在内阁办公，现在他把自己弄成一个人在总统府办公。

弃我去者，昨日之日不可留；乱我心者，今日之日多烦忧。

人生在世不称意，明朝散发弄扁舟。

第三十章 ╲ 曹氏当政 ╲

拉选票风波

津保派人马通过索饷、逼宫、截车、夺印四部曲,成功地赶走黎元洪,为曹锟登上总统宝座铺平道路。

6月15日,曹锟发表通电,意思是说,黎大总统辞职了,家不可一日无主,国不可一日无君,我们得赶紧进行下一步。

近水楼台先得月,向阳花木易为春。王承斌在天津加紧通电,敦促国会,赶快大选,不知道"国不可一日无君"吗?

21日,吴佩孚也致电曹锟,请其"于最短时间,速以法律手续,促成选举";并请其"间接授意京中军警各机关,随时监视各议员,无论如何,不得令一员他行,一周之内,迅定大选"。

吴佩孚到底是文化人,他的电报一下抓住了问题的要害,只是可惜,津保派的人并没有真正听懂。

曹锟要想当上总统,就要做好两件事,一是法律同意,二是地方实力派的拥护。吴佩孚提醒的是第一件事,这是最重要的。而就地方实力派这一问题来说,经过了直皖战争和直奉战争,现在没有任何一派敢来挑战直系,所以居于次要地位。

而吴佩孚电报主要是围绕"法律问题"的角度来进行,其要点有三:一是"以法律手续,促成选举";二是不让议员出京;三是"于最短时间",避免夜长梦多。

吴佩孚开始时之所以把黎元洪请回来当总统,很大程度上考虑的是法律问题和程序问题,现在特意提醒曹锟一定要注意"法律手续",就是告诉他一定要合法,这样才具备执政的合法性,堵天下悠悠之口。

吴佩孚提醒曹锟，要想走法律程序，一定要看住议员，万一他们被别人所用，麻烦就大了。所以不能让他们离京，只要在我们的地盘控制住他们，就啥都好说。

非常可惜，吴佩孚在电报中摆在前面的最重要的两条提示，津保派的人都没在意。他们太心急了，所以只看见自己想看见的东西，那就是吴佩孚提示的第三点"于最短时间"，避免夜长梦多。

正因为忽视了最重要的前两条，所以曹锟在参选总统时，比当年竞选副总统还麻烦，甚至让自己身败名裂。

一个世纪以来，布衣出身的曹锟是以"贿选总统"的恶名（斥巨资拉选票）被钉在了历史的耻辱柱上。可是，事实上，他到底有没有贿选？贿选程度如何？肯定不会绝对干净，但绝对的黑暗可能也是众口铄金。

文献记录里面究竟有多少干货？有多少水分？有多少是政敌故意埋汰曹锟而写出来的？当年就有疑问，今天仍然疑点重重。

这里，暂时先依文献的记录，把曹锟"贿选"的情形复述一下，后面再做简要的分析与评论。

曹锟知道，走法律程序，实际上就是操纵国会、收买议员、争取选票，当然就要在议长和国会议员身上下功夫。当时参议院议长王家襄辞职，而继任议长没有选出，于是众议院议长吴景濂成为举足轻重的人物。

曹锟早就知道吴景濂的政治目标是要当上内阁总理，为了让吴景濂全心全意支持自己，他口头许诺，事成之后，一定满足吴的愿望。同时，曹锟手下的副参谋长王坦深知吴景濂有怕老婆的特点，于是走吴景濂的夫人路线，凭其三寸不烂之舌，许以重利，说得吴景濂老婆满脸笑容，给吴景濂做了主，一定会全力支持曹大帅当上总统。

吴景濂这关是做通了，但吴佩孚担心的事却出现了：议员们跑了。

就在黎元洪辞职时，大家都能看出来，曹锟要竞选总统了，而且是志在必得。依照法律规定，总统是要通过选举产生的。只要选举，议员们手中的选票就值钱了。心眼儿灵活的议员，早就开始悄悄地离京，不是躲到天津，就是跑到上海。再想把议员请回来，那就要让他们手里选票的含金量翻番。

不过，这批议员跑出京城，更直接的原因是受反直联盟的鼓动和诱惑。

曹锟一边拉拢议员，一边向有影响的人物如张作霖、段祺瑞、孙中山等人示好，表示愿意重修旧好。但是，张、段、孙等人不仅不为所动，反而联合起来拆曹锟的台。

怎样拆台呢？就是抢议员。武的方面我们打不过你，文的方面我们却可以陪你玩到底。在这种情况下，议员成了双方收买的对象，成了双方都想抢的香饽饽、唐僧肉。于是，当时的中国出现了丑陋且奇特的现象：一边是"贿选"，一边是"贿不选"。

议员们高兴坏了，不管投什么票，都有大利可图，而且是双方通吃。谁给我钱多，我就说谁的好话。直系和反直系双方开始竞相往议员身上砸钱。

比如，张作霖为了"贿不选"，就挖曹锟的墙脚。他拿出七十万元，声称凡是离京赴沪的议员，每人每月可领三百个大洋，这比曹锟的两百个大洋多出了三分之一，足顶当时普通公务员好几年的工资了，那谁不乐呀？

上海是皖系卢永祥的地盘，此时成了反直三角联盟的大本营。

黎元洪更狠，他还没咽下被逼辞职这口气。他宣称，只要是离京赴沪的议员，经过天津时，每人赠送五百个大洋作路费。

这些钱，在当年可是巨款，可以想见那三五百个大洋对于议员们得多有诱惑力。

议员们纷纷离京挣外快，这可把曹锟急坏了。没想到在"直系即中央"的情况下，当个总统还是这么困难。这样下去，多年来的奋斗结果不就付诸东流了吗？

关键时刻，还是吴景濂有办法。

吴景濂想到黎元洪在的时候，曾经有过先制定宪法还是先选举总统的争论。他建议曹锟，我们现在要对外声称推迟总统选举，召开宪法会议，也就是"先制宪，后选举"。这样的话，那些给议员们开钱的家伙就会感觉掉进了无期限的无底洞，而议员们也会回京参加宪法会。只要我们把议员们骗回来,其余的事就会好办得多。

在吴景濂的怂恿之下,曹锟公开发表通电,推迟总统选举,召开制宪会议。

曹锟的通电效果不甚明显,议员们上当次数太多,都学得鬼精鬼精的。

到底还是议长吴景濂比较善于拿捏议员们的七寸和软肋。按照法律规定,截至 1923 年 10 月 10 日,国会议员任期届满,而现在是 8 月,马上该改选了。吴景濂针对这个弱点,对外宣称,我们准备就众议员任期增加一项修正案:"议员职务应俟下次依法选举完成,开会前一日解除之。"

这就是无限期延长的意思。否则,你们再有一个月就到期,到时等着走人吧!看谁还给你们开钱。你们当下返回的话,不仅每人都有旅费四百个大洋,而且,每出席一次会议,就给二十个大洋,每周参加常会的给出席费一百个大洋,另外还有冰敬和炭敬等津贴。

议员们一看,大喜过望,南方的钱吃过了,北方的钱又来了。走啊!回北京啊!曹老三给的钱更多啊!

这样,在京的议员不想跑了,离京的议员也纷纷往回赶。

热闹的竞选

人性是多变的、软弱的,权力却是永恒的、坚挺的。换句话说,人性是灰色的,而权力之树常青。

曹锟想要拉选票,就得先把有投票权的人摆平。

9 月 7 日,因法定人数不足而停开了三个多月的众议院常会得以召开,出席的众议员有三百零二人,主要议题是延长议员任期案。这是涉及每个议员自身利益的"大问题",议案自然得以顺利通过,随后咨送参议院。

虽说这明显是出钱贿选的前奏,惹得外界议论纷纷,但参议院的人当然也抵制不住巨大的权力和利益诱惑,通过了延长议员任期案。

议员们回来了，也合作了，距离民国的国庆日10月10日只剩下一个月，选举总统的进程明显得加快。

9月9日，吴景濂召开选举总统预备会。会前通知各位议员，凡是在这天参加会议的，都有出席费两百元，如果抱病在身而力疾出席者，还加发医药费两百元。即使是这样，议员们仍然认为给的钱少，出席会议的法定人数仍然不足。吴景濂一面软磨硬泡，把出席费提高到五百元，一面派出许多职员代议员签名，捏报出席人数，这才勉强开成了选举总统预备会。（因事请假的两个四川籍议员李汝翼、张瑾雯第二天发现，他们的名字居然出现在出席人员名单中。）

经过这次预备会，大家都在互相摸底，看看对方的底牌和行情。津保派一看，照这样下去，正式开会时，非出麻烦不可。咬咬牙，继续砸钱。

直系王承斌在这个时候非常卖力。一方面是因为黎元洪向全国公开截车一事，让王承斌露脸露大了，他现在就像押宝一样，如果曹锟选不上来，那他会输得更惨，所以必须把曹锟推上来；另一方面，曹锟任命他为贿选总司令，务必和吴景濂一起把这件事做好。所以，王承斌拿出了曹操拉拢关云长的架势，来到北京，三日一小宴，五日一大宴，上马一提金，下马一提银，全方位讨好各方议员。

这还不算，王承斌决定在选举前发给每票五千元的支票，选举后即可持票兑现。之所以这样做，是因为双方都有戒心。议员们怕投票后得不到钱，津保派怕议员们拿钱后不投票，大家在先给钱还是先投票上拉了好长时间的锯，最后才想出开支票这个办法。支票一律未填日期，须在总统选出三日后，由开票人补填日期，加盖私章，到指定银行兑换，方能拿到钱。

到这个时候，反直联盟仍没有放弃，他们在北京六国饭店特设专门机构，继续给曹锟搞破坏，拆台子。当得知王承斌给每个投票者五千元的消息后，他们对外宣称，谁要是不投曹锟，我们就给八千元。

议员们一看，走啊，发财去。可是，因为财力有限，只拉来四十多个人。就是这四十多个人里，还有几个是两边都拿了钱的。

1923年9月24日，曹锟的名字出现在了美国《时代周刊》的文章里。

《时代周刊》说,中国正在紧锣密鼓地进行总统选举。

10月4日,经直系收买而出席宪法会议的议员已达五百五十余人。按照《大总统选举法》所规定的选举总统会,必须有全数议员的三分之二到会,当时两院议员为八百七十人,三分之二的数目是五百八十人。以此计算的话,距法定选举总统的人数仍差三十余人。但王承斌和其他负责贿选的骨干分子声称,剩下的几十人已经没问题了,全都收买了,届时肯定能超过法定人数。

也就是说,曹锟已是"众望所归",当选已是水到渠成。

在这种情况下,吴景濂以总统选举会的名义发出通告,10月5日召开会议。

10月5日上午,总统选举会在北京象坊桥众议院会场如期举行。

为了确保这次选举万无一失,会场外面,附近街道,都拉起了警戒线,周围布满了宪兵和警察。安保工作,当然不允许出现任何纰漏。

上午8点半,吴景濂早早来到会场,不时地看看钟表,焦急地等待着议员们的出现。

果然,到了上午10点的正式开会时间,议员仍然是稀稀落落,寥寥无几。吴景濂只好宣布,会议延迟一小会儿……

议员们不都拿了支票,答应得好好的吗? 怎么还出现这种情况?

其实,原因很简单,想再多要点儿钱嘛!

11点30分,签到议员仅四百多人。急得团团转的吴景濂决定,派人派车分头去接,每个人至少要接回一名议员来,不管用什么方法,反正给弄到这里就行。

吴景濂又告诉这些人,请转告议员,只要出席会议,即使不投票,每人也一律送给五千元。先把法定人数凑够再说。

直到下午1点20分,签到人数方达五百九十三人(参议员一百五十二人,众议员四百四十一人),已足法定人数。吴景濂宣布开会,说明了投票程序、写票方法和计票方法等,投票完毕后,要当众点票唱票,以示公开。为了不让议员们饿肚子,大会还备有茶点,更设了烟馆。

投票自 2 点始至 4 点毕,投票总数为五百九十票,曹锟得四百八十票。按照《大总统选举法》规定,投票总数超过四分之三(四百四十三票)就可当选。

吴景濂宣布,曹锟以四百八十票当选为中华民国大总统,会场掌声雷动。

选举结果刚一出来,吴景濂就赶紧拨通了曹锟的电话,激动地高声向曹锟报喜。"我公依法当选,中外腾欢,万姓仰戴,永奠邦基,造福民国,谨掬诚申贺,顺颂钧安。"吴景濂真想把世间最美的词全端出来。

尽管曹锟早就想当总统,也知道自己此次能当上总统,但当这个消息真的飞进自己耳中时,他的大脑瞬间一片空白,血涌如沸,泪涌如泉,嘴里只是不停地答应着:"好,好,好……"

一时间,整个保定都沸腾了。大沽口那个穷困的跑船人家,当年卖布赔多赚少的曹三傻子,也当上了总统!

英雄莫问出处,男儿志在四方。

全国各地祝贺的电报纷纷飞往保定,各路奔赴保定入府祝贺的人挤满了道路,挤爆了宾馆。曹锟的脸都笑僵了,乐得合不拢嘴。

10 月 9 日,接受总统证书的典礼仪式在曹锟府第进行。曹锟身着大礼服,双手接过选举会议长吴景濂给他的当选证书,二人互行鞠躬礼,也向众人行鞠躬礼。

10 月 10 日,曹锟率卫队自保定乘火车进京,在中南海怀仁堂宣誓就职:"余誓以至诚,谨守宪法,执行大总统之职务。谨誓。"

曹锟,当年的布贩子、小混混,终于如愿以偿地荣登大宝。

曹锟就任总统两个小时之后,颁布了《中华民国宪法》,这是议员们早就制定好的,后人称之为"曹氏宪法"。

立宪,说白了,就是明确其正统地位。从这个角度来说,曹锟执政第一招的路数,还是可圈可点的。

这是中国第一部正式颁行的宪法,但在当年被政敌埋汰得一无是处。即使在今天,主流历史观点仍认为这不过是在旧民主主义观念深入人心的情况下,直系军阀不得不立起的民主招牌。

可是,话不能这样说。民主总是要起步的,民主绝不可能一蹴而就,共产主义也不是一朝能建成的。这种尖刻的批评并不是看待历史应有的态度。

历史的大潮平息之后,静下心来仔细观之,仅就宪法学本身而言,我们不得不承认,这部宪法是优秀的。它已经具备了司法独立、多党制约、新闻自由等特征。近年来有学者认为其有较高的法学价值并不失世界潮流。

在凤凰卫视纪录片《民国"纸牌屋"》中,中国社会科学研究院近代史研究所研究员马勇评价道:"他制定那个宪法,是民国时期最好的一个宪法,它将西方近代的政治理念融进来,他这个宪法被公认是最好的。"

北洋史研究专家来新夏教授认为:"实际上,这部宪法从起草到公布,历经十一年之久,而且在其议宪期间,每因政局的变化,时作时辍,最后还获了个'贿选宪法'的恶名。它形式上也只存在了一年多,因政治上的原因,亦没有付诸实施,只是一部有名无实的宪法而已。"(来新夏等:《北洋军阀史》下册,南开大学出版社,2001年,第775页。)

琼楼风雨

人生好比是海上的波浪,有时起,有时落,起落是前后相继的。《易经》中的智慧也告诉我们一个人生大道理:物极必反,阴极则阳生,阳极则阴生。

同理,在写曹锟跌入谷底之前,先写曹锟登上琼楼之巅。

曹锟当上了总统,可以说是他人生的巅峰。表面上看,他赢了,但实际上,他输了,输得一塌糊涂。

原因很复杂,这里只拣一个关键的,就是他当总统的时机问题。

古人称帝尚且要"必待海内削平,四方宾服;又必有群臣劝进,诸侯推戴,然后让再让三"(毛宗岗语)。这几个条件,其实非常重要。意思就是说,要想当皇帝,必须用武力把大家征服,并让他们主动拥戴,自己还得再三推让。如果在没把大家征服的情况下,自己非要上位,这个时候就会成为众矢之的,天下会群起而攻之。

而且,只要我们细细思量,就会发现其中奥妙,其实绝不是表面上看起来这么浓厚的文学色彩,而是有着冷峻的政治思考,因为它涉及政治上两个最关键的要素:枪杆子和笔杆子,也就是武力和舆论。搞政治,没有武力肯定不行,有了武力而没有控制住舆论,则会带来极大的障碍和麻烦,甚至会被唇枪舌剑放倒。袁世凯当年就在这上面栽了跟头。

而曹锟在没有征服天下、没有控制住舆论的时候就操纵选举,强行上位,这犯了政治上的大忌。

首先,对于舆论,曹锟压根儿没有概念,这是必败之兆。本来,直系的吴佩孚对舆论非常在行,也非常会抢眼球,但自从前次政争,吴佩孚心灰意冷,躲在洛阳低头练兵,并没有参与贿选,直系在舆论上也就失去了本应发出的最强音。当然,吴佩孚也曾提醒曹锟不要这样操控民意,万一失手,后果不堪设想。但津保派人马已经听不进去,他们只以为吴佩孚是不希望曹锟当总统。曹锟身边的人,眼光只盯着北京周围的舆论,没有顾及其他地区。

其次,武力上,曹锟也没有能够号令天下,削平宇内。皖系当年虽然败了,但百足之虫,死而不僵,且段祺瑞仍具备相当威望;奉系虽然败了,但实力根本没受损,至少没伤到元气;孙中山虽然暂时没能挑战秩序,但已经开始"联俄"。这也是吴佩孚低头练兵要武力统一全国的主要原因。

曹锟没读过几天书,不知历史的残酷和人心的复杂。在政治谋略上,老子的三件宝之一就是"不敢为天下先",朱元璋接受深谋远虑的谋臣刘伯温、高升等人的建议,采取"深挖洞、广积粮、缓称王"的策略,成功地避开了政治明箭、暗箭、旋涡和龙卷风,使自己笑到了最后。然而,曹锟再没读过书,也应该知道中国民间俗语中的智慧"枪打出头鸟"和"出头椽儿先朽烂"的深刻道理,可是他并没有放在心上。也正因为如此,他在手中握有绝对好牌的情况下,轻率地出牌,一着不慎,满盘皆输,从"乡长"又变回了"三胖子"。

曹锟在总统宝座上还没坐热,政治上的明箭、暗箭就像飞蝗一般向他飞了过来,一个以反贿选为起点的反直风潮迅猛来袭。

早在津保派用钱拉选票的过程中,议员中反直系的人就把这一套把戏给曝光了。有个叫邵瑞彭的江西籍议员就把他捏在手里的、带有贿选特殊印记的五千元支票及其他证据向北京地方检察厅举报,并送交报馆发表。

舆论如水,既可风平浪静,又可波涛汹涌;既可浪花点点,又可巨浪滔天。曹锟迎来的是后者,因为他没有重视舆论。

很快,在反直联盟的鼓动之下,舆论的海啸挟着雷声和怒涛滚滚而来。

贿选发生在10月5日,然而,第二天的《北京报》就详细公布了贿选的黑幕,一张票值多少钱,有多少人参与,说得有鼻子有眼,立刻引起了轰动。

上海是反直联盟的大本营。跑到上海的议员发表宣言,痛骂被曹锟收买的议员是"猪仔议员",还在报上公布议员名单,这下子舆论界可找到骂人的对象了,大家一齐骂这群"猪仔"是"不要脸、不要良心、不要命"的"三不要的丑怪东西",这三不要是"穷闾委巷中构成流氓痞棍三大要素"。

10月9日,孙中山以广州政府大元帅的名义,下令讨伐曹锟,通缉贿选议员,并致电段祺瑞、张作霖等联合行动。

10月10日,曹锟就职当天,上海二十多个团体举行国民讨曹游行大会,呼吁各省出师讨曹。游行队伍的传单上还印有"下半旗,讨曹锟,诛猪仔,惩政客。打倒万恶军阀,否认延期国会"的字样。

没过多久,奉天张作霖、浙江卢永祥、云南唐继尧、广东杨希闵等先后通电,宣布与曹锟断绝一切联系。说白了,就是不承认你。

1923年,北大在校庆二十五周年时曾做过一次民意测验:"你对曹锟做总统,有何感想?"结果投赞成票的仅有十九人,不赞成者高达七百八十二人。

同时,《申报》《民国日报》等报纸开始连篇累牍地刊登贿选的具体情况、涉案人数、涉案金额等。报上说,此次曹锟贿选经费分九类,其中各政党补助费三百二十四万二千元,特别票价费一百四十一万元,普通票价费三百零四万五千元,特别酬劳费二十余万元,制宪会议出席费五十七万二千元,常会出席费二十多万元,赠送议员的水、炭、节敬及车马费一百九十余万元,招待费一百二十余万元,总计一千三百五十万元。(参见张洪祥等《布衣总统——曹锟》,吉林文史出版社,1995年,第156页。)

有人说,民国不是穷吗?怎么会花这么多钱?钱从哪里来?

北洋政府的穷,是中央政府穷,各省把该交的税全截留了,有些省份还是有钱的,有些军阀的私人腰包还是鼓鼓的。

所以贿选所需的钱,一部分是命令各省军阀"捐"上来的,以此换取官位或其他条件;还有一部分是搜刮民众。当然,从根本上说,羊毛出在羊身上,都是从老百姓身上搜刮来的。

另外,据曾任北京政府大理院院长的姚震就贿选一事给奉系要员杨宇霆的信中说:"颇闻尊处于此次非法选举,尚未详知,遂疑曹氏为合法选出。实则此次选举,弊端百出……此间当于一、二日内,陆续披露彼方舞弊证据。……此次选举,真正到场者,止五百三十九人,伪冒者六十余人(诈称到会五百九十七人),而尊处款项到后,即拆出四十人。若无此事,则彼方出席人数可得五百八十人,法定之数系五百八十三人,仅少三数人,无论如何,不能得其伪证矣。"(辽宁省档案馆编《奉系军阀密信》,中华书局,1985年,第96页。)然而,1924年冬,在直系军阀被奉张打败,曹锟由总统变成阶下囚之后,时北京地方法院检察厅广事调查亦无确切的结论。但仍可以说,曹锟贿选之所以能够成功,其中银弹攻势起了很大的作用。(来新夏等:《北洋军阀史》下册,第775页。)

从上面这段文字看来,一方面显示是"证据确凿",另一方面,来新夏教授又指出"北京地方法院检察厅广事调查亦无确切的结论",这就很有意思了。

它告诉我们,曹锟贿选,事实肯定是有的,但是至于何种程度,现在还不好说。

这也验证了前面说的,曹锟没有掌控好舆论,带来了无法想象的后果。

因为,舆论这个东西,有时能揭露事实,有时却是捕风捉影。捕风捉影恰恰是为攻击政敌。这就如《吕氏春秋·察传》所说:"夫得言不可以不察,数传而白为黑,黑为白。故狗似玃,玃似母猴,母猴似人,人之与狗则远矣。"

凤凰卫视纪录片《民国"纸牌屋"》第八集《夺印》里,对曹锟贿选总统之事作了详细介绍,而最耐人寻味的是结尾的一番分析:"曹锟下台后,段祺瑞命令检查(察)机关搜集曹锟贿选的证据。结果除了在各银行搜得5000元支票收据480多张外,再无更多斩获,最终并无一人被捕。最新的史料研究表明,从司法角度来看,并无直接证据指向曹锟所签发的支票就是为了'贿选',对于曹锟'贿选总统'法律指控很难成立。"

其实,不管怎么说,即使贿选真的存在,或者程度也比较严重,但最高领导者贿赂下属,也算是君主制转向民治过程中的一个值得注意的变化。像婴儿摇摇晃晃走路一样,这算是民主在起步过程中的一个必经阶段,我们不能指望它一下子成形。

即使是美国,从建国那天起就确立民主,但也折腾了一百多年才成形并稳定下来。

明乎此,我们大可不必苛责一个世纪之前的人。把它视为民主长河进程中的一个小回旋,也未尝不可。

后悔当总统

让曹锟头疼的事,远不止此。

曹锟当上总统后,首先要做的就是组阁,任命干部,论功行赏。

在由谁来组阁、当内阁总理一事上,曹锟没有处理好。也正是在这个时候,曹锟才体验到当总统的酸甜苦辣。

在当时的情形之下,有两个总理人选,论功当数吴景濂,论情当数高凌霨。

曹锟在竞选总统的过程中,为了拉拢国会,就千方百计地讨好议长吴景濂,不仅许以重利,而且许以重权。事成之后,除了总统之位,他想要什么官,就许诺他什么官。所以,吴景濂才头拱地似的为曹锟竞选而奔波，绝对当成了自己的事儿来办。

曹锟当上总统后，吴景濂也踌躇满志地准备组阁，认为总理一职，非他莫属，已经是板上钉钉。另一位为竞选立下功劳的直系大将王承斌，也支持自己的表哥兼老师吴景濂当内阁总理。

可是，世界上最复杂的是政治，比政治更复杂的是人心，比人心更复杂的是政治中的人心。

曹锟本来是个很宽厚的人，吴景濂为他竞选总统立下了头功，他本应论功行赏，痛快地把总理之位交给吴景濂，可是，事到临头，曹锟犯核计了。

为什么呢？因为有几件事情，他不得不慎重考虑。

曹锟考虑的第一件事，就是政治小圈子的问题。

几千年传统社会的官场，有时缺雄才大略的君主，有时缺深谋远虑的良臣，有时缺才能突出的贤士，但从来不缺一荣俱荣、一损俱损的各种小圈子。

从各方面来看，吴景濂都应该被任命为总理，但有一个理由，是曹锟不能接受的，那就是吴景濂与直系另一个山头的寨主王承斌关系太近，既是同乡，又是亲戚，既是文与武的结合，又是"笔"和"剑"的结合。这一点，是任何一个领导心中都会忌讳的。

曹锟考虑的第二件事，是领导心中隐蔽而不好说出的事：吴景濂知道得太多了。

选举总统的全程，大事小情，吴景濂都参与其中，可以说都是他一手运作的。这样的人如果上来，自己的小辫子都在他手里捏着，那还能控制得住他吗？

所以，不管吴景濂为曹锟做了多少事，曹锟都只能在心里无奈地说，对不起啦老弟，我真是不能让你上来，否则，我就没好日子过了。

高凌霨是曹锟的心腹，为曹锟筹过不少钱，办过不少事，渡过不少难关。尤其在张绍曾走后，内阁是由高凌霨摄政的。如果让他上来，工作起来应该是比较顺手的。

就在这个时候，吴佩孚打来电报。他是为老领导下一步的工作着想,针对目前焦头烂额的内政外交形势,希望把对财政、外交都比较通的颜惠庆推荐给曹锟。

之所以这样说,是因为在选举总统之前,财政总长张英华就辞职了,曹锟想请中国银行总裁王克敏任财长,但各方面反对,只好让张弧出来接职。外交总长也没人干,虚悬已久。

曹锟一想,也对,自己不懂业务,应该是选一个业务精纯的人上来辅佐自己。而且曹锟觉得对子玉老弟有点儿愧疚,希望借机弥补并安抚手下头号大将,所以他决定听吴佩孚的话。

不料吴景濂不知从哪听说了此事,公开放话:别人想来当总理,门儿都没有,国会这关绝对让他通不过。

这话就是说给颜惠庆听的。颜惠庆一听,拉倒吧,没等上来就有人要拼命了,这样的职务我可不干。颜惠庆主动退出。

就在吴景濂暗自得意的时候,不想高凌霨不动声色地使出一杀招:鼓动反对吴景濂的人,声明议长任期已满,要求改选议长。

就这一件事,让拥吴与反吴两派发生分歧,直至大打出手。

1923 年 11 月 6 日,国会召开,吴景濂刚进入会场,就被人往台下推,旁边又砸过来几十个砚台,破鞋底子纷飞,国会顿时变成了武斗场。

京师地方检察厅派人过来验双方"伤员"。因几句话不合,吴景濂居然下令拘禁检察官,惹得检察厅以妨碍公务、毁坏文书为名,对吴提起公诉。

吴景濂一看,曹锟反悔,国会分裂,地检挑刺,全是冲着自己来的,尤其是曹锟的态度,让他太伤心了。他一气之下,逃往天津,准备在津行使议长职权。但是,吴景濂想错了,他以为别人会把他当盘菜,实际上没一个人理他,最后弄个自讨没趣。

曹锟让高凌霨暂代总理,稳定些时日,组阁已不成问题。可是高凌霨却使出昏招,于 1924 年元旦贸然签署众议员改选令。这本是曹锟竞选总统时答应众人要延期了的,高凌霨却一下犯了众怒,被众人一脚踹开。

就这样,曹锟当上总统都一百天了,连个内阁名单都没确定下来,袁世凯、段祺瑞之后的江湖,果然是一代不如一代了。

最后，曹锟找了一个谁都没想到的人——年过六旬、曾任前清督抚的孙宝琦出来组阁。

孙宝琦，晚清时期的外交家，出使过德、澳、法、西班牙等国，担任过山东巡抚。1913 年 9 月，任北京政府外交总长。1914 年 2 月，代国务总理。1915 年，在日本提出二十一条后辞职。

孙宝琦本来当着税务督办，月薪千两纹银，小日子过得优哉游哉。可是当他乘车经过天津的时候，突然有人追他回来，令他赶紧前往北京，组织责任内阁。

老头乐颠颠地赶到北京，才知道这件好事是他的妹夫颜惠庆从中促成的。

曹锟选他上来，一是因为他代理过总理，且深通外交；二是因为颜惠庆促成；三是因为他当过开平武备学堂总办，是吴佩孚的老师，为了讨好吴佩孚，曹锟才决定把他请来。

1924 年 1 月 10 日，孙宝琦开始组阁。阁员如下：

内务总长程克，财政总长王克敏，外交总长顾维钧，陆军总长陆锦，海军总长李鼎新，司法总长王宠惠，教育总长张国淦，交通总长吴毓麟，农商总长颜惠庆。

本来孙宝琦还想自己揽几位老友入阁，可是曹锟把人员都安排好了，如果不是颜惠庆劝说，老孙先生差点儿直接撂挑子。

老孙担任内阁总理后，还是挺有想法的，总是要提出一些自己的方针意见，惹得曹锟非常不高兴，跳脚大骂孙为"老混蛋"。

朝内总统总理不和，朝外反直三角联盟又一直作对，国际上还发生许多事，诸多事情如乱麻一般，搅得曹锟心烦意乱，整天愁眉不展。

曹锟想主动找到张作霖，希望和解。毕竟二人还是亲家嘛，你别老拆我的台行不？但张作霖表示自己继续"保境安民"，其他的一概不知。

曹锟找来吴佩孚，商量解决办法。吴佩孚建议，应该分化反直三角联盟，拉拢皖系；这毕竟是北洋嫡系人马内部的事，而张作霖算是北洋的旁支，非小站练兵出身，应该孤立。曹锟觉得可以一试。正好马上是段祺瑞生日了，曹锟让各直系将领都去给老段捧场，但老段不以为然。曹锟还派人南下与卢永祥交涉,以副总统为交换条件,但仍然不得要领。

曹锟颓然地发现,没当总统时,自己要风得风,要雨得雨。当上总统后,反倒成了矛盾的集中地,大事小情都来了。总统之位根本不是以前想象的那么风光,自己像个倒霉鬼一样天天挨骂。

处在这种境况中的曹锟经常对手下人大发牢骚:都是你们要捧我上台,叫我来活受罪。

这可真是,如何四纪为天子,不及卢家有莫愁。

做事粗线条的曹锟,还真不想干这倒霉玩意儿了,太受气了。

北洋元老王士珍尖锐而又幽默地说:"如果要害人,最好请他当总统。"

曹锟的内政外交

苏联末代总理雷日科夫曾说:"权力应当成为一种负担。当它是负担时就会稳如泰山;而当权力变成一种乐趣时,那么一切也就完了。"

美国总统尼克松在《领袖们》中说:"当人们把当总统(首相,或有实权的国王)想象为某种'乐趣'时,那他们可能是想到了笑容满面的领袖在欢呼的人群面前出现的场面,而忘记了要花多大气力才能组织群众和保证领袖能笑对摄影机。"([美]尼克松:《领袖们》,刘湖等译,知识出版社,1985年,第444页。)

曹锟本以为权力是一种乐趣,没想到真正挑在肩时才发现那是一种负担。这有两种可能:一是曹锟不会当官,会当官就会享受到其中的乐趣了;二是曹锟发现权力是负担时,可能也想做点事儿。

在传统史观看来,曹锟的形象确实像张作霖曾经骂的,比他的"祖先"曹操还坏,还是大白脸奸臣,好像他就没干过什么好事,而且还是小丑级的人物,惹人烦又引人笑。

可是,真实的历史是这样吗?

我们先试着想一下,吴佩孚是多么傲气的人物,一生以关羽、岳飞自居,曾经把皖系、奉系打个落花流水。他的眼中能有几人,却对曹锟忠心耿耿,这不能说明问题吗?

冯玉祥,敢和吴佩孚对着干,也是个桀骜不驯的人物。他有一次因一件小事在曹锟面前炸刺儿,态度很不逊,被曹锟一句话就给顶得老老实实的。当时曹锟刚当上总统,国务总理还没产生,国务院秘书长张廷谔担任府院之间的联系。春节过后,元宵节之前,冯玉祥叫上张廷谔一起去见总统。见面之后,冯玉祥对曹锟说:"初一这天,总统府的卫队把士兵打了,总统知不知道? 如果总统知而不办,是总统护短;如果总统不知道,是被人蒙蔽。"就在张廷谔吃了一惊,感觉冯玉祥不该这样说话时,曹锟把眼睛一瞪,回问冯玉祥:"焕章,总统卫队在初一把士兵打了,你身为高级长官,为何不彻底追究惩办肇事的不良分子? 我是总统,这种小事情还要我来处理吗? 我几时对你们说情,维护过总统府的卫队?"把冯玉祥顶得哑口无言。

顾维钧,民国第一外交家、民国政坛不倒翁,又是纯正的海归,哥伦比亚大学博士,也对这位总统多方称赞,而不是后人那样极尽讥讽之能事,这不能说明问题吗?

带着这些疑问,我们翻开尘封的历史记录。这里主要摘录《顾维钧回忆录》中关于曹锟执政风格的一些记述,寻找一个接近真实的曹锟。

第一,用人方面,曹锟的风格是"疑人不用,用人不疑"。

据顾维钧说,他在孙宝琦内阁中担任外交总长时,保定派的三个红人——陆军总长陆锦、交通总长吴毓麟和高凌霨分别找到顾维钧,极力要求他任命黄荣良为驻伦敦公使。黄荣良是个有经验的职业外交官,同时也是顾维钧的朋友。但是,顾维钧委婉地说,任命驻英公使需要慎重考虑。当时虽然美国崛起了,但各国在任命外交官时,仍然认为驻伦敦公使是最重要的外交岗位。

第二天,这三位又来找顾维钧,过了两天还来找,顾维钧是不胜其烦。

看顾维钧仍然没有点头回话,这三位保定派的红人不高兴了,想直接跟主子说。

几天后,曹锟在总统办公室召开内阁会议,在孙宝琦来到之前,这几位要打小报告的红人们先到了。他们一起在总统面前嘀咕关于黄荣良的任命问题,希望总统和顾外长谈谈。

交通总长是内阁中最有钱的位置,担任交通总长的吴毓麟自恃是曹的红人,满以为曹锟会替自己做主。结果没想到,曹锟听后把脸一沉,直接问道:"老弟,你什么时候开始学的外交?因为我不懂外交,才请顾先生来当外交总长。顾先生办外交有经验,我把这摊工作完全委托给他,你们为什么要出来干预?这件事应该完全由顾总长决定。"(天津编译中心编《顾维钧回忆录(缩编)》上册,第98—99页。)

曹锟的这几句话,立刻把这几个自认为是红人的人闹了个大红脸,谁也不吱声了。本来每个人都有一肚子话,这下子都憋回去了。

曹锟的话,应对得很得体,这种处理方式也很大气,简直是无懈可击。顾维钧暗自赞叹:"这件事给我印象很深,因为我并没有对总统提过黄的任命问题,也没有向他解释过对这项任命需要花费时间考虑的理由。但他能立即作出判断,认为他们不应该干预。""在这些行动上曹总统表现了他的性格。每当他任用一个他认为胜任的人,他就放手让其拥有充分的办事权力。换句话说,他信守这个原则:'用人不疑,疑人不用。'我认为他处人处事的方式给人印象颇深。他可能没有从书本中学过这些,但他的行为却一直符合这句中国的古老格言。他也很恢宏大度,襟怀开朗。"(天津编译中心编《顾维钧回忆录(缩编)》上册,第99页。)

第二,外交方面,既灵活,又有原则和底线。

顾维钧在回忆录中关于曹锟执政时期的外交事务,主要讲的是与苏联的交涉问题。

1923年至1924年与苏联的谈判,其主要内容和目的是恢复中国与苏联间的外交关系。这是当时莫斯科亟欲实现的目标。

这个问题说来话长,非常复杂,直到今天也不可能窥见全貌。

不能窥见全貌的原因在于,历史的问题以政治的面目存在着。其中加进了一个世纪以来诸多人为的价值判断,这在相当程度上遮蔽了事实真相。

我们不妨从头开始梳理。

十月革命胜利后，帝国主义国家立刻展开对第一个社会主义国家苏俄的封锁和围攻，力图将其扼杀在摇篮中。为了摆脱在国际上的孤立局面，打破帝国主义的包围，苏俄急需中国对它的承认，并希望与中国恢复外交关系。

在这个背景下，苏俄副外交人民委员加拉罕于 1919 年和 1920 年先后两次发表对华宣言，宣称"废除以前与中国缔结的秘密条约"，把沙皇政府"从中国人民那里……掠夺的一切交还中国人民"，废弃一切在华特权。

本来，中国人对俄国人的印象非常坏。天朝衰微时，"北极熊"从中国北方割占了一百多万平方公里的土地，制造惨案，烧杀淫掠。

彼时的中国刚经受了巴黎和会的外交失败，苏俄主动向中国示好的举动，在中国国内引起了强烈反响。中国人民一下子把沙俄的不好给忘了，从"社会主义"好，进而得出苏联就是好的结论。

一开始，苏俄派出越飞来与中国谈判，但无果而还。

越飞开始交涉的时候，他"建议中国正式宣布废除与其他西方国家缔结的条约，苏俄将支持中国的这一立场"，并将与中国展开合作。

关于这个问题，有些人是不明白里面的奥妙的。一般人看来，中国受了西方资本主义国家那么多欺凌，现在可以废除不平等条约，多好啊！

这是一个非常美妙的设想，但理想与现实之间，有时候可能相差不大，有时候却存在着可怕而致命的鸿沟。

这句政治术语的真实含义，就是不要与西方其他国家好，要与我好。苏俄与西方闹翻了，西方正在围攻苏俄，苏俄的处境非常困难。让中国废除与西方签订的条约，中国就会与西方闹翻。如果西方围攻中国去了，那就会大大减轻苏俄的负担。

单方面废约，其实就是找架打，弄不好会闹出战争问题。当年慈禧太后下令对八国联军开战的时候，与这个设想不是很像吗？但结果是什么呢？

顾维钧是个老外交，这些东西当然瞒不过他的眼睛。他说："中国的目的首先是要废除不平等条约，并在平等互惠和相互尊重领土完整和主权的基础上与所有国家建立新的外交关系。在巴黎和会上采取的就是这种立场。中国将遵循这一政策。"并表示越飞对中国的目标的理解是正确的,但是他所提议的方法尚需慎重考虑。

顾维钧回去后,向内阁汇报了此事。内阁商量了两三天,最后,由顾维钧出面作了解释,回答得很策略:"中国政府已考虑了苏俄的建议,我们十分赞赏苏俄给予支持和实行合作的表示,不过中国政府对于不平等条约并不想采取单方面行动的政策。中国政府拟通过正常途径进行谈判,以期有关各国乐于同中国合作,实现中国所欲达到废除不平等条约的目的。"(天津编译中心编《顾维钧回忆录(缩编)》上册,第119页。)

越飞大失所望,他敬告顾维钧:你把希望寄托在西方人身上是靠不住的,必须要相信我们。

此时,广州军政府向越飞伸出了友好之手,这让越飞喜出望外。顾维钧在回忆录中记录了这件事:

他(指越飞)表示,既然中国政府不愿接受苏俄进行合作的建议,他即将前往南方与孙中山博士商谈这项建议。他知道孙博士在政见上与中国政府并不一致,因而希望孙博士更加理解他的任务。我觉得他这番话多少是一种威胁,这是他感到失望的结果。据我了解,他于次日离开北京前往上海会见孙中山博士。他们就合作的广泛原则进行了交谈。他们二人所发表的公报内容不多。公报仅表示相互了解和友好地交换了意见。我记得公报本身并未明确提到有任何具体协议,尽管一定有一些协议。当然,随着其后所展现的事件,孙中山和越飞商讨和谈判的性质以及他们会见的意义就清楚了。后来的事实表明,他们之间已建立了实际上相当于联盟的关系,由苏俄提供军事、财政和政治支援,供孙中山博士进行第二次或第三次革命,夺取政权。越飞和孙中山之间所达成的协议成为国民党与苏俄合作的基础。(天津编译中心编《顾维钧回忆录(缩编)》上册,第119—120页。)

关于孙中山与越飞的交涉,后文有专门叙述,这里不再多言。

"吕端大事不糊涂"

越飞走后,加拉罕来了。看来这哥俩是分别对中国一北一南两个政府同时下手。

明一手,暗一手,翻云覆雨;一边握手,一边伸脚,纵横捭阖。这一直是那只双头鹰的重要特点。

加拉罕高调提出了对华宣言,让饱受欺凌的善良的中国百姓听着心里热乎乎的,青年学生开始热血沸腾。

但是,顾维钧说,加拉罕提出了一个先决条件,就是"中国先同意与苏俄恢复正式外交关系,才能开始谈判"。

然而,中方也不让步。顾维钧的意见是,"只要苏俄发表一个正式声明,承认中国在外蒙的主权,放弃在外蒙所采取的有损中华民国地位的措施,那么在外蒙问题上的僵局就可以打破",但苏俄并不同意。

为什么会这样呢?因为在这个时候,苏俄表面上是说放弃沙俄时代不平等条件,实际上却在外蒙古做各种小动作。

1921 年 6 月 25 日,苏俄军队以剿灭白匪为名,不顾北京政府反对,强行进入外蒙古。半个月后,在库伦扶植了傀儡政权,成立了所谓蒙古人民革命政府。然后苏俄政府声明,"应蒙古人民革命政府要求",红军留驻外蒙古。

苏俄的这些举措,严重损害了中国的利益,致使外蒙古这块领土实际上从中华民国分离出去。所以,外蒙古问题也就成为中苏建交的主要障碍之一。

双方都不让步的时候,加拉罕发表了第二次对华宣言。他抓住中国人的心理,提出只要与苏俄建交,那苏俄一定与中国保持密切友好的关系,在苏俄的大力帮助下,也能保证中国很快自立,从不平等条约之下解脱。

这个前景简直太美妙了,有如广陵散重见于世,吹动了无数纯洁的心灵。

五四的"领头羊"北京大学又一次代表舆论界发出声音,指责政府为什么迟迟不跟苏俄谈判。

单纯的学生们只看到表面的和谐,哪知道外交字眼的玄机。

别的不说,单就苏俄声称废除沙俄时代不平等条约这一项,其实像脑筋急转弯一样,隐藏着一个天大的秘密,就是外蒙古问题。外蒙古可以解释为是苏俄时期的事,并不是沙俄时代的事,因此,舆论界所不知道的事是,苏俄要中国承认他们对外蒙古的控制权,承认外蒙古独立,也就是承认外蒙古从中国分割出去,这才是要害。

而且,所说的废除沙俄时代不平等条约,也只是一种权宜之计,喊归喊,谈归谈,要真正落实,不知得经过多少岁月。这无非是"拖"字诀的生动运用。

另外,北洋政府迟迟不与苏俄建交,除了涉及国家核心利益的外蒙古问题,还受到协约国要求政策保持一致的束缚。如果贸然与苏俄建交,势必要得罪西方一系列邦交国。

用从中国掠夺的一小部分物资,满足一小部分中国人对权和利的私欲,从而获得更大的政治利益,俄国人这生意太赚了。

因此,我们务必清楚,苏俄的首要目的和最主要目的,绝不是把那些土地归还中国,而是要中国承认它的地位,进而摆脱被西方围堵封锁的局面!一旦中国承认了它,便会导致两个结果:一是中国先得罪西方其他国家,与苏俄捆绑在一起;二是双方就沙俄时代的不平等条约进行谈判,但是会谈的期限不知会拖到什么时候,也不知会如何节外生枝。既然在外蒙古问题上欺骗中国,那他们所说的要取消沙俄时代不平等条约的诚意和真实性到底如何,不是很清楚了吗?

曹锟当选总统后,组成了在他领导下的第一届内阁,新一届政府与苏俄继续谈判。曹锟任命中俄交涉事宜分署督办王正廷为中国政府的全权代表。

为了慎重起见,外交部在这个"全权代表"的全权证书上注明:王正廷有权进行谈判,但无论与对方达成什么样的协议,都必须报经政府同意。

王正廷,浙江奉化人,民国时期的外交官,耶鲁大学博士。中华民国成立后，王正廷先后担任南京临时政府参议院副议长、代理议长等职。1917 年随孙中山赴广州，任非常国会副议长、军政府外交总长、财政总长，长期在南方政府中任职。最初为巴黎和会选派代表时，没有南方军政府的人，后来经南方政府多方协调奔走，王正廷也成为谈判代表之一，并在和会上表现出色。华盛顿会议时他也是中国代表团代表。

黎元洪第二次当大总统时，曾派王正廷筹办中俄交涉事宜，王担任中方代表团团长。黎元洪还曾任命王正廷为北京政府外交总长（约三十六天），兼代国务总理（仅二十五天）。

王正廷此次能与苏联谈判，大概是因为他对中俄交涉事务颇为熟悉，而且是由内阁总理孙宝琦和农商总长颜惠庆推荐的。但是不久，曹锟就发现谈判交涉出问题了。

顾维钧在回忆录中说，他从外交部中选派了几个得力之人作为王正廷的助手，其中之一是外交部外政司第一科科长赵泉。赵先生也是顾维钧的得力助手。王正廷也选了几个助手，但是，他们却"都不在外交部门供职"。本来是要经常向外交部汇报谈判情况的，但王正廷很少汇报，顾维钧所得消息，都是赵泉汇报过来的。

1924 年 3 月的一天，麻烦终于来了。赵泉向顾维钧汇报，王正廷和加拉罕刚刚在后者的下榻处，即原俄国大使馆签署了一份协议草案。具体内容尚不知，是正式签署还是草签，也不知。反正双方谈通宵，黎明时分签字，"签字程序刚一结束，就拿出了香槟酒，加拉罕先生为两国友好关系的恢复祝酒干杯，并将酒杯伸向王博士，称之为'未来的中国总理'"。

顾维钧非常恼火，你王正廷有政治雄心可以理解，"整个政界也早就知道"，但这样重要的谈判"不按一般程序，先向我，当时的外交总长，进行汇报，以使我能把协议草案提交内阁全体会议进行讨论，就在协议草案上签字，看来是失职行为"。

顾维钧给王正廷打电话，要求马上把草案副本传过来，他要亲眼看看这份草案的具体内容、措辞方式，以及是否有不利于国家利益的条款。

赵泉先传回来一份非正式的副本，又过了一两天，王正廷才把文件传过来。顾维钧说:"当我仔细审阅那个草案时,却使我大失所望,极不满意。协议中有若干条款王博士是不应该接受的。"(天津编译中心编《顾维钧回忆录(缩编)》上册,第 131 页。)

顾维钧指出,协议草案中有几项条款,如外蒙古问题,苏方从外蒙古撤军的问题,以及关于在中国的俄国东正教会的房地产权问题等,都损害了中国的利益。

顾维钧特别告诉王正廷:"关于涉及外蒙的一些条约问题,协议规定废除沙俄同中国签署的以及同其他列强签署的有关中国的一切条约。但苏俄同所谓的'独立外蒙'签署的条约和协议却没有提到。既然特别指明是沙皇政府所签订的条约,这就是默认了苏俄与外蒙的条约。我认为,中国政府绝对不能轻易作出这一重要的让步。"草案中关于苏联撤军的条款,其实毋宁说是"中国承认苏俄撤军是有条件的,从而使自己处于完全听任苏俄摆布的境地,而苏俄则可以认为中国提出的条件根本无法接受而长期屯兵外蒙"。(天津编译中心编《顾维钧回忆录(缩编)》上册,第 131—132 页。)

然而,不知何故,王正廷却不同意顾维钧的看法。如果事实确如顾维钧所说,那么涉及国家利益的大问题,却这样轻率地草签,而王正廷的从政经历又很难不让人将其与广州军政府联系起来。

顾维钧把这个协议草案提交内阁,请大家来讨论,结果大家非常愤慨。陆军总长和财政总长提出,鉴于王正廷的所作所为与他的权限不符,属于严重失职,他已经不适于继续负责此项工作了。

内阁把意见向总统曹锟上报,曹锟了解情况后,当即决定,停止王正廷督办中苏交涉。

于是中方正式宣布:政府代表与加拉罕先生所进行的谈判将转由外交部继续进行,王正廷的使命已经结束。

命令发表之后,加拉罕大吃一惊。他立即致函中国外交部,"要求中国政府在四十八小时之内宣布接受这一协议。理由是这一协议是由具有全权的中国政府代表正式签署的。他还威胁说,如果中国不在所限时间内给予圆满答复,中国政府必须承担由此而产生的一切后果"。

顾维钧告诉加拉罕,你看清了,我们写的全权代表,下边是有备注文字的。况且,哪国代表签字时会不向政府汇报?

曹锟虽然不懂外交,但他百分之百地支持内阁和外交部的观点,因此对于加拉罕的威胁置之不理,至此双方谈判被迫中断。

加拉罕看威胁无效后,转而采取另一种策略:煽动舆论界。

苏联的策略奏效了。

此时,舆论界不明所以。当听说内阁否决了王正廷与苏联的协议草案后,各界纷纷发表声明,要求无条件承认苏联。北京有学生居然给外交总长顾维钧投函,声称"赵家楼故事可为殷鉴"。这已经开始进行人身威胁了。

苏联的煽动,让远离北京的吴佩孚也动心了。他通电声明,这是中国与外国签订的第一个平等协议,他坚决支持王正廷草签的协定,并批评了外交部。

这可真是给曹锟上了眼药。外交部是在曹锟领导下才作出这样决策的,吴佩孚如此指责,让舆论界折腾得更欢了。

在这种情况下,曹锟出手了。《顾维钧回忆录》这样记录当时的情形:"曹总统立刻看到了问题的要害,他显然动了怒:'我在这里,当然比吴子玉知道得多。他不明白这里发生的事,应该闭上嘴。'他还说:'我今天要派专人去告诉他停止发出通电,并且要他闭上嘴。因为有些事他不大清楚,这些事是中央政府的职责。'曹总统果然在当天下午派了一个人乘专车前往洛阳。下次我见到他时,他说使者已经带着吴佩孚将军的明确保证回来,吴允诺今后保持沉默,对这件事决不再说一句话。"(天津编译中心编《顾维钧回忆录(缩编)》上册,第97—98页。)

曹锟和外交部顶住了这些压力,但一些暗流仍然在涌动。在加拉罕与王正廷签署协议草案一个礼拜之后的一天,顾维钧参加完总理的晚宴,回到家时,发现写字台上放着一件邮局寄过来的东西,外观是一个圆柱体,似乎是一根直径两三厘米、高约数厘米的生铁棒,上面贴了张红纸条,写着"敬赠中国外交总长",下边落款为"河南南阳考古研究所",同时标明此物为"秦朝白金古印"。

顾维钧捧起此物,感觉颇重,还有玻璃管,看起来很不寻常。直觉告诉他,这不是个好东西,于是叫来管事的老崔,把这玩意拿走,扔花园的湖里去。同时提醒,这东西可能有危险,一定要小心。

管事的老崔刚把此物捧走数秒,顾维钧就听到轰地一声爆炸响。寻声跑出来一看,一个人被炸倒,另一个被炸断了手。旁边人告诉他,老崔见这东西上面写着白金,主人却让扔了,他便把大家叫过来想看看里面是什么东西,刚一用刀拆解,就炸了。

警察厅厅长来到现场后认为:"这一事件是由一些中国政客策划的。尽管警察厅厅长对王正廷博士极为怀疑,但我却无任何确凿证据。我个人认为王正廷博士本人并未参与此事,可能是一些在政治上支持他的人,包括加拉罕使团中的一些成员插手干的。他们在中国有更加重要的目的和政策,而不仅仅要签署一个与中苏关系有关的协议。"(天津编译中心编《顾维钧回忆录(缩编)》上册,第 136 页。)

顾维钧执掌的外交部接手中苏谈判事宜后,在曹锟的支持下,坚持维护主权,据理力争,又经过两个月的艰苦谈判,终于使苏联改变策略,双方和解,并在 5 月 31 日达成协议。顾维钧与加拉罕正式签署了《中俄解决悬案大纲协定及声明书》,同日两国恢复正式外交关系。

但是,曹锟和顾维钧此时还不知道,苏联在北京谈判桌上没得到的,在与南方的谈判桌上却得到了。

第三十一章 ＼ 合纵连横 ＼

驱狼吞虎

上一次南南 PK 赛和北北 PK 赛的结果是，陈炯明占据了广州，曹锟入主了北京，孙中山躲到了上海，张作霖躲到了东北。

但是，这场大型赛事还没有结束，上一场比赛的败者要求再比一次。因此，比赛继续进行。

这回，我们先介绍南方代表队的准备情况。

陈炯明的部下炮轰总统府这件事，对孙中山刺激太大了。为革命奔走多年，再没有比这更狼狈、更伤心、更失落的事了。

孙中山痛定思痛，寻找中国革命的出路和办法。

这一时期，他与中国共产党和苏联有了密切接触，开始了他晚年思想的大转变。

从 1922 年 6 月 16 日炮轰总统府，到 1925 年 3 月 12 日孙中山先生逝世，孙先生大概在以下几个方面作了巨大努力：建立根据地，改组国民党，组建真正属于自己的军队。

这几件事，应该是同时筹划并付诸实施的，为了叙述方便，我们分别予以介绍和说明。

关于建立根据地，主要是孙中山利用多年革命的人脉，调周边各股力量，向陈炯明发动进攻，夺取广州，以此作为真正的革命大本营。

我们知道，此时孙中山还没有真正属于自己的力量，他采取的方法是依靠军阀打军阀。

有人问，既然他没有力量，那别的军阀怎么会甘心听他指挥？

当然，谁都有自己的小九九，这里面是有利益的。

比如，此次孙中山想重回广州，以报陈炯明、叶举等人的一箭之仇，那么他就要充分发动一切可以利用的力量。其实，别人也不一定真心听从他的指挥，好几股力量都是以此为由头，拼命向广东进军，因为广东是华南最富的地方。

所以，对付陈炯明的统一战线迅速形成。

孙中山先是电令入闽各军编为"东路讨贼军"，以许崇智为总司令兼第二军军长，黄大伟为第一军军长，李福林为第三军军长，蒋中正为总部参谋长。每军编四旅，三军共十二旅。

福建为什么成为"东路讨贼军"的根据地了呢？

当初，陈炯明从福建回师广东，福建随之由李厚基占据。最初李厚基投靠了皖系，但第一次直奉战争后与直系交好。李厚基手下有两股力量，一股是第二师师长、汀漳镇守使臧致平，另一股是第二十四混成旅旅长王永泉。这两位与李厚基虽是上下级关系，却不听李厚基的话。

李厚基先是逼走了臧致平，正准备对王永泉下手时，段祺瑞手下的徐树铮出现了。

王永泉是皖系红人徐树铮当年训练西北参战军时扶植起来的，一直与小徐有往来。此次小徐南下福建，携带八十万元现款，用银弹攻势搞定了王永泉，拥兵自重，成立了"建国军政制置府"，公开与李厚基对抗。同时，王永泉与许崇智两路出兵，赶走了李厚基。

可是，赶走了与直系交好的李厚基，皖系却没得到实际好处：曹锟、吴佩孚控制下的北京政府下令讨伐徐树铮，而王永泉得到了福建的一部分地盘，把自己视为福建的主人，也不希望受徐树铮的控制。徐树铮只好黯然离开福建。

就这样，福建被王永泉和许崇智占领了。而许崇智是孙中山的部下，这才有了孙中山回师广东的"东路讨贼军"。

同时，孙中山让邓泽如、邹鲁等赴香港筹款，然后几支军队的将领，如滇桂军将领杨希闵、刘震寰、蒋光亮、刘玉山等均派代表来港接洽。

丁中江在《北洋军阀史话》中有个记录："杨希闵曾派代表黄实到香港和邓泽如联络，要求帮助军饷，11月8日邓交付黄实港币4.3万元，省行券 1 万元作为杨部发动讨陈的经费。"

有钱能使鬼推磨，有钱就能让军阀为己所用。

给军阀开钱，再让他们到广州抢钱，而且还可以在孙中山革命的大旗之下，合法地做着最有利于自己的买卖，这样有利可图的事，当然有许多人愿意做。即使不给讨陈的开拔费，还有许多人跃跃欲试呢！

广西与广东是邻居。当时广西境内有两支滇军部队，一支是张开儒率领的，但实权掌握在杨希闵的手中，著名将领有范石生、杨池生等；另一支由朱培德率领。这基本上都是当年蔡锷、唐继尧领导的护国军的老底子，且多数毕业于云南讲武堂。

这些名字听着生疏，但与另一位叫朱德的大人物联系起来，可能就感觉拉近了许多。

朱培德与朱德，在云南讲武堂时期并称模范二朱，都参加过护国战争，后来朱培德跟了蒋介石。朱培德把其所辖部队中的共产党员、政工干部全部"礼送出境"。南昌起义时，朱培德部参加了对共产党军队的围堵，使这支八一部队伤亡很大。

范石生，也是朱德的同乡加同学。朱德在领导南昌起义失利后，在江西对部队进行了"赣南三整"，然后化名王楷，隐藏在范石生的部队中。直到被蒋介石查到蛛丝马迹，调兵扑过来，朱德才率队冲向井冈山。

杨希闵、刘震寰，学习历史的人都不陌生，在孙中山逝世后，国民革命军北伐之前，此二位的"叛乱"已被平定。其实他们最初也是革命者，并非天生"恶人"。

杨希闵，云南宾川人，1909 年入云南讲武堂（朱德也是 1909 年进入云南讲武堂），1913 年参加李烈钧在湖口发动的反袁斗争，1915 年参加蔡锷领导的护国运动。

刘震寰，广西马平（今属柳州市）人，年轻时参加同盟会，也参加过孙中山领导的"二次革命"，起兵讨袁。

在 1922 年孙中山讨陈运动中，杨希闵、刘震寰都是出了大力的，所以在 1924 年国民党一大召开时，杨希闵被选为国民党中央执行委员，刘震寰当选国民党第一届候补中央监察委员。只不过在 1925 年孙中山逝世后,这些滇桂军都支持云南人唐继尧就职广东大元帅府,后被国民革命军击败,"叛乱"的帽子从此跟着他们走天涯。

打人一拳,防人一脚,对于孙中山的活动,陈炯明并非不知。因为孙中山把与他关系密切的许崇智等将领都摆在了福建这边,也就是东线,而陈炯明当年回师广东时就是从这条路进来的,所以陈炯明的主要注意力也较多集中在东线。

没想到的是,孙中山这次一口气运作了诸多部队。对于身后广西、云南的西线方面,陈炯明大意了,没能给予足够的重视。

广西战线上,陈炯明利用的是桂军将领林虎。林虎本身兵力不足,四处借兵没人理,陈炯明一看可以利用,就拨给他一部分粤军,让他节制驻梧州的粤军第四师和桂军第一师(师长刘震寰)。

刘震寰早就想当广西军队的司令官,没想到陈炯明支持林虎,还把军权交给了他。刘震寰随即赶赴香港,与孙中山的下属邹鲁等人联系,加入反陈阵线。

怪只怪广东太肥,陈炯明想独吞这块肥肉,引起了大家的嫉妒。想争这块肉的狼太多。后来被称为"南天王"的陈济棠本属粤军,此时也被孙中山拉拢,来个假抵抗,真反陈,答应只要滇桂军南下,他会装作节节抵抗、节节败退的样子,一退到合适的地点,就调转枪口冲向陈炯明。

于是,在任命驻福建的许崇智为东路军总司令后,孙中山又秘密任命杨希闵为滇军总司令,刘震寰为桂军总司令,外加旧桂系沈鸿英、广东陈济棠、湖南洪兆麟等人的部队,各路人马都叫"讨贼军"。

由此可以看出,孙中山在陈炯明面前摆下"四门斗底阵",从东西南北不同的方向合围广东。

而军阀们正好趁火打劫,比《倚天屠龙记》中的六大门派围攻光明顶还来势凶猛。

孙中山本不懂军事,但这次布阵很有章法,看来,极有可能是总部参谋长蒋介石发挥了作用。其功夫之高强,招式之毒辣,组织之严密,简直可以与混元霹雳手成昆(混在少林中的圆真和尚)媲美。

陈炯明部队炮轰总统府后,孙中山躲在永丰舰上避难。蒋介石从上海赶到广州，登舰护卫，跟着孙中山在海上漂了四十多天，终于取得孙中山的绝对信任。

因为陈炯明屯重兵于广州、东江、西江等地区，强攻的话，也不甚容易，所以待一切准备就绪，讨陈军决定玩欺骗。这个把戏由滇军开始玩。

云南讲武堂的这些毕业生们，把中国传统兵法三十六计运用得相当熟练，而且是糅和使用，其中用过的计策有走为上计、瞒天过海计、暗度陈仓计和假途伐虢计等。

杨希闵为了麻痹诱惑陈炯明，特派范石生、蒋公亮到广州面见并告知后者，我们滇军不想陪大家玩了，准备经藤县、蒙江（广西梧州地区），由浔州（今桂平）折入柳江，取道柳州，返回云南，请予以方便。而且我们滇军很穷，日子都过不上啦！范石生、蒋公亮的意思是，若你粤军给我们点儿好处费，我们就走，不打啦！

陈炯明一听，大喜。滇军要是撤了，那自己就少了一个强敌，求之不得啊！不就是要点儿钱吗？我们不差钱。

陈炯明大手一挥，没问题，二位先生请回，几天之内，我派人派船把东西送到贵军，合计钱物有：广东毫洋十万元，服装一万套，干菜若干船，军官特加送白兰地酒。

陈炯明不知道，他好心备下的礼物、滇军的开拔费，更引起了滇军集体性的红眼病。人家给个小费都这么多，可见广东真是富啊！弟兄们，我们不打广东，还能打哪里呢？拿下了广州城，我们就能解决一切困难啦！

陈炯明的礼物运到蒙江，船只还没返回广州，杨希闵主持召开的滇军誓师大会就开始了。

12月9日，桂军刘震寰率部占领藤县，响应滇军，宣布讨陈。

10日，滇军发动攻势，12日开进梧州，守在梧州的粤军按计划不战而降，引兵入粤。

驻在福建的东路讨贼军也发动攻势，19日占领泉州。

三路兵马，都向着同一个目标——广州挺进。

本来陈炯明军队的实力不弱，但自从邓铿被暗杀后，粤军第一师内部就已经悄悄分裂了,这次在外军压境的情况下,也没有团结起来,还发生了内变。粤军第三师又不战而退,广州城已是危在旦夕。

陈炯明本以为滇军不过一万五千人,战斗力不会太强,可是滇军确实穷啊,眼见着广东这么富,谁都玩了命地干,所以攻击力倍增。这些都是被陈炯明严重忽略了的事实。

陈炯明开始向云南唐继尧和湖南赵恒惕求救,但赵唐二人都没答应,陈炯明大势已去。

1923 年 1 月 15 日,陈炯明通电下野,率残部退居东江,固守惠州老家,以图再举。

1923 年 1 月 16 日,各路讨陈军直入广州城。杨希闵电请孙中山速速从上海返回广州,主持大计,重新就任大总统。

蒋介石等人此次施展的驱狼吞虎之计,收到了意想不到的成效。但是,其弊端也是显而易见的。

花花绿绿的广州城,让这些从穷乡僻壤出来的军阀眼花缭乱,垂涎三尺,谁都想多占些便宜,最好是独霸。

所以,这几股势力很快内斗起来。

孙中山还在上海时,电令邓泽如为广东省长,以奖励其筹款之功甚大。孙中山还电令胡汉民、李烈钧、许崇智、魏邦平、邹鲁全权代行大总统职权。

邓泽如觉得自己的能力和威望都不够,坚辞省长,力请改委胡汉民。于是,孙中山任胡汉民为广东省长,许崇智为粤军总司令。

但是,滇军和桂军立刻不高兴了。拿下广东和广州,主要是自己的功劳,许崇智人马一直干打雷不下雨,直到陈炯明被打废,他们才钻出来,这立功受奖的时候,好处全成他们的了?真是岂有此理。

滇桂军才不管孙中山的任命呢,先下手为强。因为滇桂军先入广州,所以"这时的广州,是滇桂军的天下,一切用人、行政、税收都被他们把持,各机关和公共场所,多被军队占为营房"。(丁中江:《北洋军阀史话(四)》,中国友谊出版公司,1992 年,第 81 页。)

尤其是旧桂系的沈鸿英,原本只有五六千人,这次进军途中,沿途一顿划拉,败兵降卒可劲儿地招,一下子扩编数倍,号称有了五个军。沈鸿英的私心陡然膨胀,他想成为广东的新主人。

沈鸿英本来是广西人,为了当广东主人,一口咬定祖籍就是广东,后来搬到广西去的。所以,谁说我们是桂军,我就跟谁急眼。

滇军杨希闵也对孙中山的用人表示不满,你用的明显都是自己人,有卸磨杀驴的嫌疑。

广东人以前饱受桂系陆荣廷的压迫,对外来人尤其是广西人非常反感。在广东人的支持下,粤军第一师和第三师联合起来,推举魏邦平为广东讨贼联军总司令。

大家都管对方叫"贼",都叫"讨贼军",已不知谁是真正的贼了,也不知是谁在贼喊捉贼了。

孙中山得知这种情况后,想把滇桂军调出广州,让滇军回滇、桂军回桂、湘军回湘。可是孙先生忘了一句话:请神容易送神难。

粤军的排外和孙中山的几个任命,引起了滇桂军的强烈反感。滇桂军要联合起来对付粤系人马。1 月 22 日,沈鸿英部公然派兵收缴了由邹鲁指挥的一部分军队的枪械。双方剑拔弩张,形势又紧张起来。

沈鸿英既有了独霸广东的野心,便动起了歪心思。他先是向滇军散布小道消息,说粤军想对付我们,把我们解散,所以我们要联手对付粤军,而且要先下手为强。杨希闵等人信以为真。

1923 年 1 月 26 日,沈鸿英以杨希闵、刘震寰的名义,在江防司令部杨如轩的旅部,邀请在广州各军将领举行军事会议,讨论防务分配和地方善后的一系列问题。省长胡汉民、特派员邹鲁、卫戍司令魏邦平、海防司令卫策等都来参会。杨希闵留了个心眼儿,派参谋长夏声出席。

会议一开始充满了火药味,没谈几个问题就干起来了。先是卫士摁住魏邦平,然后其他人在会场开枪乱射,会场一片混乱。跳楼的跳楼,趴地的趴地,胡汉民、邹鲁等人还都跑了。这就是江防事变。

滇军这才知道上了沈鸿英的当,说好了只对付魏邦平一个人,结果却想一锅端。杨希闵得知自己被沈鸿英利用了,非常生气,于是派人送胡汉民、邹鲁等人脱险,以示清白。

江防事变后,滇军杨希闵看沈鸿英这个人做事太不地道,开始疏离他。其他各路部队也分踞广东各地。沈鸿英的态度软了下来,通电欢迎孙中山回粤,也欢迎胡汉民回来主持广东政务,并很快恢复了魏邦平的自由。

1923 年 2 月 21 日,孙中山返回广州,主持大局。自己改称大元帅,不再回任总统。他决定与西南各省联合起来,统一步调,一致对外。他任命杨希闵为中央直辖滇军总司令,刘震寰为中央直辖西路讨贼军总司令,蒋介石为大本营参谋长。沈鸿英遭到孤立,便开始与吴佩孚联络,继续做他的督粤美梦。

读懂孙中山

时间到了 20 世纪 20 年代,如果从 1894 年兴中会成立开始算起,孙中山领导革命已经接近三十个年头了。可是,孙中山仍然没有找到中国革命的出路,多数时候还"醉心于军事冒险"(鲍罗廷语)。连仅成立一年的中国共产党都提出了最高纲领、最低纲领、革命的依靠力量等问题,国内当时的第一大党却仍在徘徊。

然而,伟人毕竟是伟人。伟人与常人的不同之处就在于他的思想是随着社会实践和时代发展而不断前进,并以此来引领时代潮流的。虽然伟人的思想不是天生的,也不是一下子成熟的,但是,他却可以在实践中,尤其是在对失败教训的反思中使思想得以升华,从而找到正确的实践道路。孙中山就是如此。

孙中山自幼接受的是英美式教育,领导革命多年,他一直希望以美式方法引领中国走向强大,从其在中华民国的体制设计、建党的思路原则等方面,都可看出他受美式文化影响较深。

但是,美式方法并没有使孙中山在领导中国革命的过程中走向成功,相反却是一再失误,陷入了泥潭。1918 年护法受挫被挤出广东时,孙中山躲在上海,用笔来思考他的建国蓝图。《建国方略》就是在这一时期完成的。

可是这些理论仍没有带孙中山走出困境。陈炯明部队的枪口向内，使他遭受了有生以来最惨重的失败。

在这个时候，苏联出现了，其党、其军队、其意识形态，都给孙中山留下了深刻的印象，使困境中的孙中山似醉方醒，如梦初觉。

当然，孙中山不可能不知道弱者与强者交往的规则，不可能不知道不对等交往所付出的代价。但是，一生以救国救民为己任的他更懂得两害相权择其轻的道理，与国家陷入军阀混战、民众生活在水深火热之中相比，用暂时的付出换来永久的收益，应该是值得的。因为，孙中山的所有奋斗目标最终归结为一个问题：国家的统一和独立。

对于孙先生与苏联关系问题，一直以来有两种不同的声音，有的褒，有的贬。而实际上，褒贬双方，各是其所是，各非其所非，都没有进入对方的语境，而又争个不可开交。

简单的文本毕竟不能代替复杂的历史。

对于伟人行为方式的理解，需要说明两点。

其一，不管是传统政治还是现代政治，通权达变是基本要求。

政治要讲道德，但又不能拘泥于道德，否则寸步难行。即使像刘备这样以仁义的金字招牌布于天下的政治家来说，也不能总守着道德不放。

比如在《三国演义》中，刘备、庞统君臣议取四川时，刘备开始仍然抱着道德不放。他说："若以小利而失信义于天下，吾不忍也。"

庞统笑曰："主公之言，虽合天理，奈离乱之时，用兵争强，固非一道；若拘执常理，寸步不可行矣，宜从权变。且兼弱攻昧、逆取顺守，汤、武之道也。若事定之后，报之以义，封为大国，何负于信？今日不取，终被他人取耳。主公幸熟思焉。"

玄德乃恍然曰："金石之言，当铭肺腑。"

庞统所说的"离乱之时，用兵争强，固非一道；若拘执常理，寸步不可行矣"，还是确有其理的。

军人的道德是杀敌制胜以保卫国家，政治家的道德是理治乱兴衰以计天下之利，万世之基，又岂可拘于一时一地一人一事之得失乎？

正如美国总统尼克松在《领袖们》中所说："评价一位领袖,涉及到他的行为特点时,关键不在于这些行为是否吸引人,而是是否有用。狡诈、自负、伪装——在其它(他)场合下,可能不吸引人,但对于领袖来说,或许是必要的。"尼克松引用法国总统戴高乐的话说:"每一个实干家都有相当程度的自私、骄傲、强硬和狡诈。但是他会得到谅解——事实上,如果他能把它变为达到伟大目标的手段,还被看作高尚的品德。"([美]尼克松:《领袖们》,刘湖等译,第 448—449 页。)

其二,近代以来,政教分离,政治摆脱了道德的束缚,此乃时代发展之大"势"。

由传统政治向现代政治的转型,是从西方政教分离开始的。

政教分离的最大结果,是每个领域有自己的道德,而不受统一公认道德的统率和支配。政治有政治的道德,经济有经济的道德,军事有军事的道德。

分化是现代性的最大特征,社会学家马克斯·韦伯就将这种分化视为政治理性化过程中最显著的特征,还强调"政治不是,也从来不可能是一门以道德为基础的职业"。([德]玛丽安妮·韦伯:《马克斯·韦伯传》,阎克文等译,江苏人民出版社,2002 年,第 466 页。)这就是政教分离、世俗挣脱上帝管辖之后,所必然产生的认识和结果。

在西方近代以来的政治理论中,马基雅维利最早把道德从政治中分离,他眼中的政治就是"权术"。而到了 19 世纪,物竞天择、适者生存之理念,为资本主义国家侵略他国提供了依据,"政治就是不道德","只有永恒的利益"等观念伴随着资本主义扩张而走向全球,成为世界发展之大势。这一个"势",如同江河奔流汹涌而下,又如同星火之燎原,其势不可挡,且不以道德为评判标准。

所以,对历史人物的评价,既不能超越历史人物所处的时代,又不能局限于他所处的时代;既不能没有自己的价值判断,又不能用自己的价值标准来要求历史人物;既不能不从政治角度理解,又不能被政治的思维所束缚。只有这样,才能得出接近事实真相、经得起时间检验的结论。

俗人之所贬低伟人的地方,恰是伟人之所高于俗人的地方。

所以尼克松才在《领袖们》中说,领导人"应高出世俗之见,不局限于眼前的事物。他们应该站在山顶上俯瞰一切","无论是手段还是目标,都不能单独作为衡量领袖人物的尺度。没有一个伟大的计划,就不会站在前列,领导能力必须服务于目的,目的越崇高,领袖潜在的形象就越高大。但是光有目的是不够的。他必须取得成功,必须有实现崇高目标的方式来保证成功。他决不能采用有损于或使这种目标蒙受耻辱的手段。如果不能成功,他的事业和历史都将遭到失败"。([美]尼克松:《领袖们》,刘湖等译,第446、450页。)

尼克松还举了美国公认的伟大人物林肯为例,他说林肯既是个伟大的理想主义者,又是个十足的政客,他的实用主义和政治手腕使他的理想得以实现。尼克松指出:

作为实用主义者,他只是在南方各州中而不是在还留在北美合众国内的边境各州里解放奴隶。作为理想主义者,在重大危急时刻,他心力交瘁地维护北美合众国。为了这个目标,他违反法律、干预宪法、专横地攫取权力、践踏个人自由。他辩解这是必要的。1864年,他在一封信中解释为什么粗暴地践踏宪法时,写道:"我维护宪法的誓言赋予我这样的责任,以一切必要的手段来维护政府,维护国家,手段之一就是这个国家的根本大法——宪法。国家不复存在,宪法还能保存吗?一般地说,生命和肢体都必须保护。但人们常常为了挽救生命而截去肢体,决不会为了保存肢体而舍弃生命。我认为,本来是不合法的或者说是不符合宪法的一些措施,从维护国家考虑,就成为维护宪法不可缺少的了。无论是对还是错,我认为这就是理由,并且现在仍然坚持这种看法。"([美]尼克松:《领袖们》,刘湖等译,第451页。)

知此义者,方可读懂真正的政治人物,包括孙中山。

理解了这些,我们再返回历史现场,以时代的眼光和历史的思维来审视孙中山联俄、改组国民党等事件,欣赏他在余晖中的伟人风采。

从 1922 年 6 月被叶举赶出广州,到 1925 年 3 月 12 日人生落幕,孙中山此三年的功业,抵得上他领导革命三十年的努力。

苏联人的算盘

孙中山"联俄、联共、扶助农工"的三大政策和改组国民党,都离不开苏联。

我们经常见到书刊中有"苏俄"和"苏联"的字眼,二者是有区别的,但也有经常都称"苏联"的情况。

严格来说,"苏俄"是指 1917 年 3 月至 1922 年 12 月这一阶段。其间曾出现资产阶级临时政府和工农兵代表苏维埃两个政权并存的局面。"苏联"是指 1922 年底苏联正式成立到 1991 年底苏联解体这一时期。

十月革命后,帝国主义国家一起对苏俄进行封锁和武装干涉。为了打破外交困境,苏俄积极寻求与近邻中国的合作。

一般来说,国与国之间的合作,要么选最强的,要么选最利己的。

苏俄最初选定的对象,并不是孙中山,而是在五四运动中大出风头,又在直皖战争中大胜的吴佩孚,他被看作当时中国最强大和比较"进步的"军事政治领导人。

也就是说,苏俄急于与中国建立外交关系,而且必须与掌握实权的人物接近。

这一点,从苏联解体后的解密文件中可以清晰地看到。

1921 年 10 月 31 日,苏俄外交人民委员契切林致电俄共(布)中央远东局说:"我们可否同它(指广州革命政府)来往,这会不会造成无法同北京建立联系?北京是民族统一的象征,首先我们应该同北京来往。如果我们打算同时与广州来往,同北京的联系会不会中断?"(中共中央党史研究室第一研究部译:《联共(布)、共产国际与中国国民革命运动:1920~1925》,北京图书馆出版社,1997 年,第 65 页。)

1922 年 2 月 7 日,契切林在致孙中山的信中说:"不管北京政府是一个什么样的政府,它终归是中国的正式政府,所以,我们仍力图同它建立正常关系。"(中共中央党史研究室第一研究部编《共产国际、联共(布)与中国革命文献资料选辑:1917~1925》,北京图书馆出版社,1997年,第54页。)

1922年8月,越飞以副外交人民委员的身份担任对华全权大使,希望与曹锟、吴佩孚控制下的北京政府建立外交关系,实际解决两国间悬而未决的中东路问题和外蒙问题。

在苏联的解密文件中,我们看到了1922年8月19日《越飞给吴佩孚将军的信》,此时的苏俄对吴佩孚的印象非常好:

将军先生:

在由莫斯科来这里的途中,我收到一份电报说,您给托洛茨基的信已转达到,并给莫斯科留下了特别好的印象。

俄国人民一直密切注视着中国人民为从政治上和组织上摆脱帝国主义的压迫而进行的民族斗争。我们都怀着特别关注和同情的心情注视着您,您善于将哲学家的深思熟虑和老练果敢的政治家以及天才的军事战略家的智慧集于一身。

……如果能同您本人见面,一是更直接地了解中国最著名的政治和军事活动家,二是同您讨论两国和两国人民共同感兴趣的问题,那我将感到不胜荣幸。……(中共中央党史研究室第一研究部译:《联共(布)、共产国际与中国国民革命运动:1920~1925》,第99页。)

苏俄人说这么多甜言蜜语,目的何在?

越飞在信中说明了苏俄的目的是"便于修复两国睦邻关系",同时希望吴佩孚接受让苏俄红军在外蒙古驻兵的事实。

越飞解释了苏俄军队进占外蒙古的原因:"出于战略上的考虑,俄国不得不向那里派驻军队,并在那里保持部分军队至今,一是因为只要中国还容许白卫匪帮及其首领在其领土上逗留,我们的军队从蒙古一撤出,他们就会很容易进驻那里,向远东共和国后方发动新的攻势……二是因为我们的军队现在从蒙古撤出,就意味着张作霖立即去占领蒙古,这既不符合我们的利益也不符合中国的利益。……另一方面,我认为您立即将您的军队调入蒙古也是不恰当的,因为如上所述,蒙古问题只能通过签订条约的途径来解决。""在这个问题上,最好是一方面向中国公众说明对我们进行攻击是错误的和不公正的,另一方面还是尽快同俄罗斯联邦签订条约。"(中共中央党史研究室第一研究部译:《联共(布)、共产国际与中国国民革命运动:1920~1925》,第101—102页。)

通过这些史料,我们大概知道越飞的意思,只要双方建交,我们支持你,你同意我们在外蒙古驻兵,就万事"哈拉少"了。而且,解决了这"一系列悬而未决的问题","恰恰对于中国比对于俄罗斯联邦更为有利"。(中共中央党史研究室第一研究部译:《联共(布)、共产国际与中国国民革命运动:1920~1925》,第100页。)

如果说8月19日越飞给吴佩孚的信中,还有恭维的成分,那么,六天后,越飞给加拉罕发的一封"绝密"电报,呈送斯大林阅,里面应该是真话了。

至莫斯科加拉罕
送斯大林。(格克尔)从吴佩孚那里回来了,说从未见过这样完美的军事秩序:秩序和纪律极其严整,操练和训练比赞许的还要好……

从这里看出,苏俄是真的想找强大的吴佩孚作为其在华代理人。

信中所说的格克尔,是越飞的军事顾问、苏联总参谋部学院院长,曾专程到洛阳拜会吴佩孚。

然而,苏俄失望了,越飞忙乎了好几个月,吴佩孚在中东路和外蒙古问题上却始终不松口。

在1922年11月20日吴佩孚给越飞的信中,我们可以看到吴佩孚对蒙古问题的立场:"关于从蒙古撤军问题,上一次格克尔顾问到洛阳来时已经达成协议,即一旦中国能够接收蒙古,俄国军队就立即撤走。""蒙古属于中国,中国中央政府本身会尊重蒙古人民的意愿,没有必要节外生枝。中国中央政府不承认所谓的蒙古政府,因此中国政府难以承认蒙古政府与俄国政府所缔结的条约是有效的。"(中共中央党史研究室第一研究部译:《联共(布)、共产国际与中国国民革命运动:1920～1925》,第159—160页。)

关于中东路问题,吴佩孚说:"当中国有能力接收中东铁路的时候,俄国真诚地希望把它无条件地归还给中国,而中国方面也应该保障俄国的有关利益,以表达自己对俄国的友谊,这就是双方都承认的原则。"(中共中央党史研究室第一研究部译:《联共(布)、共产国际与中国国民革命运动:1920～1925》,第160页。)

这里提到的中东路问题,也比较复杂。

中东铁路是沙俄为了占领中国东北地区、侵略中国、控制远东而在我国东北修建的一条铁路。它是"中国东清铁路"的简称,因此亦作"东清铁路""东省铁路",简称"中东铁路"。

1894年甲午战争,中国被日本打败,又签订了《马关条约》,条约中有一项是割让辽东半岛给日本。沙俄一直觊觎中国东北,在条约签订六天后,俄国、德国与法国为了自身利益,以提供"友善劝告"为借口,迫使日本把辽东还给中国。

当时,大清国无力再战,许多人认为应该改变"以夷制夷"的外交策略,采取与外国结盟的政策。

面对日本咄咄逼人的气势,清政府认为,只要俄国能帮助中国"攻倭胁倭",中国则愿与俄签订密约,结成联盟。

1896年4月,清政府任李鸿章为特使,赴俄国圣彼得堡祝贺沙皇加冕典礼,同时负有与俄签订密约的使命。

清政府一心利用沙俄对付日本,沙俄一心筑路控制中国东北。在威逼利诱之下,李鸿章签订了《中俄御敌互相援助条约》(简称《中俄密约》),里面有一款是"为便于转运俄国军队和军需品,中国政府允许建筑一条穿过中国黑龙江省和吉林省通向海参崴(符拉迪沃斯托克)的铁路线",也就是允许俄国修筑东清铁路。

修建该路,完全是有利于俄国的:铁路的宽度(宽轨)、行车规章等都要与俄国国内的铁路相同;俄国有权免费运兵;经该路运往俄国的货物一律免税;使用期限为八十年。因此,中国在该铁路地段的主权丧失殆尽。

日本视三国干涉还辽为耻辱,发誓要报一箭之仇,这也成了几年后日俄战争的重要原因。

1903年7月,中东铁路全线通车。该路以哈尔滨为中心,西至满洲里,东至绥芬河,南至大连,干支线加起来长达二千五百多公里。

1904年日俄战争爆发,俄国战败,沙俄把该路的长春至大连段转让给了日本,日本后来将此改为"南满铁路"。

本来根据修路前签订的合同,中东铁路路区主权属于中国。

但俄国人不遵守条约,非法扩展路区土地,攫取了路区的行政权、司法权、驻军设警权等,使中东铁路路区成为"国中之国"。十月革命时,列宁直接命令哈尔滨工兵代表苏维埃武装夺权,将中东路区视为俄国的领土。

在这种情况下,中国政府派军队进驻哈尔滨,把要在路区夺权的俄国人解除武装,押送出境。

1919年7月,困境中的苏俄发布第一次对华宣言,说要无偿归还中东铁路。

然而,苏俄的境况刚见好转,1920年初由俄共(布)领导创建的远东共和国又宣称中东铁路路区为其领土的一部分,被北京政府严厉驳斥。

很快,苏俄代表越飞在与北京政府谈判时,就矢口否认苏俄第一次对华宣言中有"中东铁路及利益无偿归还中国"的说法。

曹锟当政时期,顾维钧与苏联经过反复交涉,于1924年5月31日签订《中俄解决悬案大纲协定》关于中东铁路问题的规定:中东铁路纯系商业性质,"所有关系中国国家及地方主权之各项事务,如司法、民政、军务、警务、市政、税务、地亩(除铁路自用地皮外)等,概由中国官府办理"。

后来,在这条路上还发生过不少事件。1929年,张学良曾强硬处理这条路上的事件,后发生了中东路事件,引发中苏的军事冲突。一直到新中国成立后的1952年12月31日,中东铁路才被中国政府收回,归中国所有。

苏联与吴佩孚就外蒙古问题和中东路问题谈判未果，转而与南方政府交涉，竟取得了意想不到的结果。

利益取舍

尼克松在《领袖们》的开篇，以自身的观察和经历指出："由于饱受宦海生涯的沉浮，我懂得，除非你自己也经历过失败，否则，你难以真正地体会成功时的喜悦。假若你只是坐在一旁，袖手旁观，那也不可能完全明白一位领袖的作为究竟为什么所驱使。"

最初，孙中山也不想承认苏俄。

1922 年 4 月，达林（共产国际远东书记处成员之一）以苏俄政府全权代表的身份南下广州，希望与孙中山建立反帝同盟时，遭到孙中山拒绝。他对达林说："请你不要忘记了，香港就在旁边，如果我现在承认苏俄，英国人将采取行动反对我。"（［苏］C. A. 达林：《中国回忆录（1921—1927）》，侯均初等译，李玉贞校，第 113 页。）

此时，距陈炯明炮轰总统府事件还有两个月。

而这一切的改变，都从 1922 年 6 月 16 日炮轰总统府开始。

在炮轰总统府之后的四十多天，孙中山一直在海上漂泊。当他终于想明白革命该依靠谁、反对谁、走什么路的问题，他让朋友带给俄国人一张纸条："在这些日子里，我对中国革命的命运想了很多，我对从前所信仰的一切几乎都失望了。而现在我深信，中国革命的唯一实际的真诚的朋友是苏俄。"（［苏］C. A. 达林：《中国回忆录（1921—1927）》，侯均初等译，李玉贞校，第 126 页。）

孙中山想清楚了，要想突出重围，摆脱困境，美国式的道路已经行不通，"民主""共和"已经成为军阀用来欺骗人民的工具，得像苏俄从帝国主义链条的最薄弱环节中挣脱出来一样，采用一种全新的"游戏规则"，因此必须与苏俄结盟。

1922 年 8 月 25 日，孙中山在上海会见越飞的代表马林。马林向越飞转达了孙先生的意见："如果能实现同苏俄的联盟，他将在取得全国政权之后,允许苏俄参加中东铁路的管理。"(陈锡祺主编《孙中山年谱长编》下册,第1496页。)

在1922年8月27日孙逸仙给越飞的信中,孙先生谈到了外蒙古问题:"至于蒙古,我完全相信贵国政府的诚意。我接受莫斯科无意使这一地区脱离中华民国政治制度的保证。我同意,在北京出现改组后的能同贵国政府进行谈判的政府之前,苏联军队应留在那里。贵国军队立即撤走,只会迎合某些列强的帝国主义利益。"(中共中央党史研究室第一研究部译:《联共(布)、共产国际与中国国民革命运动:1920~1925》,第110页。)

1922年8月30日,越飞在给加拉罕的绝密电报中,非常高兴地谈到了与孙中山交涉的情况。

今天,我的信使回来了,带来了孙逸仙的复信。我通过信使把信转给您。现谈几点基本想法。孙上了这个圈套,回答了所有棘手的问题。他说,现时的中国政府没有任何意义,它完全处在列强的控制之下。他同意我的蒙古政策,即必须解决共同谈判问题,立即把我们的军队撤出蒙古对中国不利。(中共中央党史研究室第一研究部译:《联共(布)、共产国际与中国国民革命运动:1920~1925》,第113页。)

在这种情况下,才有了1923年的《孙文越飞宣言》。这是中国现代史上非常重要的一份文件。后来的改组国民党、国共合作、黄埔军校和北伐战争,都是以这份宣言为起点的。

宣言的主要内容如下:

一、孙逸仙博士认为共产组织甚至苏维埃制度,均不能引用于中国,因中国无使此制度可以成功之情况。越飞完全赞同,认为"中国最要最急之问题,乃在民国的统一之成功,与完全国家的独立之获得。关于此项大事业,且可以俄国援助为依赖也"。

二、依孙逸仙的要求,越飞重申1920年9月27日苏俄对华声明:"俄国政府准备且愿意根据俄国抛弃帝政时代中俄条约之基础,另行开始中俄交涉。"

三、因承认中东铁路问题只能于适当之中俄会议解决,孙逸仙以为现在中东铁路之管理,事实上只能维持现状。越飞同意铁路管理办法以双方实际利益与权利,适当时候进行改组。孙逸仙认为此点应与张作霖商洽。

四、越飞宣称俄国现政府决无亦从无在外蒙实施帝国主义之政策,或使其与中国分立。孙博士因此以为俄国军队不必立时从外蒙撤退。(参见广东省地方史志编纂委员会编《广东省志·孙中山志》,广东人民出版社,2004年。)

在这个宣言中,孙中山的着眼点在第一条,即依靠苏俄援助,实现国家统一。

越飞的着眼点在第三条和第四条,即中东路现状问题和外蒙古现状问题。

双方各取所需。

对于这个情况的理解,一直存在着不同的声音,今天也仍然褒贬不一。

历史是要放长视野才能看得清的,要站在当时的背景之下才能更好地理解。

第一,我们要明确的是当时的外交大背景:在巴黎和会与华盛顿会议之后,中国一直被英美法日等国耍了又耍,中国人民对西方资本主义国家普遍产生了厌恶情绪;新文化运动之后,各种主义和思潮涌进中国,马克思主义开始在中国传播,引起了知识分子的广泛关注;苏俄从帝国主义链条中挣脱出来,建立了崭新的社会制度,实现自立自强,对中国产生了示范效应。

这个背景非常重要,既可以说是人心所向,也可以说是一种强大的"势"。

第二,前文有述,强人政治过后,后起之秀没有足够的实力和资历来震慑群雄,所以当时的中国已经陷入一个怪圈,就像无限循环小数的问题。要想突破,必须有非常之举,必须有外力。谁能找到这个点、这根杠杆,并引来这个力,谁就能撬起这个重物。

第三,政治问题、外交问题,本身就是一门妥协之术,一门有取有予的艺术。何时取、何时予,怎样取、怎样予,都不是以一时一地一人一事来评价。如果谁把政治问题理解为强硬问题,那就大错特错了。

第四,政治家做事,自有他最深沉的利益考虑。这个利益,既涉及权力,更涉及国家。如果心中没有国家,只有权力,这样的政治家不可能站得住脚。

所以,这里面肯定有我们常人考虑不到的地方。

凡事要原其初心,如果最初目的和最终结果有利于国家和人民,无论如何,都属正义。

这个选择,我们不能说它是"最好"的选择,但对于困境中的中国来说,这是一个"不坏"的选择。

第五,无论是从历史上还是现实生活中看,利益出让和利益交换都是必然的。

《三国演义》中,庞统身亡之后,诸葛亮不得不离开荆州,赶往四川。他把荆州交给关羽镇守之时,问了关羽两个问题,以考验他的政治智慧。

孔明曰:"倘曹操引兵来到,当如之何?"云长曰:"以力拒之。"孔明又曰:"倘曹操、孙权,齐起兵来,如之奈何?"云长曰:"分兵拒之。"孔明曰:"若如此,荆州危矣!吾有八个字,将军牢记,可保守荆州。"云长问:"哪八个字?"孔明曰:"北拒曹操,东和孙权。"

关羽的智慧是兵来将挡,水来土掩,来一个杀一个,来两个杀一双。然而,要这种表面威风,是要吃大亏的。

也就是说,东联孙吴,北拒曹操,乃策之上也;而关羽却要东抗孙权,北拒曹操,此乃走麦城之路也!

当曹操取东川奔西川时,诸葛亮为了让东吴出兵牵制曹操,答应把长沙、江夏、桂阳三郡交给东吴。这种利益出让、各取所需,才是外交之道。不让一点儿利益,还想让人家帮忙,岂不是妄想?

不出让任何利益,是很硬气,也很风光,让人赞叹,但这样做极有可能换来四面楚歌。

不管怎么说,整个中国走出军阀混战的困境,开辟一个新时期,进而走到另一个更高的阶段,应该说是从孙中山开始的。

而我们,都在享其余荫。

尼克松说:"要把一位领袖列入伟人行列的可靠的公式,包括三个要素:一个大人物、一个大国和一个重大事件。"

应该说,此三者,孙中山都具备了。

孙中山晚年的联俄、联共、扶助农工三大政策,每个都算得上是大事件。

因为这几件大事,不仅再创了他人生的辉煌,而且从某种程度上也改变了中国历史的进程。

改组国民党

孙中山在这一时期做的另一件大事,是在苏联的帮助下改组了国民党,在中国首次确立以党治理国家的体制,组建了国民党的党军。

孙中山一直比较关注政党问题,从同盟会到国民党、中华革命党和中国国民党,他一直在不断调整和改进。

1920 年,针对革命屡次失败的教训,孙中山指出:"党务为革命之基础,革命乃建国之首功。九年以来革命尚未能达到目的,皆由党务不振。"

1921 年中国共产党成立,随即掀起工人运动的高潮,这给孙中山留下非常深刻的印象。他对胡汉民等人说:"我们的革命运动,黄岗、潮州之役,人数极少,镇南关之役不过 200 人,钦廉之役不过 100 余人。现在中共组织工农运动,群众一起来,动辄成千逾万,开滦罢工、'二·七'罢工规模浩大,震惊中外,其势尤不可侮!"

但孙中山仍然没有认识到,这是组织的力量。直到陈炯明炮轰总统府,才让孙中山深切认识到,国民党内部从思想到组织纪律,都存在着严重的缺陷,必须改组。

1922 年 8 月,中共中央在杭州西湖召开特别会议,根据共产国际的指示,商讨与国民党建立联合战线的问题。

8 月 23 日,李大钊在上海与孙中山第一次见面,两个人谈得非常投机,达到了忘记吃饭的程度。李大钊告诉孙中山,我们不是要当救世主,而是要发动群众,特别是要让群众自己解放自己。孙中山恍然大悟,感叹"国民党在堕落中死亡,因此要救活它就需要新鲜血液"。他紧紧地握着李大钊的手,希望李大钊能加入国民党,帮助他进行国民党的改组。

李大钊依据中共中央的决定,同意以共产党员个人身份加入国民党。由此,李大钊成了第一位跨党党员。

1922 年 9 月 4 日,孙中山在上海开会,讨论改组国民党的问题。马林、陈独秀等人应邀参加,与会者一致同意改组国民党。

9 月 18 日,孙中山在上海发表了《致国民党员书》,决定联俄联共,改组国民党,重振国民党威望,以国民党来领导国家实现统一。

1923 年 1 月,《孙文越飞宣言》发表。

1923 年 1 月 29 日,孙中山发表《中国革命史》一文,总结三十七年来中国革命历程,概述了革命主义、革命方略和革命历程等。在反思自己革命经验与教训的基础上,孙中山真正认识到以美为师是脱离了中国实际的,因为中国饱受了两千多年的皇权专制,在这种情况下,人民根本不会建设,不知民主为何物。"专制时代,人民之精神与身体皆受桎梏,而不能解放,故虽有为国民利害着想献身以谋革命者,国民不惟不知助之,且从而非笑与漠视之,此事之必然者也。虽欲为国民之向导,然独行而无与从;虽欲为国民之前锋,然深入而无与继。"(广东省社会科学院历史研究所等合编《孙中山全集(第七卷)》,中华书局,1985 年,第 62 页。)

正因为这样,孙中山认识到,中国的革命方略不能按美国模式走,所以他提出了"军政、训政、宪政"三阶段建设。军政时期即"以党建国"的暴力革命时期,训政时期即"以党治国"时期,宪政时期即"还政于民"时期。

这里不管是"以党建国"还是"以党治国",都与美国政党模式完全不同,它是苏联式的。这不仅标志着孙中山治党治国思想的成熟,而且标志着他从"以美为师"转向"以俄为师"的重大思想转变。

1923年2月，广州已收复，陈炯明退居惠州，国民党改组计划已完成，孙中山从上海返回广东，建立陆海军大元帅府。

往者不可谏，来者犹可追，从这时起，孙中山不再提护法，他要在苏联的帮助下，一心一意实践以党治国的革命方略。

1923年5月1日，马林接到苏联政府转发致孙中山的电报："我们准备向您的组织提供达二百万金卢布的款额作为筹备统一中国和争取民族独立的工作之用。这笔援款应使用一年，分几次付，每次只付五万金卢布。……我们还准备协助您利用中国北方的或中国西部的省份组建一个大的作战单位。但遗憾的是我们的物质援助数额很小，最多只能有八千支日本步枪，十五挺机枪……"（《苏联政府致孙中山电》，载薛衔天等编《中苏国家关系史资料汇编（1917—1924）》，中国社会科学出版社，1993年，第677—678页。有关孙中山西北作战区计划，参见杨奎松《关于苏联、共产国际与中国大革命关系的几个问题》，《近代史研究》1992年第1期，第171—194页。）

然而，孙中山没有意识到，此时国民党的改组方案，仍然停留在以往的模式上，此中发生质的转变是由一个苏联人带来的，那就是鲍罗廷。

鲍罗廷，生于俄国西部一个犹太人家庭。1903年加入俄国社会民主工党（属布尔什维克），此后在英美等国流亡活动，十月革命后回到苏俄，在外交人民委员会工作。1923年8月，苏共派鲍罗廷离开莫斯科，辗转两个月，10月6日抵达广州，后任共产国际驻中国代表，及苏联驻广州政府全权代表。

其实，不管是斯大林还是加拉罕，都没有让鲍罗廷改组国民党，但他做的影响最深远的事，就是帮助孙中山进行国民党改造。

鲍罗廷看了孙中山治下的国民党，又和孙中山进行了一次长谈，直截了当地说：国民党在政治上、组织上和理论上都无法算作一个政党。国民党不是一个有组织的存在，而是一个松散的联盟。

试问，你的党纲是什么？党章是什么？有没有定期的、制度性的会议？党员准入准出是如何规定的？你有多少党员？有多少基层党组织？……

孙中山目瞪口呆，大为震动。

自己算是个老革命了，几十年来也隐约知道这个党的哪个环节不对劲，却一直没有找到要害，鲍罗廷一下子就戳中了要害。

这一次，孙中山看好了，他当即决定，必须以俄为师，采用列宁的建党经验，改组国民党，而且非你鲍罗廷先生莫属。

就这样，鲍罗廷到达广州仅一个礼拜，孙中山就聘他为"国民党组织教练员"。

鲍罗廷极富个人魅力，据说只有周恩来有此风范。大处着眼，小处着手，周密细致，沉着冷静，不仅是个思想者，而且是个实干家，借用尼克松评价周恩来的话说，是个既能亲自照料每一棵树，也能看到整片森林的人。

在鲍罗廷的精密设计之下，国民党按照俄共的组织模式，经受了全方位的洗礼和改造。

苏联对孙中山的援助，很快就从器物层面转到了制度层面，进而对整个中国革命的进程产生了巨大影响。

宋美龄都被鲍罗廷的风采所倾倒，孙中山也称他是一个无与伦比的人。

1924 年 1 月 20 日，国民党一大在广州召开，一百六十五名代表到场，共产党人李大钊、毛泽东、林伯渠等参加会议。大会通过了国民党的施政纲领，提出了对内对外的基本政策和实行新三民主义的具体方针，正式确立联俄、联共、扶助农工三大政策，同意共产党员以个人身份加入国民党，标志着国共两党合作的实现和革命统一战线的正式建立。

大会还选举了国民党中央执行委员会和中央监察委员会，共产党人李大钊、谭平山、于树德入选中央执行委员会，毛泽东、林伯渠、张国焘、瞿秋白等当选为候补中央执行委员。

在中央各部部长人选上，谭平山担任组织部长，廖仲恺任工人部长，林伯渠任农民部长，戴季陶任宣传部长，邹鲁任青年部长，许崇智任军事部长。此时，蒋介石没有被安排进国民党中央。

国民党一大召开，标志着国民党改组工作顺利完成，也标志着第一次国共合作统一战线的正式形成。

国民党开始焕发出勃勃生机。

党改组之后，就要研究军队问题。

孙中山痛感革命的失败在于没有武装。1923年8月，孙中山派遣蒋介石率团访俄。在考察苏联军队的建设经验后，国民党决定按照苏联红军建军模式和教育模式，成立陆军军官学校，也就是后来影响深远的黄埔军校。

在军校校长的人选上，最初并非蒋介石莫属。当时，孙中山想让粤军老大、广东人许崇智当军校校长，让蒋介石当副校长。

蒋介石没能进入国民党中央，已经是大不满意了，这回如果拿不到校长一职，那在他看来，一切都是为他人作嫁衣裳。他不愿居于人下，一气之下，拂袖而去，带着陈洁如跑回上海，到静江公馆拜见张静江。

张静江是个充满传奇色彩的人，出身江南丝商巨贾之家，浙江湖州人。他不仅为孙中山的革命事业提供巨大的经济支撑，还提供巨大的智力支持，孙中山称之为"革命圣人"，蒋介石称之为"革命导师"。这是一直居于国民党幕后但又相当于国师级的大人物。

张静江问明原委，决定帮一下这位小老乡、小兄弟，在孙中山面前保举蒋为校长。此时正是军校筹建阶段，百事待举，一堆烂摊子，廖仲恺一个人根本忙不过来，他也在孙先生面前说，把蒋弄回来，让他当校长。

以退为进，是蒋介石一辈子屡试不爽的招法。

黄埔军校校长并不是特别显赫的位置，但对蒋介石来说却非同寻常，不仅是他这个浙江人在广东立足的标志，而且是他跃向权力巅峰的真正起点。

然而，此时，还没有人知道，一个小人物蒋介石会在中国近现代舞台上呼风唤雨。

蒋介石，名中正。这个名字取得很有文化。

《周易》豫卦中说："豫，利建侯，行师。"

豫卦"六二"："介于石，不终日，贞吉。"

《象传》曰："不终日，贞吉，以中正也。"

所谓"介于石"者,意即操守坚固,像石头一样不可移动。

日本近代的"易圣"高岛吞象对此爻的解释是:"六二独节操坚固,不为外物所动,知豫乐之不可恋,而去之不待终日,其察理甚明,其操身甚固,其审几甚决,其避患甚速,故曰'介于石,不终日,贞吉'。"

从名字来看,蒋介石对自己的要求还是蛮严格的。

黄埔军校

公元 1924 年,农历甲子年。一个新的开始,一个新的轮回。

孙中山历经波折,初心不改,终于时来运转,亲手打下了武力统一中国的军事政治基础,一个崭新的时代大幕缓缓拉开。一所学校、一群学生和一个国家的命运就此紧紧地联系在一起。

1924 年 4 月,陆军军官学校开始在广州《民国日报》上登出招生启事,承诺以公正无私的态度,选拔优秀人才,期冀各地青年踊跃投考。

然而,受当时国内局势的影响,虽说是面向全国招生,但投考最多的到底还是南方省份,以广东、湖南为最,其次是湖北、浙江、上海、四川等。

尽管如此,黄埔一期仍然打造了黄埔校史,乃至整个中国军校史上难以企及的地位。这是第一次国共合作的结晶。

在将星如云的黄埔,以一期和四期培养的人才为最盛。

黄埔一期的地位之所以如此显赫,能会聚一时之人杰,主要是受当时革命大潮风起云涌的影响,许多热血青年都抱着救国救民的想法加入。就连朝鲜、越南、马来西亚等地的革命青年也都纷纷慕名而来。直到今天,许多学校的第一届学生,仍会自号"黄埔一期",可见其影响之大。

经过各方面精心的选拔,黄埔一期录了正取生三百六十名,备取生一百二十名。其中,共产党人有五十多名。

1924 年 5 月 5 日,黄埔一期的学生开始入学。

1924 年 6 月 16 日,在陈炯明炮轰总统府两周年的日子里,黄埔军校正式举行了开学典礼。

苏联给了黄埔军校二百万元资助费、八千支枪、五百万发子弹,足以装备一个师。

其实,孙先生创办学校的理想,可以追溯至他二十八岁时的《上李鸿章书》:"为文官者,其途必由仕学院;为武官者,其途必由武学堂。"希望通过"教养有道,鼓励有方,任使得法",实现"人能尽其才"。

经过整整三十年的革命实践,孙中山终于把年轻时的理想变为现实,亲手创办了一文一武两所学校:国立广东大学(中山大学的前身)和国民党陆军军官学校。

在开学典礼上,孙中山作了训话,告诉大家除了要有革命的理想和信仰,更要善于学习:"立志做革命军,先要有什么做根本呢? 要有高深学问做根本,有了高深学问才有大胆量,有了大胆量才可以做革命军,所以做革命军的根本还是在高深学问。要造就高深学问,是用甚么方法呢? 造就高深学问的方法,不但是每日在讲堂之内,要学先生所教的学问,还要举一隅而反三隅,自己去推广。在讲堂之外,更须注重自修的工夫,把关于军事学和革命道理的各种书籍,及一切杂志报章都要参考研究。研究有了心得之后,一旦融会贯通,自然可以发扬革命的精神,继续先烈的志愿,舍身流血,造成中华民国的基础,使三民主义完全实现,革命大功告成。"

在军人之于学习的问题上,孙中山认为"革命军的根本还是在高深学问"的看法是非常透彻的。

《东周列国志》中赵衰对晋文公说:"夫为将者,有勇不如有智,有智不如有学。"这句关于军人"勇、智、学"问题的看法,更是发人深省。

在组织系统上,军校的最高领导为总理,由孙中山兼任。

总理之下,就是校长和党代表。校长为蒋介石,党代表为廖仲恺。

校长之下,设教授部、教练部、总教官、管理部、军需部、军医部、政治部。叶剑英任教授部副主任,邓演达任教练部副主任。黄埔开学时,政治部主任由戴季陶担任。但是,戴季陶没干多长时间,就因为右派纷争而撂了挑子。后接任的是政客邵元,但他不会做政治工作,基本上不来上班,引起了军校上下的强烈不满,一致要求撤换职,这才有了周恩来担任黄埔军校的政治部主任。周恩来上台后，调整机构，补充人员，由他建立的制度非常合理，很快就从军校向各处推广。

军校的党代表之下，设中文秘书和英文秘书。

黄埔军校与以往军校的最大不同，就是党代表、政治部的设置。军队隶属党，开设政治工作，这是一个全新的体制架构，必然带来全新的面貌。

以往的中国人是被迫当兵，但现在有了政治工作，大家开始明白，当兵是为了主义，为了理想，为了救国救民。

正如《周易》的兑卦所示："说以先民，民忘其劳；说以犯难，民忘其死。"

日本历史小说《德川家康》中也说："人的才能和智谋有限，但是，如才智和信仰合而为一，将生出不可思议的力量。"

黄埔军校为什么在短时间内培养出了那么多优秀的军人？这个可不是三言两语能说尽的，但政治工作起了极大的作用。1936 年出版的《中央陆军军官学校史稿》中也说，东征的胜利"乃中国军队第一次战时政治工作之胜利"，"党军之忠勇善战，固为战胜之最大原因。但政治部之功绩，确乎不可磨灭"。

常从小中能见大，每从淡处显精神，我们在这里作简单勾勒，从细微处领略黄埔风采。

●门联

上联：升官发财行往他处

下联：贪生怕死勿入斯门

横批：革命者来

试想一下，当青年学生迎着朝阳走进校门时，或者迈着整齐的步伐走出去时，这副对联会给人一种什么样的豪情呢？正气，大气，勇气，豪气，一如孟子所说："其为气也，至大至刚，以直养而无害，则塞于天地之间。"

● 口号

不爱钱,不要命,爱国家,爱百姓。

● 校训

由校长蒋介石拟选,又由孙中山亲自核定的黄埔校训是"亲爱精诚"。相亲相爱,精益求精,诚心诚意。

● 校歌

黄埔军校曾先后制定过两首校歌。

第一首是制定于 1924 年的《陆军军官学校校歌》,其歌词是:

莘莘学子,亲爱精诚,三民主义,是我革命先声。

革命英雄,国民先锋,再接再厉,继续先烈成功。

同学同道,乐遵教导,终始生死,毋忘今日本校。

以血洒花,以校作家,卧薪尝胆,努力建设中华。

第二首是制定于 1926 年的《中央军事政治学校校歌》。其歌词是:

怒潮澎湃,党旗飞舞,这是革命的黄埔。

主义须贯彻,纪律莫放松,预备作奋斗的先锋。

打条血路,引导被压迫的民众,携着手,向前行,路不远,莫要惊。

亲爱精诚,继续永守,发扬吾校精神,发扬吾校精神!

第二首歌的作词者,是共产党人陈祖康。

司马迁在《史记》中说:"音乐者,所以动荡血脉,通流精神而和正心也。……故乐音者,君子之所养义也。"

一首好的军歌,足以振奋精神,涵养正气,有时甚至引领一个时代。黄埔军歌如此,后来的《三大纪律八项注意》更是如此,奏响了 20 世纪中国铿锵的时代强音。

● 风云龙虎榜

一所学校的名气,在于其培养的学生。

黄埔的声望,也是来自她培养的学生。

江山如画,一时多少豪杰。

毕业于黄埔军校的国民党名将有:

黄埔一期的胡宗南、杜聿明、黄维、范汉杰、郑洞国、贺衷寒、陈明仁、桂永清;黄埔二期的邱清泉、郑介民;黄埔三期的戴安澜、毛人凤、王耀武;黄埔四期的张灵甫、李弥、谢晋元、唐生明;黄埔六期的戴笠、廖耀湘;等等。

毕业于黄埔军校的共产党名将有:

黄埔一期的蒋先云、徐向前、陈赓、左权、李之龙、许继慎、王尔琢;黄埔二期的卢德铭、周逸群;黄埔四期的林彪、刘志丹、郭化若、曾中生、李运昌、伍中豪;黄埔五期的许光达、赵尚志、陶铸;黄埔六期的罗瑞卿、赵一曼;等等。

从此,"黄埔生"成为影响中国现代史的一个重要群体。为了国家和民族,为了不受外寇欺侮,他们无悔地奉献了自己的青春和热血。

在将星闪光的黄埔学生中,有一个人创造了神一般的纪录,在整个黄埔历史上可谓前无古人,后无来者。毛泽东亲自介绍他入党、报考军校;周恩来称他"是个将才";黄埔军校的党代表廖仲恺称他是"军校中最可造就的人才";黄埔军校的校长蒋介石称他是"黄埔奇才",是自己最得意的门生。我们有必要了解其人,他是黄埔一期的状元蒋先云。

蒋先云,又名湘耘,别号巫山,1902 年出生于湖南省永州市新田县大坪塘乡的一个贫苦农民家里,后来考入了湖南三师。在三师,老师曾以"月"字为题,要学生联句,蒋先云挥笔写下十六个字:"残月西斜,漫洒人间;日出东方,大地红遍。"这让老师大为赞赏,蒋先云"才子"的名号不胫而走。

1921 年 10 月,毛泽东参加中共一大后,到湖南发展,对蒋先云在三师的出色表现赞赏不已,介绍他加入了中国共产党。

从湖南三师毕业后,蒋先云受党的派遣,到安源与李立三、刘少奇会合,一起领导工人运动。

1924 年,正值国共合作的蜜月期,毛泽东在黄埔军校"招生办"工作,到湖南、上海等地寻找人才。在毛泽东的介绍下,蒋先云报考并以一期状元的身份进入黄埔军校。

黄埔一期的"状元",这还不算最"狠"的,入校之后,不论学科还是术科,理论还是实践,军事还是政治,蒋先云都惊人地位居第一。这项纪录,从此无人打破。当时,蒋先云与陈赓、贺衷寒一起,并称"黄埔三杰",且为三杰之首。

1924 年 11 月,蒋先云同样是以第一名的成绩圆满完成学业,被蒋介石指名留校,开始在政治部主任周恩来手下担任秘书。

在随之而来的东征陈炯明战斗中,蒋介石目睹了蒋先云在战场上的出色表现,感慨万千:"昔日赵子龙,一身都是胆;今日蒋先云,满身都是伤!"

蒋介石多次表扬蒋先云,声称将来待自己解甲归田,只有蒋先云才能指挥黄埔军校这些龙虎之士。

蒋介石认为,一笔写不出两个蒋字,他正想把蒋先云聚到自己身边时,却发现,此人居然是个共产党员。

爱才心切的蒋介石没有生气,他一次又一次地拉拢,许以高官厚禄、美好前途,但蒋先云都不为所动。

中山舰事件后,蒋介石把共产党人排挤出了第一军,蒋先云更看清了蒋介石的嘴脸。当蒋介石希望蒋先云退出共产党、跟着他走的时候,蒋先云大声说,我退出国民党。

暴戾的蒋介石仍然没对蒋先云生气,他又找到蒋先云,说,只要你退出共产党,可以先任中将教育长。但蒋先云置之不理,不改初衷。

此时,第一次国共合作还没有正式破裂,北伐战争开始了。蒋介石任命蒋先云为北伐军司令部秘书、总司令副官,继续拉拢他。

北伐中,总司令蒋介石在南昌前线与孙传芳大战时,差点儿被孙传芳包了饺子,是蒋先云指挥警卫团将他救出。

然而,世事难料,张国焘认为蒋先云一定投靠了蒋介石,又是高官,又是厚禄,再来个单骑救主,骗得了谁呀?

这让蒋先云极度痛苦,决心以死明志。

在紧接着的河南对奉军大战中,蒋先云三次重伤,坚决不下火线,把自己的一腔热血洒在了临颍,时年二十五岁,令人扼腕。

第三十二章 ＼ 巅峰对决 ＼

重整旗鼓

在直皖战争,特别是第一次直奉战争之后,曹锟吴佩孚无限风光,孙中山无尽沧桑,段祺瑞虎落平阳,张作霖在水一方。

聚光灯下虽然少了张作霖的身影,但张作霖无一日不想重回万众瞩目的舞台中央。

我们再重新把目光投向东北,看看老张这阵子到底在忙乎啥。怎么不跟大家联系了呢?

射虎不成重练箭,斩龙不断再磨刀。老张在练箭磨刀呢!

第一次直奉战争以张作霖的大败而告终,张作霖闭起关来,宣布东三省自治。

老张的闭关,可不是不与外界往来,而是在发愤图强,苦练内功,整顿军备,发誓要报一箭之仇。

张作霖虽然不懂"军事就是政治的继续"这样的大道理,但他明白,要想整顿军备,先要整顿内政。

整顿内政,就要招揽真正的人才,淘汰庸人。

张作霖又想到了为他立下汗马功劳的"千里马"王永江。

早在 1920 年 6 月,王永江就担任奉天省代理省长兼财政厅厅长。张作霖早就想让王永江当省长,但王永江不同意。此次大败,张作霖痛定思痛,他知道,要把东三省搞活,为再次入关打下坚实基础,非王永江莫属。所以,1922 年 6 月,老张也不管王永江同不同意,直接把他擢任为省长。

老张告诉王永江,东三省的政事就托付给先生你了,我只要结果,不问过程,你尽管放手去做,需要我协调的地方,你尽管吱声。

有了老张的"尚方宝剑",王永江便得以充分施展平生所学,整顿吏治,振兴实业,发展教育,一心一意为老张打理江山。

王永江确实不负张作霖所托,他善于从制度入手解决问题,把奉天省治理得井井有条。比如在吏治问题上,1922 年 8 月,王永江就主持制定并公布了《奉天省甄用文官章程》,把考选人才分为高等文官和普通文官两种,只要不是作奸犯科,不管你是本省还是外省,年满二十五岁的男子均可应考。在本国或外国大学修习政治、经济、法律三年以上的,或者培训一年半以上,有培训证书,且从事行政事务工作三年以上的,均可直接报考高等文官。在法政学校学习两年以上,或具备文职资格三年以上的,都可以报考普通文官。这就保证了官员的素质。

在教育方面,张作霖接受王永江的建议,创办东北大学。张作霖声称,宁可少养五万陆军,也要办大学,育人才。1923 年 4 月,东北大学正式成立,省长王永江兼任校长。老张不惜血本,高薪(比当时其他高校高出一倍多的工资)聘请名校教师,从国外购买先进设备,使东北大学迅速成为当时国内首屈一指的大学。20 世纪 20 年代末,东北大学已是国内学生最多的大学,学生人数三千人,当时的北京大学才有学生两千人。

听说张作霖搞教育,日本人开始根本不相信,在亲眼见识了东北大学之后,私下里也赞叹这位张胡子了不起。

王永江注重实业建设,创办工厂,发展经济。仅用了一年,奉天经济就完成了复苏与猛增。1923 年,奉天省的税收总额高达三千多万元,扣除各种支出,盈余八百二十万元。

如果说王永江是帮着张作霖选拔能人,那么张作霖就是亲自下手淘汰庸人。

有一次,张作霖拿着官员花名册,把手底下的行政官员扒拉了一遍,眨巴眨巴眼睛,又闭目深思了一会儿,就直接把一位秘书长撤职了。

张作霖手下的师长姜登选等人想求情,又不敢直接捻虎须,只好旁侧敲击地问,那位秘书长在哪方面违背大帅意愿了?为什么突然撤掉?

张作霖回答得很干脆:"我对他没什么意见,他也没什么错,不过他做了八年秘书长，没有跟我抬过一回杠，岂有我在这八年中，连一件错事都没做过的道理？他只会奉承我，这样的秘书长，用他何益？"

老张要的是人才，不是庸才和奴才。

这回别人都不敢吱声了。

行政上的事儿，有王永江打理，张作霖一百个放心，他把全部心思都放到整军经武上了。

第一次直奉战争后，有两件事给张作霖留下了非常深的印象：一是张作霖招来的绿林队伍平常挺横，但一遇败仗，一溃到底；二是张学良和郭松龄麾下的军校毕业生，平常文质彬彬，但关键时刻真不含糊。

张作霖感叹，吴佩孚军队在后边猛追的时候，没想到在山海关石门寨硬被王文升团长顶住了，不仅吴佩孚那小子没想到咱们手下有这么强悍的军队，我老张也没想到手下还有这么强的兵。虽然王文升阵亡了，全团损失惨重，但终于守住了咱们的一亩三分地，让吴佩孚不敢再前进一步。

张作霖终于明白了"兵在精而不在多，将在勇更在于谋"的道理，所以他下决心整顿军队，造一支雄师劲旅。

张作霖此次整顿，以直系为假想敌，以张学良、郭松龄所属的第二旅和第六旅为样板，大力进行军队整编。

老张在整编之时，心明如镜。比如，在直奉战争中，奉系陆军第一师原由张景惠率领。张景惠是绿林老人，但在开战前就不积极，开战后率军观望，兵败后撒丫子先跑，简直丢尽了奉军的脸。而第七混成旅旅长李景林在马厂、信安及胜芳各地打得威风凛凛，战绩卓著，老张全看在眼里。所以，他把张景惠的第一师残部，与李景林第七旅合并为新的第一师，由李景林为师长，驻守绥中，为奉军防卫前线。张作霖的把兄弟张作相在战场上也表现不好，兵无纪律，将不用命，败退时还焚烧掠掳，连张作霖都禁止不住。老张大怒，对张作相的信任度也大大降低，甚至在战场上亲手击毙张作相麾下一名团长，将该团解散，另由军官学生朱继先、刘伟等人来当团长，重新招募军队。

老张整顿军队，可是动真格的了。据《甲子内乱始末纪实》（甲子年，即 1924 年)记载："综计奉、吉、黑三省裁汰之军队,凡二师七旅之众,兵数约六万九千余人。汰去者约三分之一,添招者约三分之一,其旧兵存留者,约仅七万余人。可谓巨矣。"(荣孟源等主编《近代稗海(第五辑)》,四川人民出版社,1985 年,第 218 页。)

张作霖在裁汰军队时,认真研究了张学良和郭松龄部队的特点,发现除了要重用军校毕业的军官,在编制上好像旅的作用比师要更好一些,指挥顺畅,打仗顺手。所以,"定五省军队完全以旅为单位,删去师长之职,所以独立营、独立团,一律编入他旅,免参差不齐。旧日不识字之官长,则以军官学生代之"。(荣孟源等主编《近代稗海(第五辑)》,第213 页。)

老张在淘汰庸将弱兵共两个师七个旅之后,把自己的陆军部队整编为三个师、二十七个旅,其中骑兵五个旅,并扩编了两个炮兵独立旅和一个重炮团,另外还有工兵四营、辎重兵三营等,共计二十五万人的兵力。

老张和小张很早就重视空军建设。1921 年秋,张学良应邀赴日本参观,当他看到日本先进的技术、精良的装备、高超的训练后,痛下决心,一定要建起自己的空军。于是,回到奉天后,他对父亲张作霖说:"此行感想有二:一是气愤,二是发奋。日本当局有意炫耀日军威仪,蔑视我们中国人。不过,他们有些方面,如武器、军纪确实比我们要好,文化也比我们高些。我们东北军在这些方面要赶上去,而且要力争超过他们。"张作霖当然也早就认识到,要巩固东北,非建立强大的空军不可。(转引自《昙花一现的奉系空军》,《人民政协报》2011 年 9 月 29 日。)

第一次直奉战争中,直系的空军虽然没有发挥很大作用,没有进行真正的空战,但老张听从了儿子和军事顾问的劝告,大力加强空军建设,设立由张学良主管的东北航空队,向法国购买最新式飞机两批各二十架,还逐渐向德国、意大利等国购买飞机。张作霖斥巨资购买了三十架轰炸机,从国内外聘请优秀的飞行教官,加强飞行员的训练,选派飞行员到国外学习(到 20 世纪 20 年代末,奉军空军的作战飞机达到了二百五十至三百架)。奉军的空军建设,无论从数量上还是质量上,在当时都是令人瞠目结舌的,即使当时全国各军阀部队的飞机加起来,也不及奉军飞机数量的一半。

在奉军的海军建设上，张作霖除了在东北保安司令部下设航警处，负责东北江防舰队，又在葫芦岛炮台山设航警学校，培养海军人才。张作霖还在符拉迪沃斯托克购得旧俄军舰六艘。奉军的海军拥有大小军舰二十一艘，吨位达三万二千余吨。

此外，张作霖大力扩建原奉天兵工厂。全厂工人约三万人，年预算二百万元，每年能生产大炮（其中包括山炮、野炮、重炮等）约一百五十门，炮弹二十万发，步枪六万余支，枪子一亿至一亿八千多粒，轻重机枪一千挺以上，而且迫击炮的生产量很大。东北兵工厂规模之宏大，设备之完备，堪称全国第一，日本人甚至称东北兵工厂为"'东方第一'的兵工厂，大量购买了德国机器，建立了拥有最新式装备的部队"。（[日]猪木正道：《吉田茂传》上册，吴杰等译，上海译文出版社，1983年，第291页。）

除了本土自产的武器装备，张作霖还与日本联系，得到大宗借款和大量武器弹药等各种援助，如1922年10月，张作霖就以一百万元购得日本存于符拉迪沃斯托克的军械子弹，内有步枪两万支，还有炮弹、炸弹、飞机等。1923年2月，日本把购自意大利的军械（步枪一万三千支、炸弹八百颗、大炮十二尊）一并转卖张作霖。1923年8月，日本又将价值三百六十九万元的军械（二万二千件）运入奉天省城。（以上数据，参见来新夏等著《北洋军阀史》下册，第786—788页。）

当然，日本不做无利可图的买卖，他们乘机向张作霖索要开原至朝阳镇、吉林至敦化、长春至大赉、洮南至齐齐哈尔等四条铁路的修筑权。经过一番周折，老张最后付出的代价是把吉林至敦化的铁路修筑权让给了日本。上文说的东北兵工厂，其实也是在日本人的帮助下建立的。但老张怕受日本控制太深，所以请日本人的时候，不让他们在兵工厂当家，然后高薪聘请德国、捷克、俄国等国的高级工程师，又从国内其他兵工厂挖人才，免得被日本垄断。

在军队整编的基础上，张作霖大力加强军官的培养。

奉系大败之前，在张作霖眼中，这些军校出身的军官思想复杂，难以驾驭，只适合当参谋、当教官，不适合带兵打仗。直到在战场上亲眼见到了绿林出身之人的散漫和军校出身之人的严谨,张作霖承认自己错了。

张作霖要求,全军各师旅的参谋长均改由军官学校出身者充任,毕业于国外军官学校和讲武堂的人,尤其是东洋留学生,优先选用。

针对第一次直奉战争中指挥混乱的情况,张作霖又加强了奉军的交通和通信建设,在各军设置了与司令部直接联系的电信线路和无线通信班,并在沈阳、哈尔滨、锦县等地建立无线电台。对当时的中国军队来说,从理念上到设备上,这些都是非常先进的。

这些应该说都是张作霖专门为吴佩孚量身定做的。

仅一年多的工夫,张作霖就使奉军从战败的气氛中走出来,并且脱胎换骨,重新焕发了生机。

这里补充说明一下郭松龄的简要情况。

郭松龄(1883—1925),字茂宸,祖籍山西,据族谱记载,是唐朝名将汾阳王郭子仪的后裔,出生于辽宁省沈阳市东陵区深井子镇渔樵村。1905年就读于奉天陆军速成学堂,1910年加入同盟会。1913年秋,考入北京陆军大学,毕业后任北京讲武堂教官。1917年,投奔孙中山,参加护法运动。护法运动失败后返回奉天,任东三省陆军讲武堂战术教官,在这里结识了正在讲武堂学习的张学良。两个人惺惺相惜,互相帮助,谱写了"不是亲兄弟,胜似亲兄弟"的传奇。

郭松龄长得白白净净,身材高挑,头脑灵活,治军严谨,能征惯战,人送外号"郭鬼子"。经张学良的推荐,张作霖先是任命郭松龄为参谋长、团长,又于1921年任命郭为旅长。第一次直奉战争中,幸亏张学良、郭松龄这两个旅顶住了直系,才给老张在战败中保存了面子。第二次直奉战争中,郭松龄也为奉系大胜立下大功。可惜的是,后来因为内部纷争问题举兵反奉,兵败身死。

招兵买马

老张除了整顿自己的军队,还广纳其他派系的失意政客、落魄军人、高等机关的咨议和顾问等等。

当北京政府为薪饷闹得不可开交，为政府机构的正常运转和公务员的薪酬天天发愁时，张作霖乐呵呵地在关外绥中等处设招待处，欢迎各路英雄来奉天工作。

东三省在王永江的打理下，还真是有钱。张作霖开出的工资比关内高出一倍以上，而且以现大洋支付，绝不拖欠。凭着这些现大洋，张作霖又网罗了不少人才。在不明就里的人看来，张胡子小学一年级都没毕业，又是土匪出身，能把知识分子放在眼里吗？可一接触老张，许多人就被老张乐呵呵的笑容和白花花的银洋所打动，开始乐不思蜀，甘心为老张奉献力量了。

正如《水浒传》第二回中，八十万禁军教头王进想逃离高俅的魔掌时，文中写道：

> 用人之人，人始为用。
> 恃己自用，人为人送。
> 彼处得贤，此间失重。
> 若驱若引，可惜可痛。

也就是说，只有善于使用人才的人，才能让人才主动发挥才能，否则，人才就会流失。

有人说，有钱才能招来人才。也有人说，有了人才就能生出钱来。表面上看起来，两者都有道理，但在实际运行过程中，前者却容易陷入恶性循环，后者才可能形成良性循环。试想，张作霖如果不是招来大才王永江，哪有后面这多钱财和人才呢？如果因为吝啬几个钱，而不去招人，等真正反应过来时，自己的招牌砸了，名声臭了，人才也全跑到别家去了。

这里再介绍张作霖的一位同姓人，他天生幽默，根本称不上是人才，却在后来为老张立下意想不到的功劳，这个人就是张宗昌。

张作霖招张宗昌，是发生在第一次直奉战争前的事。

张宗昌最初跟袁世凯，在袁世凯去世后任冯国璋总统的侍卫武官长。1918 年护法战争爆发后，张宗昌以师长身份参加对南方军队的作战，结果大败。1921 年，张宗昌到江西与江西督军陈光远交战，因部队闹饷而惨败，只身北逃，投奔了曹锟。

张宗昌见曹锟之前，把自己手里的钱拿出来，铸了八个金寿星送给曹锟作为生日寿礼，不仅让众宾客啧啧称赞，也让曹锟乐开了花。

收了人家的厚礼，自然要为人家说说话。曹锟答应张宗昌，你去招人，我可以帮你解决装备问题，把直奉战争中的战利品拨过来一部分就是了。

可是，还没等张宗昌领取东西，这事儿就被吴佩孚知道了。吴佩孚治军严明，最看不上这个土匪出身、不学无术、烧杀淫掠的师长，所以，一杆枪也不给张宗昌，谁求情都不行。

张宗昌一怒之下，和曹锟手下一名失意军官许琨，远赴奉天投靠张作霖。

张作霖设宴招待了张宗昌。交谈之际，张作霖发觉，张宗昌虽然粗犷，然其精明之处，为文士所不及，觉得此人还可以利用，不能以别人眼中的"狗肉将军"视之，但要好好地折一折他。所以张作霖先给了张宗昌一个营长当当，管理其旧部一两百人，看看他的表现再说。

虽然张宗昌心里不满意，这个职务也太低了，但张作霖的礼数很到位，自己又没法投奔别处。张宗昌咬咬牙，干，营长也干。

第一次直奉战争前夕，张作霖鼓动河南督军赵倜伺机在吴佩孚身后捅刀，而吴佩孚也使出了相同的招数，鼓动高士傧等人在老张的背后捅刀。

高士傧，前吉林督军孟恩远的女婿，被老张用手腕挤走了，是老张的死对头。吴佩孚联系他，那算是找对人了，高士傧做梦都想把老张整倒。

吴佩孚先联络了黑龙江督军吴俊升，许以好处，让他按兵不动，然后让高士傧及其部下卢永贵组织讨逆军，在张作霖身后四处煽风点火，扰乱张作霖的大后方。高士傧等人率队由绥芬河杀向哈尔滨，一路声势浩大，把张作霖吓了一跳。

这个时候，张作霖的主力在跟吴佩孚对峙，抽不出多余兵力来对付身后,怎么办呢?他想到了自己的同姓人、专打烂仗的张宗昌。

张作霖对张宗昌说,别人都说你会吃狗肉,但不能打仗,我老张偏不信,今天有个任务交给你,你带你这一营人马乘火车北上,怎么招人、怎么打仗都由你定,总之,你把高士傧那小子拿下,这也是给你机会,让你在大家面前打个翻身仗。你敢不敢去?

张宗昌说,我去,您就交给我吧!

张作霖的本意是让张宗昌当炮灰,可没想到,张宗昌却抓住了这个机会,以烂打烂,稀里糊涂地打了一场大胜仗。

张宗昌年轻时就在哈尔滨、符拉迪沃斯托克一带混,对人头和地理都比较熟。但张宗昌像关羽第一次打黄忠时,只带"五百校刀手"出战,给人的感觉未免太托大。

张宗昌带人上了火车,紧闭车门和车窗,虚张声势,不让外界知道他带了多少人马,就这样冒冒失失地向高士傧队伍方向挺进。哈尔滨当地驻军长官张焕相把这一切看在眼里,心里不禁暗笑,以为张宗昌真是活得不耐烦了,五百人也敢往上冲。

然而,你先别管张宗昌烂不烂,他的对手高士傧更烂。

本来吴佩孚是希望高士傧在后方骚扰张作霖就行,如果能攻占哈尔滨更好,这会让头晕眼花的张作霖再喷鼻血。可是,高士傧率队从绥芬河出来,采取了"步步为营"的方针,每开一站,就留下一个营左右的人驻守,结果火车行了十余站之后,他原本一两万人的队伍,只剩下几千人了,兵力严重不济。

高士傧带兵赶到海林时,探知宁古塔这里有一个奉军团驻防,距自己很近,只有六十余里,他心里先害怕起来,怕后路被切断,于是瞻前顾后,裹足不前。

这个时候,高士傧又侦知,在哈尔滨方向,张作霖新派的人出来了,具体人数不详,反正是乘军列即将向自己扑来。

高士傧眼看兵力不足,赶紧招募当地一千多人组成民兵团,让他们往前冲,自己嫡系的人躲在后边。

然而,结果却是,高士傧招的乌合之众遇上张宗昌招的亡命之徒,气势上先矮了半截。双方刚一交手,张宗昌部又是吹冲锋号,又是撒手榴弹,把高士侯的民兵吓得调头就跑。先头部队一溃,其他队伍也跟着跑,高士侯的队伍垮了。

高士侯先退绥芬河,再退东宁县,最后和卢永贵化装逃跑时,被他的另一旧部俘获,成了此人向张作霖献上的"投名状"。张作霖派人验明正身后,下令就地正法。吴佩孚的这支奇兵就此烟消云散。

张作霖一看,还真不能小视这位狗肉将军。不管怎么说,得赏人家呀!于是,张作霖升任张宗昌为吉林省防军第三旅旅长兼绥宁镇守使。

张宗昌开始扩充自己的人马。

张宗昌招人时,有两个优势。一是因为闯关东的山东人不少,张宗昌平常就与这些老乡有往来,互相照应,而且他挺讲义气的,对老乡不错,虽然匪里匪气,但口碑还算可以,所以许多山东人愿意跟着他。二是他早年混迹于符拉迪沃斯托克,会几句俄罗斯语。苏联十月革命后,有些白俄罗斯人和沙俄时代的一些旧军官涌入黑龙江地区,张宗昌一顿"哈拉少",外加一顿"大列巴",招收了许多在本国混不下去的白俄旧军人。张宗昌不懂经济、货币,就滥印军用票,盖上大印后出去能顶钱,这对于那些走投无路的亡命徒和白俄旧军人来说,至少能混口饭吃。

第二次直奉战争前夕,张宗昌的部队已扩充到一万人,其中有一半是白俄人。那可是一支能打仗的生力军,也是中国军队中极少见的外籍兵团。

张作霖仔细观瞧,好家伙,他招的这些人称得上:远看春风杨柳,近看老牛甩蹄,坐下威风凛凛,站着长短不齐。

张作霖在第一次直奉战争中吃过大亏,所以根本看不上张宗昌手下这帮乌合之众,因此在整顿自己嫡系人马、打造雄师劲旅的时候,总想把张宗昌的破烂军队和其他杂牌军全部解散,以免战时耽误事儿。

特别是随着张宗昌招募各色人等越来越多,其所需军费开支也越来越庞大,奉天资助的拨款不够用,张宗昌就让士兵在自己的辖区种鸦片,这更引起了奉军其他部队不满。张作霖决心找个借口,裁掉这支部队。

1923年秋天,张作霖组织各部队演习,别有用心地让张宗昌部队和李景林部队对抗。李景林部队在第一次直奉战争中表现出色。之所以让李景林部队对付张宗昌，是存心让张宗昌出丑，再以不能作战为由裁掉他的部队，让他吃哑巴亏。

可是，善于打烂仗的张宗昌又一次创造了奇迹。

演习之时，张作霖派郭松龄到张宗昌部视察其演习情况，伺机寻毛病将其遣散。

演习过程很苛刻，向实战靠拢。士兵们在冰冷的地上摸爬滚打，折腾得够呛，把张宗昌气得直骂人。

突然，负责挑刺儿的郭松龄推门进来，厉声喝道："你骂谁?!"

张宗昌打个淡哈哈，说："我没有骂任何人。"

郭松龄存心解散张宗昌队伍，他指着张宗昌的鼻子大声对骂。

张宗昌早就知道奉军想把自己的队伍解散，知道郭松龄来者不善，存心找茬，所以他厚着脸皮，做了一个出人意料的举动。

他"扑通"一声跪在地上，给郭松龄磕了三个响头，开始大声讽刺。

在场的人目瞪口呆。比张宗昌还小两岁的郭松龄更是不知所措，脸色唰地变红又转白，继而变青，最后黑着脸转身走了。

一场巨大的风波以这种方式化解了。

实兵演习正式开始，张作霖亲自在山头观战，发生了让他大跌眼镜的事。张宗昌所部虽然不成阵法，但居然乱糟糟地过了河，逼得李景林部节节后退。如果不是亲眼所见，他真不敢相信这事是真的。

张作霖先是愕然，随之又不得不刮目相看。

得了，张宗昌这小子打仗还有两下子，留下吧，不裁了。

张作霖留下了张宗昌的人马，让他和李景林一起，布防山海关前线。但张作霖没想到，他的布置又一次成全了张宗昌，因为在即将到来的第二次直奉战争中，直军兵败如山倒，张宗昌一边喊着"老乡不打老乡"，一边沿路收编直系残兵（主要是山东籍的），组成了让人不敢小视的"直鲁新系"。

万事俱备，只欠东风

张作霖整顿了东三省的内政和军队，紧接着开始联络反直力量，最主要的是联络皖系和孙中山，像第一次直奉战争前的情形，结成反直三角联盟。

这个时候，孙中山也在为革命事业奔走联络，希望利用北洋系内部的矛盾，寻找同盟军，为实现统一大业服务。

但是，在确定直、皖、奉三大系中谁为同盟军的问题上，也是经过了一段时期的交涉。

关于孙中山、张作霖和段祺瑞组成反直三角联盟一事，传统史观认为，这是孙中山利用北洋军阀间的矛盾，联合一切可以联合的力量，打击主要敌人，为实现自己的革命目的扫除障碍的一种策略。

但这只是一种定性分析模式，里面有许多东西尚未分析到位。

随着苏联档案资料的解密、公开，更多史料被发掘出来，能让我们清晰还原当时的情景。

中山大学历史系的邱捷在《历史研究》1997年第2期上发表了《孙中山张作霖的关系与〈孙文越飞宣言〉》一文，从苏联解密档案出发，再现反直三角联盟的部分形成过程。

这里结合这篇文章，以苏联解密档案为基本依据，简要梳理孙中山与张作霖的结盟经过。

孙中山在国际上找到的盟友苏联，最初非常看好吴佩孚，认为他的军队比张作霖的强得多，何况张作霖虽与苏联有往来，但张的靠山却是日本人，苏联与日本在中国东北问题上又是有利益冲突的，所以苏联希望孙中山与吴佩孚合作。

然而，孙中山与吴佩孚有过几番往来交涉，效果不是很好。

第一，孙与吴相互不信任。吴佩孚怀疑孙中山与张作霖亲密，孙中山怀疑吴佩孚与陈炯明亲密，二人又同时认定对方在悄悄地拆自己的台。

第二，孙与吴相互看不起对方。吴佩孚认为，孙中山虽然伟大，但他受的是美国教育，知识"祖述泰西"，其主张"迄于今日尚未有见任何寄与于国利民富"。况且孙中山从事政治时，"以政治为纯粹的技术"，这是吴佩孚不认可的。"盖民德乃指彻底之义务观念也。余信政治上之要谛，在于道德，而孙先生似认政治为一种技术。不知大学所谓治国平天下之根源，在于诚意正心修身，示人以万姓率由之轨范，余奉此信条而不渝，故不能与孙先生共同行动。老先生(指徐绍桢)虑及天下生民而谋余与孙先生合作之盛意，余十分谅解。然吾二人在根本观念已距离甚远，故不愿从命。"(见赵恒惕等编《吴佩孚先生集》，文海出版社，1971年，第428—429页。)既没有中国文化的影子，又缺乏政治上的道德。道不同，不相为谋，所以，拒绝与孙中山合作。

孙中山眼中的吴佩孚，也是另一番模样。孙中山在与苏联格克尔和马林交谈时，对吴佩孚和张作霖作了比较和评价。孙中山认为"吴佩孚是个中国老学究'Scholar'。让他对新思想感兴趣是不容易的。他是个'成品'，而土匪张作霖是个可以进行加工的'原料'。认为他只是日本人的工具是不对的。有实例证明，他在实行自己的政策。他虽然没有文化，但是个聪明人。吴佩孚依附于英国和美国。他不止一次地欺骗过中国人，所以孙逸仙特别怀疑，现在能否认真对待他对俄国作出的友好姿态。毫无疑问，他具有反日情绪，但这时他可能不自觉地充当了英美资本主义的工具。吴佩孚的胜利也就是英美的胜利"。(见《马林为格克尔同孙逸仙的谈话所作的记录》，载中共中央党史研究室第一研究部译《联共(布)、共产国际与中国国民革命运动：1920~1925》，第135—136页。)

孙中山的话里透露出几个信息：第一，吴佩孚是个老古董，秀才学究，思想顽固、保守，跟不上时代潮流；第二，张作霖虽然依靠日本人，但并不只是日本人的工具，他有自己的想法，而且头脑灵活，可以合作；第三，吴佩孚反日，他"可能不自觉地充当了英美资本主义的工具"，他要是胜利了，就是英美的胜利；第四，从语气来看，孙中山已经彻底远离美国。

正因为孙中山和吴佩孚两个人彼此都无好感，所以他们的合作注定成空。

从纵横学的角度来说，我们可以设想一下，如果苏联支持吴佩孚与孙中山合作,那以吴佩孚的力量,加上外援,统一中国可能真就非他莫属了,那样的话,国民党人还有机会吗?从当时的力量对比来看,孙中山连陈炯明都打不过,何况是横扫皖系、奉系的吴佩孚?如果苏联支持国民党和奉系结盟,至少国民党的胜算还大些。也就是说,国民党不能与太强的人联合,否则就是为他人作嫁衣裳。这也可能是孙中山不与吴佩孚结盟的一个原因。当然,这只是假设和猜想。

然而,这个假设并非无迹可寻。1922 年 11 月 2 日,孙中山在给越飞的信中,提出了他的几点忧虑,不希望苏联支持吴佩孚。(中共中央党史研究室第一研究部译:《联共(布)、共产国际与中国国民革命运动:1920～1925》,第 144—146 页。)

孙中山在信中说,如果苏联在军事上援助了吴佩孚,那么接下来,"张作霖很可能就会求助于日本。这还不算完,大不列颠、法国和美国肯定都会了解到这些情况,它们有可能受到真正的邀请来进行干预,因为这几个大国对贵国政府及苏维埃制度持明显敌视的态度。其后果对中国来说是不堪设想的,并且完全有可能导致白卫分子在您最困难的情况下恢复反苏维埃行动,如果日本得到其他列强的准许和邀请来援助这种进攻行动,那就更会是这样"。

除了怕列强在中国混战等原因,孙中山还有一个考虑:如果苏联帮助吴佩孚,实质上是把自己当成了敌人。

孙中山在信中这样写道:

由于这些原因,我怀着某种恐惧的心情获悉,贵国政府打算向"北满"派驻军队,似乎是为了保持或维护俄国在中东铁路上的利益,而实际上,正如我所推测的那样,是为了在明年春天帮助吴佩孚向张作霖发动进攻。

我应该指出,为了消灭张作霖,苏联向吴佩孚提供这种帮助,必然含有利用这种援助来反对我的可能性。我难以想象,贵国政府希望或有意把我看作是敌人,或者帮助任何一个能把我看作是敌人的人。

孙中山指出，苏联政府不想支持张作霖，是怕他与日本人走得近，而损害到苏联的利益。这个担忧大可不必，因为自己有能力说服张作霖，在我们理智的范围内，保证苏联得到利益。

我认为，您对张作霖持否定态度，是因为你怀疑他是日本代理人和他关照白卫分子，或者是他多少倾向于允许白卫分子在满洲土地上搞反对贵国政府的阴谋活动。但是我能够使他作出令人满意的承诺，即今后他将基本上奉行我对贵国政府的政策。实际上我已经采取措施使他毫不含糊地意识到，我与他合作的条件之一就是他必须赞同我对俄国的政策。

我丝毫不怀疑，贵国政府如果与我一起行动并通过我采用外交方式，而不是与吴佩孚一起行动并通过吴佩孚使用军事援助和武装力量手段，是能够从张作霖那里取得在理智的范围内为保证苏维埃俄国的安全所需要的一切的。

最后我应该提请您注意两个事实：(1)我发现与吴佩孚打交道是困难的，因为他认为，一旦与张作霖和尔后与我发生冲突时，似乎他可以指望得到苏俄的帮助。(2)只要与我一起行动或者通过我，贵国政府就能从张作霖那里得到管理国家的高超艺术所需要的符合非帝国主义俄国利益的东西。

孙中山对于苏日英美法等国的国际关系分析，引起了苏俄方面的高度重视。越飞于1922年11月7日和8日，两次发电报给莫斯科契切林，并请他转呈斯大林。信的结尾特别强调："孙逸仙比我们更了解日本的局势。必须认真地对待他的意见。"（中共中央党史研究室第一研究部译：《联共（布）、共产国际与中国国民革命运动：1920～1925》，第150页。）

正是基于这些复杂的外交关系、利益纠葛等方面的考虑，加上吴佩孚对于外蒙古问题不松口，以及吴佩孚在政争中落败等因素的影响，1923年初，苏联决定支持孙中山的南方政府，也听从了孙中山对于形势的分析与判断,不再支持吴佩孚打张作霖。

实际上,张作霖与孙中山早就有了交集。

1922 年 9 月,也就是炮轰总统府后的三个月左右,孙中山就派汪精卫到奉天,与张作霖商讨伐吴大计,得到了张氏父子非常高规格的接待。

1924 年初,孙中山又派伍朝枢到奉天与张作霖联络,双方的交往已经进入高层次阶段。

听汪精卫和伍朝枢等人介绍孙中山的三民主义后,张作霖认为,还应该加上一条"民德主义","四民主义"方为合理。

也不知老张是真懂还是假懂,提出的观点还挺像那么回事儿。

张作霖和皖系段祺瑞的联络一直未断。老张太知道老段的威力了,他虽然下野,但门生故吏在军界和政界仍有很大影响力,与老段联合是不会赔本的买卖。段祺瑞当然也想东山再起,借张作霖之手屠吴佩孚,再好不过。

张作霖找老段除了想利用他的威望,还看中了皖系一员大将——浙江都督卢永祥。张作霖与皖系约定,打倒曹、吴之后,就拥老段上台,以此换取皖系人马对自己的支持。

为了联络一切反直系的力量,张作霖不惜血本,大把大把地向四面八方撒钱。

1923 年 4 月,张作霖通过杨宇霆给皖系八十万元;7 月又递上四十万元;1924 年 3 月,递上一张二百万元的日本金票汇票,合现大洋一百万两千元。

张作霖为了增强反直力量,到底给了广州政府多少钱,暂无权威数据,只有孙中山于 1923 年 11 月 25 日写给张作霖的一封信中提到,自陈炯明叛乱后,"一年以来,屡蒙我公资助,得以收拾余烬……而广州根本之地得以复还,此皆公之大所至成也"。总之数目不小。

章道银的《张作霖重金接济孙中山》一文说:"1923 年 5 月 1 日,汪精卫再次衔命赴奉天。在致汪精卫的电报中,孙中山提出了向张作霖借款 70 万元的请求。5 月 12 日,张作霖派人带了一艘货轮前往广东拜见孙中山,船上满载 60 万银元、12 门山炮及一些迫击炮弹。孙张关系的密切,可见一斑。"(载《晚报文萃》2013 年第 21 期,第 32 页。)

当张作霖发现直系大将冯玉祥被吴佩孚欺负,躲在北京郊区且极度缺乏军饷时,张作霖就想拉拢冯玉祥。

据《南方人物周刊》记述:"1924 年 2 月,冯玉祥续娶李德全。在他们的婚礼上来了一位特殊来宾——张作霖的亲信副官马炳南,他带了一份厚重的贺礼——一批军火和 150 万军饷。马炳南后来透露,他们与冯就联合倒直进行了实质性会谈。"(参见徐琳玲、吴鸣《冯玉祥:百变军阀》,《南方人物周刊》,2010 年 11 月 22 日,第 29 页。)

在孙、段、张彼此联系的基础上,孙科(孙中山之子)、张学良(张作霖之子)和卢小嘉(卢永祥之子)在沈阳举行会议,反直三角联盟日渐形成。双方信使奔走,带着电报飞驰,协调军事行动。还约定打倒直系之后,分别选举孙中山、段祺瑞为正、副总统。

到了这个时候,第二次直奉战争已是万事俱备,只欠东风了。

很快,一股强劲的东南风就从福建、浙江刮起……

东南风来了

第一次直奉战争后,李厚基投靠直系,使福建变成了直系的势力范围。

皖系红人徐树铮用金钱收买了李厚基的部下王永泉,王永泉与许崇智联合,逼走了李厚基,这使得福建落入了皖系的手中。

与福建毗邻的浙江由皖系大将卢永祥控制,拥有四师一旅。与浙江接壤的上海由卢永祥的部将何丰林担任淞沪护军使,这是最富庶的地区,谁不眼红啊?据卢永祥的亲信、时任淞沪宪兵司令的马鸿烈说,上海"每月光鸦片收入就能养活三师人"。(马葆珩:《孙传芳五省联军的形成与消灭》,载中国人民政治协商会议山东省委员会文史资料研究会编《文史资料选辑》第十八辑,山东人民出版社,1985 年,第 167 页。)

从行政区划上看,上海本来属于江苏,江苏督军、直系大将齐燮元一直想收回上海,与卢永祥摩擦不断。如果不是外国人在上海有巨大利益,加上当地有势力的富商迫齐、卢二人签订和平公约,这里早就打得焦头烂额了。

当皖系把福建收入囊中,又把福建、浙江和上海连成一片后,这对直系来说是一个巨大挑战。曹锟、吴佩孚再也不能坐视不理了,为其武力统一而计,必须收拾一下福建。

曹锟、吴佩孚先是派驻守江西的河南陆军第一师师长常德盛率部入闽,但打不过王永泉。在这种情况下,曹锟、吴佩孚任孙传芳为援闽军总司令,周荫人(第十二师师长,孙传芳的老同学)为副司令,率第二师和第十二师发兵福建,军饷给养均由湖北萧耀南负责,这让孙传芳大喜过望。

自孙传芳投靠吴佩孚以来,虽然吴佩孚让他担任第二师师长,但他一直没有自己的地盘,湖北督军一职又给了与吴更密切一些的萧耀南,孙传芳一直无力展足。军阀没有地盘是很难受的,就连苏联人都说,中国军阀如果没有地盘,就像骑兵没有马一样。孙传芳做梦都想有自己的一片天,这回机会终于来了,虽说是替直系打天下,但其实也是为自己抢占地盘,他能不高兴吗?

孙传芳很精明,虽说他能打硬仗和恶仗,但他不想强攻,而要智取。

1923年初,钱、枪等物资和人都准备妥当后,孙传芳先是找到江苏督军齐燮元,二人达成协议,当孙传芳进攻福建时,如果卢永祥派兵援助,那齐燮元就出兵抄卢永祥的后路。福建攻下后,二人再夹击浙江。

齐燮元慨然应允。

孙传芳往福建开拔时,给王永泉发了一封电报套近乎,意图麻痹王永泉。

王永泉掂量了一下自己的力量,知道硬挡是挡不住孙传芳的,他也想变拒为迎,看事态发展再说。

孙传芳为表诚意,把自己的两师兵力屯兵福建边界,不再前进,自己只带少量随从进入福建,面见王永泉。

由于孙、王、周都是日本陆军士官学校的同学,孙传芳在拉同学情的同时,大骂吴佩孚不是东西,不仅排挤自己,还让他和周荫人来援闽,让同学之间互相残杀,其心何其毒也。咱们怎能打起来吗?那不让别人笑话吗？"两雄相扼，必有一伤，吾辈谊属同学，何苦作人机械，自相残并，莫若保全实力，以待发展。"只要我们三个齐心协力，那福建就是我们兄弟的，不必看别人眼色行事。

孙传芳指天画地一顿发誓，声泪俱下地一顿倾诉，同时又对灯发誓，还真把王永泉蒙住了。王永泉只记得大多数山东人都很豪爽与正直，像梁山好汉那样大碗吃酒肉，大秤分金银，但忘了即使是梁山泊，也有擅长权谋的宋江、吴用，还有"笑面虎"朱富。

王永泉本来怕孙传芳打自己，没想到孙传芳在吴佩孚手下混得这么不好，那吴佩孚不是给自己送来一个大大的朋友吗？王永泉的戒备和恐惧之心消除了，他对孙传芳说，馨远，以后咱们就一起干了。

孙传芳趁热打铁，叫人摆上香案，喝了鸡血，拿出梁山好汉结义的架势，同学三人祭拜天地，结为异姓兄弟。王永泉是老大，孙传芳是老二，周荫人是老三。不求同年同月同日生，但愿同年同月同日死。

王永泉以为自己通过一番努力，化敌为友，实在是大喜之事。可是他万万没想到，自己也算是骗过李厚基、唬过徐树铮的人，会稀里糊涂地喝下孙传芳的洗脚水。

接着，王永泉同意孙传芳的部队开进福建，大家一起对付共同的敌人。他哪知道，这就是引狼入室。

为了不让王永泉起疑心，也是怕王永泉中途反悔而设伏，孙传芳让自己的部队缓缓地开了进来，步步为营，交替前进，直到安全抵达福州。

1923 年 3 月 20 日，曹锟正式任命孙传芳为福建军务督理，王永泉为军务帮办闽南护军使，周荫人为闽北护军使。王永泉以前的帮办职位是自己任命的，他生怕中央不下令，这回看到曹锟正式下的命令到了，感觉一定是孙传芳帮忙说话了，心里非常高兴。纷争多时的福建暂时稳定了下来。

彼此相安无事了一段时期，孙传芳一面与王永泉笑着拉手，一面在福建招兵买马，在两个师之上，又建了一个混成旅。同时，他告诉王永泉，自己是要往浙江打的，一旦打下浙江，福建仍然归大哥你，我绝不占你的地盘。

就这样，王永泉被孙传芳一步步地套牢，不仅不反对孙传芳扩张，而且还帮着他壮大力量。孙传芳从容地布置好了一切。

1924年2月，孙传芳对王永泉说，接到上峰命令，部队要离闽入赣，福建可能完全由你打理。王永泉喜不自胜。孙传芳又说自己现在军饷不足，希望王大哥资助一部分开拔费。王永泉寻思着花点钱让他们离开福建，这事太值了，所以就让弟弟王永彝准备七十五万元，交给了孙传芳。孙传芳果然带队离开福州，往延平方向移动。

实际上，孙传芳部之所以开拔，是因为秘密地侦知了王永泉从外地买来一批军械，他这是带大部队截军械去了。王永泉以为神不知鬼不觉，但他的举动尽在孙传芳掌控之中。

1924年3月，孙传芳套得王永泉的一部分军费，截了这批军械，于一天夜里突然间杀了个回马枪，队伍开进了省城。王永泉这才知道，自己被人卖了，还替人家数钱。

一切悔之晚矣。王永泉宣布下野，逃往上海，孙传芳控制了福建。

孙传芳与周荫人处心积虑准备了一年多，终于赶走了王永泉，但孙与周二人的矛盾随即浮出水面，周荫人也想取得福建的大权。

然而，虽然孙传芳权欲心更重，但他的目标和志向却不在一个小小的福建，而是瞄准了更大的目标，所以在福建这里，面对周荫人作对，孙传芳决定以退为进。他向曹锟打报告，说夺取福建，周荫人出力甚多，建议授予周荫人福建军务督理，自己甘愿担任闽粤边防督办。

周荫人一下子感觉自己好渺小，真小人，很惭愧，便不再与孙传芳作对。

孙传芳腾出手来，一心一意把目光投向了浙江。

本来，在各方奔走活动之下，东南这里订立了和平公约，互不侵犯。齐燮元刚当上苏皖赣巡阅使时，就向曹锟进言，要驱赶卢永祥，抢占上海和浙江。

曹锟不是不动心，只是迫于时机不成熟，所以没同意。

吴佩孚也希望维持现状，即使要统一全国，那也是由他来完成，而不是让孙传芳、齐燮元等人在富庶的浙江、上海抢占地盘。那样，会尾大不掉的。

　　但是，孙传芳雄心勃勃，不会甘于现状。而齐燮元和吴佩孚算是平级，吴佩孚是直鲁豫巡阅使，齐燮元是苏皖赣巡阅使，苏皖赣比直鲁豫的油水要多了，他也不想受吴佩孚支配。

　　福建被孙传芳和周荫人占领后，福建原来的将领如王永泉、杨化昭、臧致平等，皆率残部投奔浙江卢永祥。卢永祥把这批部队改组为浙江边防军，纳入自己的系统。

　　卢永祥以为壮大了自己的力量，却恰好被孙传芳、齐燮元找到了进兵浙江的理由。

　　齐燮元向曹锟密报，卢永祥与孙中山、张作霖结成了反直三角联盟，现下又收容这么多从福建涌来的军队，其向我们进攻的心思昭然若揭。此时是我们进攻卢永祥的最好时机，孙中山没有力量，张作霖离得太远。如果拿下了浙江和上海，我们就有足够的力量对付张作霖了。

　　经过一番思量，曹锟和吴佩孚接受了齐燮元的建议。

　　齐燮元和孙传芳彼此心领神会。1924 年 8 月下旬，孙传芳在福建建瓯成立闽浙联军总司令部，从后面追击福建残部，向浙江方向出兵；齐燮元说卢永祥破坏了和平公约，打破了双方的军事平衡，使江苏受到了严重威胁，9 月 3 日，与卢军队在上海附近开始交锋。江浙战争爆发。

　　齐燮元和孙传芳兵分四路，分进合击。第一路由宫邦铎等任指挥，攻打上海；第二路由陈调元等从宜兴方向进军；第三路由王普等从广德方向出兵。此三路均由齐燮元任总司令。第四路由孙传芳任总司令，攻击仙霞岭。孙、齐联军虽然只有八万一千人，但精兵强将较多，对浙江地区形成大包围之势。

　　卢永祥也不甘示弱，兵分南北，迎击来犯者。北路由卢永祥亲任总司令，下设三路：淞沪方面，由何丰林、臧致平、杨化昭防守；湖州、长兴一带由陈乐山防守；泗水一带由王宾防守。南路杭州一带由张载扬任总司令防守。浙沪联军虽然有九万一千人，但是力量参差不齐，且孤立无援。虽有反直三角联盟，却鞭长莫及：张作霖在东北，距离太远；孙中山在广东，虽说有了自己的武装力量——黄埔学生军，但陈炯明在惠州虎视眈眈,受英国人支持的商团也暗中购买武器,与广州政府对抗,根本腾不出手来。

浙沪联军最初有小胜,但因为无援,所以他们利于速战而不利于拉长战。随着时间的推移,他们的劣势越来越明显。特别是孙传芳部队越过了仙霞岭,于 9 月 17 日攻占江山,又占领了衢州,浙军受到了严重威胁。

卢永祥一面向张作霖火急求救,一面把督办公署迁往上海,准备收缩兵力和战线再一决雌雄,但没想到这样一来,人心惶惶,军心大乱。

张作霖在东北养精蓄锐,早已跃跃欲试。接到卢永祥的求救,他马上在东北誓师出兵,但因为距离浙江太远,中间还要与曹锟、吴佩孚布在关外的重兵交战,所以,对卢永祥军队来说,这并没有起到实质性作用。

北京政府趁着浙江无主,直接上手抢肥肉,马上任命孙传芳为闽浙巡阅使兼督理浙江军务善后事宜,齐燮元兼任淞沪护军使。

孙传芳部队进入杭州,又长驱直入,于 9 月 25 日占领嘉兴。上海已是遥遥在望。

这里有个小插曲。9 月 25 日下午 1 点 40 分左右,孙传芳占领杭州,刚开始办公,西湖边上的雷锋塔轰然倒塌。浙江刚一易主,雷锋塔就倒掉,市民议论纷纷,这可不是好兆头。

10 月 9 日,卢永祥的军队在松江一带防守失利,败局已是无可挽回。12 日,卢永祥通电下野,与何丰林逃往日本,江浙战争结束。

江浙战争后,孙传芳不仅当上了闽浙巡阅使,而且收编了四个师,为其独霸东南成为五省(浙、闽、苏、皖、赣)联帅打下了坚实的基础。一股新兴的军阀势力已然形成。

江浙战争,直系大获全胜,浙江尤其是富庶的上海被直系收入囊中,这成为第二次直奉战争的引子。张作霖决定以此为由头,兵分六路,挥师入关,第二次直奉大战即将上演。

倾巢出动

经过两年多的卧薪尝胆,张作霖的军事实力取得了长足进步,甚至可以说是质的飞跃。从军官素质上来说,有一大半军官换上了军事素养很高的军校毕业生,这与绿林出身的人完全不同;从武器装备上来说,奉军可以说是鸟枪换炮,武器更新换代很快,也很先进,特别是空军力量大增;从战术水平上来说,在许多方面超过了吴佩孚的军队,而吴佩孚还没有清醒地意识到这一点。

抛开军阀头衔的感情色彩,从纯技术操作水平来看,只用两年就把一支战败了的军队调教到这个程度,张作霖果然不简单!

正因为作好了充分的准备,所以当东南战场打起来,卢永祥向张作霖求救时,张作霖知道,自己苦等的机会终于来到。他当即决定,立即出兵。

1924年9月4日,张作霖给曹锟拍了份电报,对曹锟一顿责问,以此表示宣战。张作霖在电报中说,今年天灾流行,饥民遍野,我早就和你说过,不能向浙江进兵,你也回答说力主和平,不动刀兵。可是墨迹未干,言犹在耳,你们就开始攻打浙江。同时扣留山海关列车,杜绝我们东北通往关内的交通,请问你这是什么意思?你说你这几年,甘心被吴佩孚摆布,成为他的傀儡,招致民怨沸腾也不管不问。我本想派个代表来跟你商量商量,你却把交通掐断了。那好,既然这样,我"将由飞机以问足下之起居,枕戈以待最后之回答"。

9月7日,张作霖设宴邀请各国驻奉天领事,宣布因为直军在山海关增兵进迫,所以决定入关,请各国领事通知各国侨民离开秦皇岛,这里要打仗了。

同时张作霖发布了各军人事任命:总司令张作霖;第一军司令姜登选,副司令韩麟春;第二军司令李景林,副司令张宗昌;第三军司令张学良,副司令郭松龄;第四军司令张作相,副司令丁超;第五军司令吴俊升,副司令阚朝玺;第六军司令许兰洲,副司令吴光新。

奉军把总司令部设在锦县,第一、第三军进攻山海关、九门口一线;

第二军从热河南路,向朝阳、凌源、冷口一带进军;第四军在锦州作为总预备队;第五、第六两军以骑兵为主,担任热河北路防线。其中,第一军和第三军是整个战略计划的重点,山海关、九门口一带将进行第一场大决战。

奉军的海军实力稍弱,采取守势。空军编为三个大队,以葫芦岛为根据地,向山海关、喜峰口活动。空军一方面负责侦察敌情,另一方面破坏直军铁路交通,同时负责散发传单,扰乱直军军心。这将是中国内战中首次正式的空中活动。

十七万人,兵分六路,挥师入关,倾巢出动,成功成仁,在此一战。

曹老三,吴老二,俺老张又回来啦!你们俩伸长脖子尝尝俺飞机炸弹的滋味吧!

北京的曹锟收到张作霖的电报,获悉奉军即将进关,便电召吴佩孚火速进京,主持对奉作战大计。

与张作霖的精心准备相比,直军目前真的没有作好开战准备。

直军兵力不少,全部算起来有二三十万人,单单吴佩孚手下就有五个师一个混成旅,外加若干独立团合计兵力十余万人,飞机三十余架。直军的海军实力比奉军要强许多。但这只是表象,实质上,直系内部貌合神离,四分五裂。除了曹锟、吴佩孚、王承斌三足鼎立,其他如孙传芳想自立门户,齐燮元不远不近,特别是冯玉祥,早就与张作霖暗通款曲,随时准备反戈了。

对于直系的分裂局面,吴佩孚当然不会看不出来,在这种情况下,他自然就要统一军权,统一指挥,实质上就是要"削藩"。

当时阻碍军权统一的,就是各"师"的权力太大。张作霖发现了"师"的毛病,把奉军部队改成以"旅"为主。吴佩孚也发现了这个体制问题,也想谋求战时指挥之统一,宣称凡巡阅使、督军之兼任师长者应解除师长一职。

为了实现这一目标,吴佩孚准备身体力行,以退为进,他主动辞去第三师师长的兼职。然而曹锟死活不答应,北洋最精锐的第三师师长,如果你子玉老弟不当,就没人能当,也没人敢当了。

看见曹锟态度这么诚恳，吴佩孚不再坚持，但其他人的师长兼职却不能保留，于是，吴佩孚把直隶督军王承斌所兼的第二十三师师长、河南督军张福来之第二十四师师长、湖北督军萧耀南之第二十五师师长一律开去。他还想把齐燮元的第六师师长、王怀庆的第十三师师长、郑士琦的第五师师长等兼职也开去。

然而，始料未及的是，此举招来了直系诸将的极大反对。郑士琦说，我不要当山东督军，我要当第五师师长。王承斌找到曹锟，干脆你把我的职务全免了吧，让他吴子玉一个人干得了。

这些人心里清楚得很，没有了师长的兵权，什么督军、巡阅使，统统都是浮云，失去了存在的意义。

吴佩孚的这一削藩策，本来是好主意，对于打仗是有许多好处的，但因为没处理好，结果是没受其利，反受其害。

吴佩孚忽略了一个因素。为防止统兵大员拥兵自重，将领轮换或对调为国家稳定之必须，但在军阀割据时代，军阀视军队和地盘为自己的私人力量，他们都抱着"虎不可离于山，鱼不可脱于渊"的信条，强烈对抗这种调动。如果由当时的总统曹锟来做这些，至少在名义上说得通。可是，如果这些全是由吴佩孚运作，就把全部矛盾集中到自己身上了。回想一下，逼走湖北王占元，借冯玉祥之手收拾赵倜，再逼走冯玉祥，在李纯去世时急调齐燮元接防，又怕齐坐大而想调其至湖北……这些举措，为国家计，本是上策，但对个人来说，置自己于矛盾的对立面，站了在风口浪尖之上，不能不说是十分危险了。

而且，王承斌平常就对吴佩孚不服气，这回眼见着师长职务要被拿下，一咬牙、一跺脚，秘密而坚定地参加了倒吴同盟；齐燮元也悄悄参加了反吴联盟……由此可见，第二次直奉战争没等开战，直系内部就已经四分五裂了。

吴佩孚虽然不知道有这么多内鬼参加了反对自己的大联盟，但他知道，此时不是与奉系开战之机。除了直系将领离心离德，自己的新军还未完成编练，作战所需的粮饷军费还不充足。1924年8月17日，他致电曹锟，建议"对奉策略，中央仍须主张容纳旧派，设法运用，以资和缓"。

可以想见,在吴佩孚这样的北洋常胜将军,挟打败皖系、奉系之余威的人口中说出"和缓"的话来,说明他对于军事斗争形势还是有比较清醒的把握。

然而,张作霖也正是通过研判各方面的情报信息,得出了形势有利于己、不利于彼的判断,抓住了"彼竭我盈"的时机,主动下战书。

这样一来,吴佩孚想和缓的计划就无法执行,只得被迫应战。

吴佩孚虽然是被迫应战,但仍认为有相当程度的胜算。自己精心练兵多年,他不相信真的会败给张作霖。这一点是实情。只是,吴佩孚不知道,祸起萧墙将会带来多么可怕的后果。

四照堂点将

张作霖六路出关的消息传到北京,京津地区一片混乱,一夕数惊。不光是曹锟睡不着觉,其他官员、将领的心里更是没谱,许多人已经悄悄地转移财产,托可靠的人把家眷送出京,躲到偏远的地方避乱去了。

军情十万火急,曹锟数次电召吴佩孚入京,主持对奉作战之大计。这就把不想开战的吴佩孚硬推到了前台。

曹锟为了让吴佩孚赶紧出来,给足了吴佩孚面子。他在派人轮番请驾的同时,把慈禧太后当年从西安回銮的花车重新打扮了一番,雕龙画凤,金碧辉煌,赴洛阳接子玉老弟进京。又下令把直系范围内各铁路所有头等车厢全集中到洛阳,作为吴佩孚的行进总部。

一方面是不想开战,另一方面却心念故主,义不容辞。9 月 14 日,吴佩孚率领自己的北洋第三师乘车北上。

北京城内,欢迎盛况也是前所未有。文臣武将列队迎接,人员多达数千,汽车二三百辆,前呼后拥、浩浩荡荡地把吴佩孚接到了总统府。

汽车刚一进门,曹锟就从里面迎了出来,满脸堆笑,握住吴佩孚的手:"子玉老弟,一路辛苦了。你来了就好,来了就好。"

曹锟把吴佩孚迎到正堂。吴佩孚再狂傲,也不能不懂规矩,坚持让曹锟坐在中央,自己坐于旁侧。

各路将领分立两厢之后，曹锟当场宣布，任命子玉老弟为讨逆军总司令，王承斌为副司令。同时声明，国务院衙门业已全部腾空，移作吴佩孚的总司令部。一切以当前作战为主。

曹锟宣布完后，吴佩孚接着闲聊了一段家常话，然后说："我在洛阳就听说，奉军入关，北京人心浮动，不知是真是假？大战当前，最忌人心不稳，所以此次进京，我把家眷带来了，希望能起到稳定人心之效。"

吴佩孚这一番话，让底下许多人低下头来，暗自惭愧。曹锟见此，接过话头，厉声喝道："战端未开，民心先散，成何体统？传我令去，就说子玉的部队已经到达，即刻布防，大家不要轻信流言，同仇敌忾，一致对奉。"

说到此处，曹锟站起来，诚恳地握住吴佩孚的手说："老弟，我老啦，现下就辛苦你了，请你行使陆海军大元帅职权，一切政务军事都由你便宜行事，连我也听从调遣。"

曹锟这个人很有意思。你说他没什么能耐，但他知道谁有能耐，而且能放手使用这个有能耐的人，而这个人自始至终也没拥兵自重，反水自己。你说，这算不算很高超的领导能力？

君不见，《三国演义》中，四世三公的袁绍，"空招俊杰三千客，漫有英雄百万兵"，手下有这么多豪杰却不能用，连曹操都叹道："河北义士，何其如此之多也！可惜袁氏不能用！若能用，则吾安敢正眼觑此地哉！"还有"名称八俊，威镇九州"的刘表，虽然善善恶恶，但徐庶在投奔他之后，失望地评价其是"善善而不能用，恶恶而不能去"，所以他必然失败。

仔细想来，单从这一点来说，曹锟绝对具备高超的领导力，而且胸怀非常宽广。

常胜将军吴佩孚直奔京城，给京津地区的军队和百姓打了一剂强心针。吴佩孚在布置城防的同时，针对百姓怕张作霖飞机的恐惧心理，让专业人士发表谈话，证明奉军飞机由于载油量有限，不可能往返飞北京，让人听了为之一振。军心、民心这才真正稳定下来。

9月18日，吴佩孚在中南海四照堂召开军事会议，布置作战出兵事宜，史称"四照堂点将"。

　　国务院被曹锟腾出来作为吴佩孚的总司令部办公处,这里原是逊清醇亲王府邸,奢华壮丽。醇邸的主厅就叫"四照堂"。为什么叫这个名字呢?因为它是用玻璃围建的,四面的光全能照进来,形成一座琉璃殿。在那个化学工业还不发达的年代,玻璃是稀罕之物,就像拿破仑曾用最尊贵的铝制餐具(而不是黄金器皿)来庆功招待将领一样,如此方显地位之尊。

　　执掌兵符印信,调兵遣将,那可是极庄严的大事,这意味着元首把身家性命和国家安全都托付给统兵大员。

　　吴佩孚的作战计划,是前线兵分三路,后援分为十路。

　　吴佩孚自任讨逆军总司令,王承斌任副司令兼直省后方筹备总司令。

　　前线第一军总司令彭寿莘,下辖三个师,约十二万人。这是主力部队,集中对付山海关一带的奉军张学良部。

　　中路第二军总司令王怀庆,兵力辖一师两旅,向朝阳方向抵拒奉军李景林部。

　　西线第三军总司令冯玉祥,辖一师三旅,由古北口出承德、赤峰。

　　后援军总司令为张福来,曹锳、胡景翼、张席珍、杨清臣、靳云鹗、阎治堂、张治功、李治云、潘鸿钧、谭庆林分任十路援军司令,孙岳代理京畿警备总司令,曹锐为军需总监。

　　海军部队由杜锡珪之长江舰队和温树德之渤海舰队合组而成,全力向辽东湾活动,以大沽口为根据地,秦皇岛为战区,葫芦岛为前线。并拟利用海军征集商船,运输陆战队及他路援军驻安东、营口,由南满铁路进扼沈阳之背。

　　空军方面编成四队,由敖景文担任航空司令。下编四队:第一队驻北戴河,第二队驻滦县,第三队驻朝阳,第四队驻航空处。合计储存于南苑、洛阳、保定、清河,以及停止京戴、京津航空线所得之飞机共七八十架。

　　吴佩孚四照堂点将,从下午 2 点一直忙碌到深夜 12 点,最后刚签上

"总司令吴佩孚"几个大字时,总统府的电灯突然全部熄灭。这本是例行的每晚 12 点整换电,可不巧的是,点到他自己的名字时眼前一片漆黑,顿时让人联想到这是不祥之兆。

是不是不祥之兆,后来自有验证,而此时的吴佩孚却正坐在万人中央,睥睨天下,可谓如日中天。不仅政府的直系看着他,就连远在大洋彼岸的美国人也在注视着他,注视着这场即将到来的第二次"华山论剑"。

就在四照堂点将前十天左右,一个中国人出现在 1924 年 9 月 8 日美国《时代周刊》杂志的封面上,照片下面有两行说明:

"GENERAL WU"(吴将军)

"Biggest man in China"(中国最强者)

这位执掌直系兵权的吴佩孚,成为登上美国《时代周刊》封面的首位中国人。

美国人之所以关注他,一方面是因为他四年前单挑段祺瑞,两年前又单挑张作霖,真可谓,谈笑间,樯橹灰飞烟灭。另一方面,吴佩孚在国内有人气,他头上还罩着爱国将军的光环。如此看来,如果不出意外,吴佩孚极有可能成为中国未来的领袖。上海的英文报纸《密勒氏评论报》的主编,美国人约翰·鲍威尔甚至直言,吴佩孚比其他任何人更有可能统一中国。鲍威尔的话其实也代表了列强的普遍看法。

看热闹的拉开了架子,试看此日中国,到底花落谁家!

一决雌雄

第一次直奉战争时,双方打了一个礼拜左右,就决出了胜负。第二次直奉战争可就不一样了,无论是在时间上、地域上还是投入的兵力上,都远远超过第一次直奉战争。

从时间来看,第二次直奉战争是从 1924 年 9 月 15 日到 11 月 3 日,双方大战七七四十九天。

从投入兵力来看,直系二十五万人,奉系十七万人,共四十二万人。

从地域来看,此次战争主要包括热河、山海关两大战场,战线由辽宁朝阳至冀东,先后经过朝阳、赤峰、山海关、九门口、石门寨诸战,成为北洋军阀史上规模空前的大较量。

热河、山海关这两大战场中,以山海关战场为重中之重。

为了确保山海关战场的顺利进行,奉军首先在热河地区摆开阵势,这也是为了扫清外围,巩卫中心。为了确保这一目标的顺利实现,热河战事由张作霖亲自指挥。

热河省,简称热,省会承德市,是中国旧行政区划的省份之一,东北四省之一。其名称源自承德避暑山庄内的温泉,它在当地冬季寒冷的气候下也不结冰,热气蒸腾,所以被称为"热"河。1914年2月设置的热河特别区,其所辖范围位于目前河北省、辽宁省和内蒙古自治区交界地带。

张作霖的作战计划是在热河把握主动之后,会同第一、第三联军与直系在山海关展开决战。

老张之所以亲自出马,一方面是要夺取热河主动权,另一方面,估计也是防范冯玉祥。按照直军作战计划,这一线正是冯玉祥军队的主攻方向。虽说双方达成了反直协议,但老张心里清楚得很,背主之人,不能完全相信。老张猜测冯玉祥肯定是先坐山观虎斗,如果奉军占优势,那他反直系的几率就大,自身的安全系数就高;如果直军占了优势,那他还能反直吗?极有可能趁机对奉捅刀。

所以,老张亲自指挥热河战事,应该是有其特殊原因的。他要打出奉军的威风给冯玉祥看看,以此坚定冯玉祥反直的决心。

奉军在热河兵分两路,南路从北镇出发,由朝阳、凌源进入喜峰口,这一路由李景林、张宗昌率领;北路由通辽至开鲁,经赤峰,下承德,向喜峰口以西展开进攻,这一路由吴俊升率领,以骑兵为主。

一则是因为直系在热河的驻军比较弱,且防守地域广阔而布防分散,再则是奉军在这里下了大注,更加上冯玉祥的军队按兵不动,不往前冲,所以,热河战事在开始时,奉军没怎么大动干戈,就轻松击溃了原来驻扎在这里的些许直军部队,占领了朝阳、建平、凌源。

9月下旬,由王怀庆、董政国率领的直军后援部队赶到,在凌源西南五十里的茶棚一带布置防线,于10月4日与奉军展开了争夺战,大战七八天,也没能挽回局面,最后被善于打烂仗的张宗昌缴获了军事地图,避实击虚,乱中取胜。

热河战事的北路,奉军除了派出许兰洲、李景林的部队,还派飞机轰炸赤峰县城,最终于10月8日占领了赤峰。

热河战事的胜利,一方面坚定了在远处观战的冯玉祥反直的信心,另一方面也让张作霖腾出手来,将一部分兵力秘密调往山海关增援,使这场主力决战的天平开始悄悄向奉军倾斜。

山海关,北倚燕山,南临渤海,山与海之间相距仅七八公里,为京师之屏障,辽左的咽喉,自古为兵家必争之地,所以有"两京锁钥无双地,万里长城第一关"之称。

也正因为这样,所以直奉双方把主力都投入于此,准备在这里展开生死决战。

吴佩孚早就把大部队调往山海关。当热河失利的时候,吴佩孚并没有分心,也没有分兵,他强调前线部队要在这里"攻击山海关奉军最精锐部队",只要直系人马在这里取胜了,其他地方都不在话下。

吴佩孚派在山海关负责主攻任务的是第一军总司令兼第一路司令彭寿莘,彭指挥的第十五师是直军的精锐部队。直军抢先在山海关附近的威远城一带占据有利地形,深沟高垒,直接威胁着奉军主力。

奉军投入山海关战场的,也是雄师劲旅,主要是姜登选的第一军和张学良的第三军。张学良和郭松龄治下的第三军,是第一次直奉战争时硬挡住直军进攻的那支部队,其军官基本出身讲武堂,张作霖还专门为之配备了新式装备,且进行了整编与改革,以全新面貌出现在对直作战的主战场,就是为打硬仗来的。

张作霖卧薪尝胆这两年,奉军的变化可不小,不仅装备方面鸟枪换炮,编制方面更趋合理,就连战术方面也与以往有了很大差别。直军明显感觉到,士别三日,这个张胡子,内功精湛,招法奇特,体力还棒,还真是非"吴下阿蒙"了。

在第二次直奉战争的主战场上,奉军开始时并没有派步兵冲杀,而是采取了当时世界上比较先进的空军作战模式,对山海关一带直军阵地不断轰炸,给直军造成很大伤害。

直军也不含糊,看来是早有准备,调来了从意大利进口的高射炮对奉军飞机进行射击,在一定程度上缓解了空中压力。

直军还想利用海军优势,进攻葫芦岛,截奉军后路,威逼沈阳,但都被奉军的飞机给击退了。

尝到了空中优势带来的甜头之后,9月29日和30日,张作霖又派飞机轰炸山海关到昌黎之间的直军营房和军车,大铁鸟下的蛋砸在直军头上,其带来的震撼和冲击是相当大的。本以为坚不可摧的直军防线,渐渐被炸得松软,人仰车翻。

经过几轮轰炸,10月7日,张作霖以为直军该完蛋了,便下达总攻击令,奉军第一、第三联军全线出击。没想到吴佩孚调教出来的军队还真顽强,几天的飞机伺候,居然还这么难啃。直军彭寿莘的部队不愧是精锐部队,在正面主战场硬抵奉军的强攻。双方伤亡都非常大,奉军只好改换进攻重点,转到山海关侧翼的九门口。

九门口位于山海关西北十余公里,地势险要,仅次于山海关,当年吴三桂冲冠一怒为红颜,调兵投清之时,就在这一带与农民军展开大战。

直奉大战之前,吴佩孚已经派第十三混成旅抢先占据了九门口,其司令部就设在九门口西北的黄土营。其下两个团,第一团在荒山口,第二团在九门口。

本来抢点占先的直军是有了天时地利的优势,可不知怎么搞的,在双方开战之前的晚上,驻在九门口北侧黄土岭长城的直军一个营居然撤走了。奉军本想突袭这个战略要地,没想到无人阻挡,不禁大喜过望。这就使得奉军顺利越过长城,直接包抄九门口。

在九门口这个必争之地,直奉双方都玩命了,根本顾不上伤亡有多少,目标只有一个,拿下九门口。

面对奉军如潮水般的进攻,直军的阵地防线越来越薄弱,终于被撕开了一道大口子。直军伤亡过半,守将冯玉荣服毒自杀,残兵退守石门寨。

九门口失守,直军士气大减,奉军锐气倍增。这让督战的吴佩孚大惊失色,立刻亲赴前线,要挽回失利所带来的损失。

吴佩孚此次从北京出来,浩浩荡荡,志在必得。他带来了规模庞大的观摩团,既有外国武官,又有新闻记者,面对着相机,夸下海口:今晚亲赴前线指挥,十五日内即可荡平逆军!

直奉双方的主力又一次在石门寨相遇了。

之所以说又一次相遇,是因为第一次直奉战争时,双方在这里交过一次手。当时奉军大败,张学良和郭松龄的部队就是在这一带硬顶住了直军的进攻。这一次,双方又要在这里打一场恶仗。

吴佩孚抵达山海关,视察了石门寨防线,决定调兵增援,还悬赏十万元重金,要夺回九门口。

然而,直军因为先前丢了九门口,士气受到很大影响,而奉军也因为夺得了九门口勇气倍增,所以在石门寨之战中,虽然直军有吴佩孚亲临指挥,但面对奉军玩命的攻击,还是几度险象环生。这个距山海关仅二十五公里的地方一旦失守,奉军就可以直插秦皇岛,堵住直军后路。危急时刻,幸而吴佩孚急调一支部队卡在要道,才缓解了可能遭受腹背受敌的危机。

这样,外围战阶段基本结束,双方把注意力集中到山海关,战略决战的时刻到来了。

从 10 月 16 日起,直奉双方在山海关展开大战。尝过第一次直奉战争失败滋味的奉军决心复仇,所以双方一交手,就立即进入白热化状态。在东北讲武堂军官带领下的奉军,曾连续三次突破直军阵地,但都被直军的马克沁机枪像割麦子一样成片扫倒。奉军郭松龄又组织三千人的敢死队冲上前进行肉搏战,但仍没有拿下阵地。双方的死亡人数,基本上要达到指挥员的心理承受极限了。

为了扭转东线战场的不利局面,吴佩孚令西线冯玉祥部队火速前进,从侧翼给奉军插上一刀。吴在电报中说:"大局转危为安,在此一举!"

直奉双方处于胶着状态时,还没投入战场的冯玉祥部队是一支生力军。如果按照吴佩孚的作战计划,冯玉祥率领西线军队绕过古北口,直奔奉军大后方,那可真是够奉军喝一壶的。

然而,西线战场却是"黎明静悄悄"。这种静,不让人觉得很诡异吗?

此时,冯玉祥在干什么呢? 当他看到吴佩孚的电报说"大局转危为安,在此一举"时,他心里会怎样想,怎样做呢?

祸起萧墙

话说四照堂点将之后,直军将领开始整装待发,领取战备物资,作好奔赴前线的各项准备。

按照作战计划,吴佩孚让冯玉祥绕道古北口,腰斩奉军。这应该是一支奇兵,因为这条行军路线人迹罕至,但地理位置又非常重要。

沿着北京城往东北方向移动,依次为顺义、怀柔、密云、古北口、承德,即使是交通发达的今天,从北京机场往怀柔、密云方向走,都远离了北京市内城区。

古北口是山海关、居庸关之间的长城要塞,为辽东平原和内蒙古通往中原地区的咽喉,历来是兵家必争之地,尤其是在辽、金、元、明、清这五朝,争夺古北口的大大小小的战役从未停止过。

然而,吴佩孚智者千虑,却忽略了一个致命的漏洞。因为吴佩孚远离京城,躲在洛阳练兵,对于北京城内的详情并不了解,尤其是不知道冯玉祥已经和奉军联合,也不知道京城之内到底还有谁与冯玉祥站在一起,共同反直。

祸起萧墙却浑然不知,不能不说是曹锟、吴佩孚的悲哀。

吴佩孚只是感觉到冯玉祥不可靠,一是因为二人有很深的矛盾,二是因为冯玉祥年轻时就以"倒戈将军"闻名(目前为止,倒了三次戈:滦州起义倒清廷,护国运动倒袁世凯,武穴停兵倒段祺瑞。从北京政变开始往后数,还有五次:北京政变倒吴佩孚,拉郭松龄倒张作霖,五原誓师倒北洋,国共分裂倒共,中原大战倒蒋介石),自然不能不防他。但更可悲的是,吴佩孚派来监视冯玉祥的人,也与冯玉祥站在同一阵线了。

与冯玉祥一起反直的将领,还有孙岳、胡景翼、鹿钟麟,以及直系第三号人物王承斌。

孙岳是明朝兵部尚书孙承宗的后裔，孙承宗在军事战略上是很了不起的人物，曾为明熹宗朱由校的老师，即帝师。孙岳年轻时在著名的北洋陆军第三镇担任过炮兵排长，后进入陆军行营军官学堂进修，一直得到第三镇师长曹锟的器重，直皖战争中因作战勇敢，升任曹锟的卫队旅旅长，深得曹锟信任。

第一次直奉战争刚开始时，孙岳作战失利，受到吴佩孚的严厉批评和辱骂。虽然孙岳最后憋着气大胜奉军，但吴佩孚在战后没有给孙岳晋升职务，这让孙岳愤愤不平，渐生异志。

陕军第一师师长胡景翼，原是陕西靖国军总指挥，后被冯玉祥收编，但吴佩孚因与冯玉祥不和，也处处为难胡景翼。吴佩孚让胡进攻广东，而胡曾为同盟会成员，所以拒不执行。双方矛盾日渐加深。

局势的发展，张作霖的拉拢，以及同遭吴佩孚排挤的命运，使冯、孙、胡三人逐渐走到了一起。到第二次直奉战争开战之前，他们已经结成了政变同盟。

对于这些事情，远在洛阳的吴佩孚不知道，坐在总统府里办公的曹锟也一无所知，他对孙岳的信任丝毫不减，还任命孙岳为京畿警备副司令，负责北京的治安。这就更给冯玉祥发动政变提供了大好机会，基本上是把北京城门的钥匙交到了冯玉祥手里。

对奉出征之前，早就一心反直的冯玉祥又遭遇了一件窝囊受气的事，这更增加了他的仇直情绪。

事情是这样的，四照堂点将之后，冯玉祥派人去领取军械。但是，冯玉祥派总参议蒋鸿遇向陆军总长陆锦请领时，在外足足等了四个小时，人家却躺在烟榻上吞云吐雾，就是不接见蒋鸿遇。

冯玉祥把这件事闹到曹锟那里，在曹锟的批准下，冯玉祥终于可以领取三千支步枪、十八门炮和几百万发子弹了。冯玉祥的怒气刚刚平息，蒋鸿遇就带着曹锟手令，一连去了几次军需部门，却还是什么也领不出来。

冯玉祥一打听，蒋鸿遇才如实回答。曹锟的军械都归李彦青管。这位李彦青,不光是人的皮肤能蹭掉三层,地皮也能刮掉三尺。不给他送礼就想领军械?门儿都没有。

冯玉祥问,得送多少?

蒋鸿遇说,没有十万是不行的。

李彦青狮子大开口,让整日统兵的冯玉祥惊得目瞪口呆。这还让不让人活啊?

怎么办?不给红包,一件军械也领不出来;领不出来,就没法打仗,甚至有可能导致军心涣散。没办法,冯玉祥牙咬得咯咯响。先咽下这口气,总有一天会连本带利要回来。这一天,不会太远了。

冯玉祥在自己的经费中凑了十万元,下午4点前送到李彦青那里,下午6点就接到李彦青电话,可以来领军械了。

李彦青不知道,他搜刮了这么多年,这次算是在阎王爷面前捋虎须了。这十万元,就是李彦青插标卖首的价钱。

与冯玉祥结成反直联盟的另一战将胡景翼,也遭遇了类似情形。

四照堂点将之后,作为直军第二路援军司令的胡景翼去领军饷。

李彦青说,你在这里签字,我去给你领,然后直接给你送去。

胡景翼乐颠颠地回去等着了。

可是,一连过了好几天,胡景翼也没等到李彦青给送来。他于是亲自去找李彦青。

李彦青故意非常负责地查收据,然后说,你看,你不是领了吗?这里都签字了呀!

胡景翼气得火冒三丈,当场大吵大闹。

事情惊动了曹锟。曹锟也不明就里,一看收据,还批评胡景翼,你没领怎么会签收?

结果,胡景翼气哼哼地走了,没领到军饷,士兵也开不了饷,就在这"胡天八月即飞雪"的时候,甚至连棉衣都没有。后来的事,可想而知,当政变发生时,这些人瞪红了眼往回冲,恨不得吃了李彦青。

冯玉祥、胡景翼等,本来就想反吴佩孚,有了李彦青在这里乱搅,更加坚定了他们的决心。

四照堂点将之后，冯玉祥的部队以准备不充分为理由，故意落在后面。别的部队都开拔了，他的部队还在后面准备，比别的部队整整晚出发了一个礼拜。

而且，冯玉祥出发前，留了一个营在北京城，作为回师时的内应。另外把刚招的新兵也留在了大后方，以备回师时用。还让蒋鸿遇在北京随时汇报消息。一切布置妥了，才向前线出发。

冯系军马在进军的途中，也是不紧不慢，每天只走二三十里路就安营扎寨。但在给曹锟发的战报中，却说自己的人马在昼夜兼程地挺进，直奔奉军大营。曹锟看了非常高兴。

冯玉祥之所以没有直接发动政变，是因为吴佩孚此时还在北京坐镇，兵变的时机还未到。

满城尽带黄金甲

吴佩孚与冯玉祥交恶已久，他也不是没有防备冯玉祥之心。身为大将，固已防人乃必备素质，出征之时他并不想让冯玉祥担任西线总指挥，但曹锟出于平衡各方面关系的考虑，也由于冯玉祥是一员能打的战将，所以大力保荐冯玉祥。吴佩孚答应后，也做了防备，让胡景翼监视冯玉祥。但吴佩孚哪里知道，胡景翼与冯玉祥是一伙的。

吴佩孚坐镇北京，让李彦青非常不爽，因为李彦青的任何举动都暴露在吴佩孚的眼皮子底下，而吴佩孚也从骨子里看不起这个人，所以李彦青总想把吴佩孚赶离北京，推向前线。

恰在此时，直军在前线的战事并不顺利，直军的海军进攻没发挥应有的作用；副总司令王承斌到前线代行指挥，也没见多大起色（实质上是王承斌早与张作霖勾结，所以不卖力）；冯玉祥的行军慢慢悠悠；又出了一起九门口前线的第十三混成旅哗变之事……所以，吴佩孚决定亲临前线，对奉军发起总攻。

按照吴佩孚的作战计划，他要在山海关拉开架势，用自己的大旗吸引奉军主力,然后由冯玉祥部绕古北口出奇兵迂回捅刀,威逼奉军后方的战略要地锦州,再由海军军舰运载精锐部队从葫芦岛强行登陆,包抄山海关、九门口。如果这个计划可以顺利展开,那么奉军基本上是要翘辫子的,吴佩孚说半个月之内打垮张作霖,绝不是没有根据的。

然而,后人看战争,之所以兴奋,就因为它处处藏着逆转之机;后人观历史,之所以精彩,就因为它处处都有反常之势。一切看似不合理,又都在情理之中。一切都是因为有了人,以及几千年没什么变化的人性。

吴佩孚在京的一举一动,一直受到各方关注,尤其是别有用心之人,更是高度留意他。对于前线战局和吴佩孚的情况,冯玉祥布在北京的蒋鸿遇通过接收总统府的情报,一五一十地向冯玉祥汇报。

就在这一天,冯玉祥接到了蒋鸿遇的一封紧急电报,电报中说:"前方战事紧急,吴已将长辛店、丰台一带所驻之第三师悉数调往前方增援。"

冯玉祥盼望已久的好消息、好机会,终于来到。

吴佩孚及其最精锐的第三师开往前线,意味着北京的防守已然空虚。其他城防军队,冯玉祥根本不放在眼里,何况,与冯达成了攻守同盟的孙岳还是北京城防副司令。

吴佩孚到前线督战,通过一番调兵遣将,局势开始稳定下来,已然倾斜的天平重新拉向平衡。在这个时候,吴佩孚认为,只要在己方的天平上加一重磅砝码——冯玉祥的生力军,那么,距离胜利就不远了。

吴佩孚命令参谋长张方严电催各军急赴前线,对奉军发动总进攻。他也给冯玉祥发电报,为了加强语气,在电文后加了一句:"大局转危为安赖斯一举。"这本来是一个普通的强调句,但在不同人的眼中,它的分量就完全不同。尤其在局势微妙的时刻,对这句话的理解就很容易出问题。

冯玉祥虽然要倒戈,但也不能不审时度势。如果直军在前线对奉军形成摧枯拉朽之势,像直皖战争和第一次直奉战争那样,不出一个礼拜就解决战斗,那他要倒戈则无异于自寻死路。所以,即使倒戈,也要在直军有了败兆之时才能动手,最不济也得双方形成拉锯之时才能动手。

就在冯玉祥观望的时候，吴佩孚电报中的那句"大局转危为安赖斯一举"，让冯玉祥以为直军撑不住了，万分火急了，失败的可能性大大增加了，便决定迅速回师北京，给火烧火燎的吴佩孚的大后方再放上一把大火。

就在吴佩孚发出催促急电之前的 10 月 19 日，冯玉祥所属部队就已接到冯玉祥在滦平发出的密令：

一、命鹿钟麟部自密云县秘密兼程回京，会同孙良诚、张维玺两旅驰抵北苑，再与蒋鸿遇旅会合入城，分任警戒；

二、命李鸣钟旅自古北口趋长辛店截断京汉、京奉交通；

三、电停兵于喜峰口之胡景翼部南旅，占滦州、军粮城一带，截断直军之联络，并防吴佩孚率兵西向；

四、通知孙岳秘密监视曹锟的卫队及吴佩孚的留守部队；

五、命承德之张之江、宋哲元等旅克期返京，并派员联络热河都统米振标取一致行动。（上述命令见中国社会科学院近代史研究所中华民国史研究室编《中华民国史资料丛稿·大事记》第十辑，中华书局，1986 年，第 182 页。）

20 日晚，冯玉祥军队开始有计划地脱离战场，大步后撤。

你别看这支军队在往战场开进时像扭秧歌一样慢，但在往北京城进发时，那叫一个神速，发挥了长途奔袭的特长，以一昼夜一百四十里行程的最快速度杀了回来。22 日，先头部队第二十二旅就抵达京郊北苑。

在这里，回城部队与守在这里负责接应的蒋鸿遇会合，商议之后，决定先派一个团乔装，秘密入城，来个里应外合。

随后，冯玉祥的另一个内应、北京城防警备副司令孙岳早就等候在安定门，见到冯军开到，立刻命令大开城门。

大部队进城后，立刻按既定的任务安排冲向各自的目标，接收了全城防务，守住交通要道，占领了电报局、电话局等重要地方。

就这样，夜幕下的京城一夜之间就兵不血刃地完成了一件惊天动地的大事，而红墙里的曹锟却还在睡梦中。

直到沉重而杂乱的脚步声由远及近，异样的声音才终于惊醒了曹锟。待曹锟披上睡衣,拉开窗帘一看,才发现总统府卧室外边围满了持枪的士兵,自己非常信任的"九门副提督"孙岳已带人冲进了总统府……

天亮时分的北京城,放眼望去,满城尽带黄金甲。

此时冯玉祥也回到了北京。曹锟既已被囚,冯玉祥下了另外两道命令:逮捕曹锟的红人李彦青,扣押前财政总长王克敏。因为冯玉祥觉得军饷被扣就是这两人在作怪。不料王克敏比较狡猾,搜查士兵看他家四门大开,卧室门也敞开,以为他溜了,实际上他就躲在附近。士兵没有继续全方位搜寻,便让王克敏躲过了一劫,只捉到一个还在床上做美梦的李彦青。

这位李六很惨,连衣服都没让穿,被毛毡一裹,塞上车就给押走了。

被冯玉祥抓住的,还有曹锟的弟弟曹锐。

曹锐当过直隶省长,与曹锟关系最好,还把自己的独生子曹士藻(曹少珊)过继给了曹锟。这个人捞钱也是把好手,不仅卖官鬻爵,还垄断军需物资,从中攫取暴利。

冯玉祥这时穷得叮当响,他逮捕曹锐,目的是要曹锐吐出贪污赃款,报销一批军费开支。

而曹锐误以为冯玉祥要杀他,还有人认为他是要钱不要命的主,所以选择了吞生鸦片自杀这条路。

那位李彦青也真有点儿意思。冯玉祥的人审问他,要他把钱吐出来,他只交出了本人财产四十五万元,拒不交出曹锟公府的财产。真没有辜负曹锟平日对他的好。

李彦青与冯玉祥结下的梁子太深,交不交财产,他的死都是必然的。所以,审问之后不久,李彦青就被绑赴天桥枪决,终于为自己的贪婪无度付出了代价。出来混,迟早是要还的。

吴佩孚的滑铁卢

政变发生之时,身在前线的吴佩孚一无所知,他还在调集各路援军,指挥军队与奉军展开血战。因钳形攻势没取得效果,他要不惜一切代价,集中力量,从中间强行撕开奉军的口子,收复战略要地九门口。

10月23日,吴佩孚的把兄弟、直系大将张福来从河南调来生力军,休息了一夜。24日凌晨,直军开始用重炮向张作霖问好。随后,张福来指挥直军如海啸一般凶猛地向奉军阵地发起冲锋。

双方都拿出了家底,拼上了老命。

在吴佩孚眼中,我只要九门口,不要伤亡数字。

在张作霖看来,我尝过了一次失败,决不再尝第二次。

第二次直奉战争中的奉军也真是厉害,面对吴佩孚一手调教出来的军队,坚守阵地,死战不退。这一天,九门口战局可谓天崩地裂,鬼神皆惊。尸积如山、血流成河等词语,都描述不尽这一战的惨景。

直奉两军激战到中午,直军渐渐显出优势,已经两昼夜没合眼的吴佩孚终于有了一丝笑容。照这个态势下去,用不到天黑,九门口就能收入囊中,然后挟着胜利的余威,一鼓作气,旬日之内即可荡平对手。

然而,就在这个时候,形势突然发生大逆转。

有几封加急电报分别从北京和天津打来,电报内容都说:"讨逆军第三军司令冯玉祥等于二十三日下午六时退出战场,未经枪战即攻入北京,发动政变,曹锟总统已失自由,北京情况不明,酝酿巨变。"电报中所列参加政变人士均为直系巨头,包括冯玉祥、王承斌、王怀庆、胡景翼、孙岳等。

吴佩孚见到电报,登时大吃一惊,但他很快冷静下来。吴佩孚在想,这是不是张作霖制造的虚假情报? 想以此扰乱直系的军心? 第一次直奉战争时,他可是不停地干着这种事儿,以致河南的赵杰、赵倜兄弟都因此上当。

处变不惊,是杰出将领必备的素质,正所谓"每临大事有静气","泰山崩于前而色不变,麋鹿兴于左而目不瞬"。

吴佩孚具备这样的素质,当然也不会轻易被外界所干扰。而且,即使他内心再不平静,也不能表现出来,因为他是直军的灵魂,是直军的"心"。

很快,几封电报的消息得到了验证,不仅与曹锟通不上话,而且冯玉祥呼吁和平的电报也公布了。这说明,冯玉祥真的发动政变了。

吴佩孚心里一紧。他知道,冯玉祥此举给直系带来的打击太大了,而且自己目前的处境也很危险。冯玉祥为了不让自己回师救曹锟,肯定分兵守在要道,甚至会主动向自己发起进攻。

所以,吴佩孚面临的窘境有三:一是如何避免战场上出现"兵败如山倒"的局面;二是如何救曹锟,征讨冯玉祥;三是如何在冯玉祥和张作霖的夹击中全身而退。

然而,尽管吴佩孚想尽办法不让手下官兵知道真相,但战局还是急转直下了。

奉军得知冯玉祥政变成功,立刻士气大振,乘机猛攻,并大量散发传单,以此扰乱直军。同时,冯玉祥派胡景翼东来,张作霖派张宗昌南下滦河流域,准备截断吴佩孚的后路。

这些都让前线的直军军心大乱。

这些还不算完,冯玉祥知道吴佩孚绝不会善罢甘休,便决定逼曹锟签署命令,罢免吴佩孚的兵权。

当知道冯玉祥逼颜惠庆内阁拿着写好的停战命令,解除吴佩孚直鲁豫巡阅使及第三师师长之职,任命吴佩孚为青海垦务督办等时,曹锟痛心不已。他知道此举不仅对不起子玉老弟,而且连自己的大业也要完蛋了。

冯玉祥把这份由总统、总理签署生效的命令正式公布,迫令前线停战,立刻震惊中外。

冯玉祥对外发布告示:

……兵凶战危,古人所戒。国家至不得已而用兵,必求有益于国,有益于民。断未有不顾国家之安危,不恤人民涂炭,一意孤行,好战喜斗,如今日者。……本使为国除暴,不避艰危,业经电请大总统明令惩儆,以谢国人。……

前线的吴佩孚见到了由曹锟签署的停战命令,拒不执行。很明显,这是曹锟总统在受人逼迫的情况下签署的,绝不是曹锟的本意。当务之急,是在确保自己家底不受更多损失的情况下,回京勤王。

可是,我们要知道,吴佩孚现在是处在奉军、冯玉祥、王承斌、孙岳、胡景翼、王怀庆几路大军的围困之中。能生存下来已不易,全身而退更是难上加难。

对于一支失败的军队来说,最难的,就是在撤退途中,如何不被击溃甚至吞掉,这是考验将领的统率能力和军队平日训练素质的时候了。

10月25日早晨,吴佩孚像没事儿人一样,带领手下军官,调集所有炮火,齐赴九门口前线,发起最猛烈的进攻。看那架势,是要不顾大后方,直接把九门口拿下。

炮弹倾泻够了之后,中午时分,吴佩孚返回司令部,发布一系列命令,哪支部队负责殿后,哪支部队负责半路埋伏截击,哪支部队作为先锋往回杀。同时急电萧耀南、齐燮元、孙传芳等调集湖北、江浙、河南等直军北上会师,讨伐冯玉祥。然后,亲率嫡系第三师和第二十六师万余人登车全速突出重围,于10月26日抵达天津。

吴佩孚抵津后,把军队集于军粮城和杨村,并在新车站设立了临时司令部,等增援队伍一到,就向冯玉祥发动进攻。

然而,吴佩孚有心讨伐,却无力回天了。

其一,冯玉祥为防吴佩孚全线进攻,早就作了精心准备,不待吴佩孚从战场带回的人马站稳脚跟,立即先发制人。北洋第三师再厉害,也是军心不稳,疲惫不堪,禁不住冯玉祥军队的以逸待劳和狼群战术。

其二,山海关战事继续恶化。奉军在己方军心大振、直方人心惶惶之际,全线出击,又切断了山海关战场上直军的后路,代理总司令张福来无法抵挡奉军排山倒海般的攻势。本来直军的前线工事做得不错,但奉军大打心理战,比如奉军在用飞机散发的传单上,不是写着北京政变曹锟被捉,就是直军主帅吴佩孚已逃,或者是后路被端,只有放下武器才是唯一出路,等等。总之,前线直军再也无心恋战。直军兵败如山倒,除由秦皇岛乘船逃回天津,大部分被俘。

其三,吴佩孚苦苦等待的各路北上援军先后受阻。齐燮元、孙传芳所部在山东因鲁督郑士琦宣布中立而受阻,陕豫鄂军在石家庄一带被阎锡山派兵缴械。

就这样,援军在半路纠缠而不至,守军苦撑待变而不变。11月3日午后,冯玉祥的军队攻克了杨村、北仓、芦台和军粮城。吴佩孚和张作霖都不看好的张宗昌,这时却大展神威。他带着自己招来的外籍兵团白俄军人,发挥他打烂仗的特长,在战场横冲直撞,非要活捉吴佩孚不可,一鼓作气地推进,一路收编残兵败将,很快就打到了天津。吴佩孚在天津也无法立足了,只好率嫡系第三师残部两千余人,由塘沽登船,浮海南逃。

力拔山兮气盖世,时不利兮骓不逝。

今日的吴佩孚,就像当初的西楚霸王项羽:时机于我不利,战事于我不顺。

清代孙原湘有首诗《题仲瞿西楚霸王之墓诗后(四)》,可以形容此时的吴佩孚:

> 愤王墓上草先秋,如此兴亡一哭休。
> 七十战才余寸土,八千人恨不同丘。
> 时来雄亦烹功狗,事去人争笑沐猴。
> 憔悴孙郎重下拜,江东归去有扁舟。

吴佩孚的秘书长、"江东才子"杨云史于《榆关纪痛诗》中云:"再见金牌恨,中原尽失声。前军当劲敌,大盗劫神京。举国今无主,何年见太平?班师万家哭,功败更成名。"

至此,第二次直奉战争以直系惨败而宣告结束,吴佩孚遭遇了滑铁卢!这是吴佩孚做梦都没有想到的事。

直、皖、奉三系演义,直系的大幕也缓缓降下。虽然吴佩孚后来还有查家墩东山再起之日,但也是"夕阳无限好,只是近黄昏"了。在历史大潮的冲刷之下,很快就被潮流所席卷。

这里给直系进行小结。

直系军阀的开创者是冯国璋，但冯国璋去世得早，所以直系基业是由曹锟、吴佩孚推向了巅峰，而后又由于祸起萧墙跌入了谷底。

先说一下曹锟。

曹锟家境贫寒，文化程度不高，入伍之后，因为忠心而获得袁世凯的特别信任，长期统辖袁世凯手下最精锐的北洋第三师，这一点甚至超过了段祺瑞和冯国璋。

曹锟本身的才能并不突出，但他有一个重要的优点，就是敢用人。也正因为这一点，顾维钧说曹锟具有天生的领袖才能。

曹锟用对了吴佩孚，从而使吴为他打下了一片江山，也让他登上了总统的宝座。

但曹锟也用错了李彦青，别看他只是个小人物，但是一条鱼搅得一锅腥，恰是他使曹锟的江山彻底走了下坡路。

正如诸葛亮《出师表》中所说："亲贤臣，远小人，此先汉所以兴隆也；亲小人，远贤臣，此后汉所以倾颓也。"曹锟也恰是这样，亲了贤臣吴佩孚，所以大业兴隆；亲了小人李彦青，所以大业倾颓。

纵然如此，但可以说，曹锟这个人是小节有损，大节不亏。

比如，在中苏关于外蒙问题的谈判，曹锟执掌下的北洋政府据理力争，把握主权，很有民族气节，就凭这一点，曹锟这个布衣总统也值得钦佩。又比如后来日本进军中原时，想拉拢曹锟等人，但被曹锟拒绝，这些都让曹锟的形象在世人面前高大了不少。

曹锟是以"贿选总统"而记入史书的，但是，这一点，我们今天也不应该苛责。要知道，民主才在神州大地初兴，怎么可能一步到位？过渡阶段的过渡人物，其命运必然如此。

再来说说吴佩孚。

吴佩孚在北洋军阀中算是个另类，他的真面目，与我们心中的军阀形象大相径庭。

许多军阀大字不识一个，而吴佩孚是秀才出身；许多军阀贪财，而吴佩孚不蓄私财；许多军阀好色，吴佩孚却连妾都不纳；许多军阀卖国，吴佩孚却是个强烈的民族主义者,拒绝与列强合作……所有这些,都让吴佩孚不仅在军阀中特立独行,而且在那个时代孤傲地站立、行走。

2013年4月1日,中央党校的《学习时报》刊登了郭玉琴的文章《另类军阀吴佩孚》。编者按:"民国时代是乱世,也正因此出现了很多极富个性的人物。以往对民国人物的评价,往往简单地对他们冠以'反动'的头衔,一概否定。有很多人物具有多面性需要重新审视,比如吴佩孚。他在镇压京汉铁路工人罢工这件事上确实犯了错误,杀了人,有不可抹灭的历史污点,但其他方面需要对其另作评价。"

该文举了吴佩孚与同时代军阀的五点不同:其一,他是个学者军阀;其二,发达不忘糟糠之妻;其三,廉洁爱国,深明大义;其四,通电保护过故宫;其五,不畏强权,拒绝做卖国贼。文章结尾说:"尽管他在历史教科书上被定位为反面人物,放在今天的官场,亦是值得世人借鉴的一面积极意义上的镜子。"

功是功,过是过,不虚美,不掩恶,实事求是,有理有据,这应该代表了当代主流史观对吴佩孚的重新认识和评价。

第二次直奉战争的失败,虽说是冯玉祥倒戈促成,但与吴佩孚的战略策略不对头有很大关系。

有时,胜利的包袱也挺可怕,因为胜利者往往会守着自己的"优良传统"不知创新,而失败方恰恰会盯着这些做文章。从战术上说,第二次直奉战争中,直系仍然是以前的战法,而奉系采用了全新的战法。从装备上看,不管是飞机,还是迫击炮,奉军都强于直军。后勤的通信和补给,奉军也都投了血本。

同时,胜利者的过于自信,容易导致自负。吴佩孚有才能,有本事,但直皖战争和第一次直奉战争的胜利,让他开始盲目自信。他一生以关羽自居,在为人方面,他像关羽,既忠且义,本领高超,而在政治的树敌方面,也像关羽。本来他可以凭自己的手腕、声望、拉拢各派力量为己所用,可他恰恰把这些力量全推到了对立面,致使直系内部离心离德。

另外,胜利之处可能埋藏失败之因。吴佩孚擅长闪电战,这种打法,会让对手望而生畏,但也不是无懈可击。此种战法的缺点便是后防空虚,就像我们下象棋时一样,棋胜不顾家,当你用棋子全线进攻时,一旦对方顶住了你的几波次进攻,腾得出手来,直插你的后方,便会导致全线崩塌。

当然,这种论法有些苛责了。

吴佩孚是直系的灵魂,但到这里为止,他的事迹只算是写了一半。

以此为界,往前推,吴佩孚算是个"胜利的英雄",还无法完整地勾画出他的一生;往后推,吴佩孚算是个"失败的英雄",他在英雄末路时的表现,才真正是后人对他竖大拇指的地方。

所以在这里只能给吴佩孚做一个小结,真正的评价留待北洋大结局时再全面梳理。

一生剑佩走东西,有并吞八方之志,有纵横百万之师,几番破石惊天,成亦英雄,败亦英雄,余子纷纷何足数?

十载中孚震华夏,无厕名贿选之讥,无卖国媚邻之诮,赢得轻裘缓带,兵知儒行,将知儒行,夏玉铿铿岂等闲!

吴佩孚五十大寿时,有人送他的这副寿联,放在此时此地,可以为直系落幕和吴佩孚的悲壮略增三分颜色。

第二次直奉战争结束了,张作霖终于报了一箭之仇,北洋天下再度易主,张作霖以傲视群雄的"任我行"姿态开始独步中原。